Gayatri Devi

Une princesse se souvient

Les mémoires de la maharani de Jaipur

Recueillies par Santha Rama Rao
Traduction de l'anglais par Élisabeth Chayet

ÉDITIONS
KAILASH
Livres sur l'Asie

Tous les droits reçus par Gayatri Devi de Jaipur au titre de cet ouvrage sont destinés au Maharaja Sawai Singh Benevolent Trust, *créé pour aider les nécessiteux de l'État de Jaipur*

© Gayatri Devi & Santha Rama Rao 1976

© **Kailash Éditions 1999**
ISBN 2-909052-00-1
69, rue Saint-Jacques - 75005 - Paris - France
169, Lal Bahadur Street, 605 001 - Pondicherry - India

© Photo de couverture : Raj de Condappa
© Crédit photos (quatrième) : Sudhir Kasliwal
© Crédit photos : Gayatri Devi

Aux peuples de Cooch Behar et de Jaipur

SOMMAIRE

Première Partie

01. Une visite à Baroda.. 7
02. Le mariage de mes parents...................................... 23
03. Les enfants du nouveau maharajah........................ 31
04. La vie de famille à Cooch Behar.............................. 40
05. Servitudes et joies de la royauté............................ 63
06. L'Angleterre, le continent européen et Calcutta.... 77
07. Le maharajah de Jaipur.. 86
08. Mes fiançailles... 100

Deuxième Partie

09. Mariage indien, lune de miel européenne............ 128
10. La vie au palais de Jaipur....................................... 145
11. La guerre.. 173
12. L'indépendance... 200
13. Le Rajpramukh du Rajasthan................................. 212
14. Le nouveau gouvernement de l'Inde..................... 223
15. Le parti Swatantra.. 245
16. La campagne électorale... 257
17. Nous devenons parlementaires............................. 272
18. L'ambassade de Madrid... 289
19. Le dernier match de Jai... 306
20. Ma vie aujourd'hui... 319
21. Postface.. 331

UNE VISITE A BARODA

Trois mille kilomètres séparaient notre palais dans l'État de Cooch Behar, niché dans le coin nord-est de l'Inde, et celui de mes grands-parents, dans l'État de Baroda, à l'autre bout du pays, sur les rives de la mer d'Oman. Quand j'étais petite, ma famille n'hésitait pas à faire le voyage fréquemment. Nous étions cinq enfants, tout excités à suivre les préparatifs du départ. Les bagages s'amoncelaient. Tout se passait comme si nous allions affronter les froids les plus rigoureux et les chaleurs les plus torrides, pour ne rien dire d'événements beaucoup plus prévisibles tels qu'une visite officielle ou un concours hippique. Le jour de notre départ, la gare était sens dessus dessous, avec tous ces colis et toute cette domesticité qui nous suivait partout, où que nous allions. Mais à notre arrivée, tout était déjà enregistré et embarqué, grâce à la diligence d'un personnel bien rodé.

Ma mère néanmoins se répandait toujours en torrents d'instructions et de questions. Où était la valise qu'elle voulait avoir avec elle dans son compartiment, demandait-elle de sa voix légèrement rauque et implorante. Bon, qu'on décharge les bagages et qu'on la trouve. Où était sa boîte de *puja*, contenant les encens et les poudres indispensables à sa prière du matin ? Ah ! la voilà. Heureusement, sinon quelqu'un aurait dû courir au palais la chercher.

Lorsqu'on partait enfin, des télégrammes volaient dans toutes les directions :

ENVOYEZ JE VOUS PRIE MON GRATTE LANGUE EN OR OU AI OUBLIÉ MA CUILLER ET MA PETITE SONNETTE EN ONYX, OU TROUVEREZ DANS PLACARD DE GAUCHE TROISIÈME TIROIR A PARTIR DU HAUT MA ROBE DE CHAMBRE DE SOIE VERTE.

Puis venaient les précisions :

Pas la vert foncé, la vert clair, ou dans ce cas, cher chez dans le boudoir.

Quoi qu'il en soit, une fois en route, ces voyages d'une semaine prenaient rang parmi mes souvenirs d'enfance les plus chers. J'avais l'impression, dans mon esprit d'enfant, que nous remplissions le train tout entier. Nous occupions au moins trois compartiments de première classe à quatre couchettes. Ma mère, ma sœur aînée et quelque parente ou amie occupaient le premier ; ma plus jeune sœur, une gouvernante et moi-même, le second ; mes deux frères, leur compagnon et un auxiliaire, le troisième. Les assistants divers et les secrétaires occupaient un ou deux compartiments de deuxième classe, tandis que les servantes, valets et maîtres d'hôtel voyageaient en troisième.

Dans les années 20, même pour un Indien aux goûts très simples, un voyage en chemin de fer ressemblait à une migration de Bédouins, car il fallait emporter la literie, les aliments et tous les ustensiles nécessaires. A cette époque, la plupart des trains étaient dépourvus de wagon-restaurant et ne fournissaient ni draps, ni couvertures, ni serviettes, bien qu'il y eût des salles de bain où l'on pouvait prendre une douche. Nous emmenions toujours nos domestiques personnels pour faire face aux nécessités de la vie quotidienne durant le voyage jusqu'à Baroda.

Une première nuit de train nous amenait de Cooch Behar à Calcutta, où nous interrompions le voyage pendant deux jours, que nous passions dans notre résidence de cette ville. Puis nous nous remettions en route pour la plus longue partie du voyage. Les cuisiniers préparaient des paniers de pique-nique composés d'un certain nombre de plats ronds remplis de curry, de riz, de lentilles, de lait caillé et de desserts. Ces récipients étaient empilés les uns au-dessus des autres et une armature de métal les maintenaient ensemble, de telle sorte qu'on pouvait porter d'une seule main cette tour métallique pleine de victuailles. Mais ce n'était là que le premier repas. Ensuite il fallait s'en remettre à une chaîne de restaurants du chemin de fer. La commande pouvait être passée au préposé d'une gare, qui télégraphiait pour la transmettre à la gare suivante, où, dès l'arrivée, notre repas nous était servi dans l'épaisse vaisselle du chemin de fer. Le plus souvent, nous n'avions pas terminé que le convoi s'ébranlait déjà – mais cela n'avait aucune importance. Un serveur venait à l'étape suivante nous débarrasser des plats vides et de la vaisselle sale.

Mais pour nous, enfants, le plus excitant n'était pas l'ingénieuse organisation des repas et du service, mais l'atmosphère des quais de gare. Le convoi à peine arrêté, surgissaient aux fenêtres des compartiments des vendeurs de bonbons, de fruits, de thé chaud. Ceux qui m'intéressaient le plus étaient ceux qui proposaient ces drôles de jouets en bois peint, si charmants, que je n'ai jamais vus ailleurs que sur les quais des gares indiennes : éléphants, la trompe levée pour barrir, laqués en gris et écarlate, et caparaçonnés d'or embelli de motifs floraux aux couleurs vivement contrastées ; chevaux harnachés comme pour conduire un fiancé ; chameaux, guépards, tigres, des dizaines d'autres encore, avec de grands yeux peints et une expression rieuse et aguichante. J'aurais voulu les avoir tous, mais ma mère disait : « Allons ! Allons ! Vous avez déjà trop de jouets ! » Elle-même ne pouvait cependant jamais résister au plaisir de marchander. Aussi s'amusait-elle énormément avec les vendeurs de fleurs, de fruits et de bonbons, et notre compartiment embaumait ensuite les tenaces senteurs tropicales de tous ses achats. J'ignore si en fait elle s'entendait au marchandage autant qu'elle le pensait – car elle était généreuse par nature – mais les vendeurs qui s'éloignaient, toujours apparemment dépités, laissaient entrevoir une secrète satisfaction.

De toute façon cela n'avait aucune importance. Nous pouvions tous nous amuser à courir sur le quai, et lorsque l'arrêt durait une heure ou plus, nous déjeunions au buffet de la gare, commandant ce que nous baptisions du « curry de chemin de fer » ; ce ragoût, conçu pour n'offenser aucun palais, ne contenait ni viande de bœuf, qui est interdite aux Hindous, ni viande de porc, pour ne pas déplaire aux Musulmans. Il était donc inévitablement à l'agneau ou au poulet, et aux légumes. Ce curry de chemin de fer ne plaisait évidemment à personne. Bien avant le moment du départ, la gouvernante ou le précepteur nous enjoignait de nous hâter, au lieu de lambiner au buffet, car le train allait partir dans cinq minutes. Mais il ne partait pas, bien entendu, et nous apprîmes bientôt à nous fier au personnel du chemin de fer, qui nous permettait de lanterner jusqu'au dernier moment, avant de nous pousser vers notre compartiment.

Nous arrivions finalement à Baroda où toute une flotte de voitures officielles nous attendait pour nous conduire à Laxmi Vilas, le palais princier du Baroda, où ma mère avait passé son enfance. C'est une construction immense, dont l'architecte a également dessiné notre propre palais de Cooch Behar au milieu du XIXe siècle. A Baroda, il avait opté pour ce style que les architectes nomment, je crois, Indo-Saracénique. Quel qu'en soit le nom, c'est un style incontestablement imposant. Des vérandas de marbre aux cintres dentelés, soutenues par des faisceaux de fines colonnes, entouraient le bâtiment. Les impressionnantes façades étaient surmontées de dômes en forme de bulbes. Devant l'entrée principale, des palmiers se dressaient comme des sentinelles au bord des pelouses parfaitement entretenues et arrosées chaque jour. Des lampadaires très « style municipal » illuminaient de leurs globes cet accès grandiose. Et des gardes superbes, portant culotte blanche, veste foncée et hautes bottes noires, étaient toujours en faction. Chaque fois que nous passions le portail pour entrer ou sortir, ils jouaient l'hymne du Baroda parce que nous étions les petits-enfants du maharajah régnant.

L'intérieur du palais était un mélange bizarre de styles, en partie victorien, en partie indien traditionnel, avec ici et là une antiquité anglaise ou française. Il y avait des cours intérieures aux petits bassins entourés de fougères et de palmiers. Des tapis persans se déployaient le long de corridors interminables. Les galeries s'ornaient de boucliers, d'épées et collections de lances. Les salons étaient encombrés de mobilier français, de photographies aux cadres d'argent, d'ornements et de bibelots posés sur de petites tables. Le palais possédait également un gymnase et un dispensaire. Deux médecins y résidaient en permanence, dont l'un accompagnait toujours mon grand-père, en voyage.

Une étiquette silencieuse était observée dans tout le palais et il semblait toujours y avoir un certain nombre de personnages anonymes et mystérieux assis à deux ou à trois dans chaque pièce. Ils devaient avoir un rôle à jouer, mais nous ne sûmes jamais qui ils étaient ni ce qu'ils faisaient. Attendaient-ils une audience de mon grand- père ? Avaient-ils la charge de surveiller les nombreux objets précieux disséminés à travers le palais ? Marqués par notre éducation, nous savions qu'il fallait témoigner du respect à nos aînés, et il se pourrait bien que nous ayons joint les mains pour un *namaskar,* le salut ou hommage traditionnel indien, devant des servantes et des gens de compagnie aussi bien que devant des hôtes de marque.

Contrastant avec notre tenue impeccable et la courtoisie partout manifestée dans le palais, de grands singes à longue queue circulaient partout. Il leur suffisait de peu de chose pour se fâcher et ils nous poursuivaient souvent dans les couloirs, en criant et en montrant les dents d'une façon terrifiante.

Comme tous les palais et résidences anciens, le palais de mes grands-parents comportait deux parties bien distinctes, pourvues chacune d'une entrée. La tradition du zénana, quartier réservé aux femmes et l'observation du purdah, qui signifie littéralement « rideau », qui ne leur permettait de se montrer qu'à leur mari et aux membres masculins de leur très proche famille, fut introduite en Inde à l'époque des invasions musulmanes du XIIe siècle. A l'origine, seuls les

Musulmans observaient ces coutumes ; mais plus tard, sous le règne des empereurs moghols, qui dura du XVIe siècle jusqu'à la révolte de 1857, date de la prise en main du gouvernement par les Anglais, la plupart des États princiers, ainsi que les familles nobles et celles des classes supérieures de l'Inde, adoptèrent nombre de coutumes musulmanes, depuis les styles architecturaux jusqu'aux raffinements culinaires. La tradition qui soustrayait les femmes à tout regard étranger faisait partie de ces emprunts.

Le purdah n'était plus observé dans toute sa rigueur traditionnelle au Baroda ; mes grands-parents avaient tous deux l'esprit trop libéral pour l'avoir autorisé. Son application rigide aurait confiné les femmes dans le zénana ; et elles n'auraient pu s'aventurer au-dehors que convenablement chaperonnées et dans des véhicules hermétiquement clos de rideaux ou de voiles. Mes grands-parents avaient une attitude assez décontractée vis-à-vis du purdah. Les femmes pouvaient circuler assez librement à condition d'être accompagnées d'un chaperon et de ne fréquenter aucun homme n'appartenant pas à leur cercle familial. Lors d'une chasse au guépard ou d'un match de polo, par exemple, toutes les femmes restaient entre elles et à l'écart des hommes. Le voile n'était pas obligatoire, mais elles restaient d'un côté du terrain, et les hommes de l'autre. Les enfants jouissaient, en revanche, d'une liberté totale. Nous pouvions circuler dans tout le palais, et jusque dans la salle de billard qui pourtant, au début du siècle, était strictement interdite aux femmes.

Ma grand-mère, qui était une personne très imposante, avait été dans sa jeunesse complètement soumise à la règle du purdah. Suivant la coutume de son époque et la tradition de sa famille, elle l'avait observée dans sa forme la plus rigide, ne paraissant jamais en public, et en privé, seulement devant les femmes, les hommes de sa très proche famille, et son mari. Elle n'avait que quatorze ans lorsque fut décidé son mariage avec le souverain du Baroda. Sa famille, comme celle du futur époux, faisait partie des Marathas, groupe de la caste des Kshatriyas, où l'on comptait nombre de guerriers et de souverains. Il était de tradition chez les Marathas, comme dans les autres communautés indiennes, de se marier entre soi. Elle pouvait invoquer la noble ascendance qui convenait, et lui, après le décès prématuré de sa première femme, la princesse de Tanjore, souhaitait se remarier.

Mon grand-père, qui était à de nombreux égards très en avance sur son époque, engagea des précepteurs pour enseigner la lecture et l'écriture à ma grand-mère qui était illettrée lors de son mariage, et pour parfaire ensuite son instruction. Plus tard, il l'encouragea à se libérer des suffocantes traditions indiennes et à jouer un rôle dans la vie publique. Ce fut grâce aux opinions libérales de son époux que ma grand-mère en vint à jouer un rôle de premier plan dans le mouvement féministe indien. Elle occupa la présidence de la Conférence des Femmes de l'Inde, l'organisation féminine la plus importante du monde, qui se consacre non seulement à la défense des droits de la femme, mais aussi à la promotion de l'éducation et à la lutte contre l'étouffante tutelle que la société indienne fait peser sur les femmes. Elle ne se borna pas à y jouer un rôle purement honorifique, mais se révéla une avocate très efficace de l'émancipation. Elle finit même par écrire un livre qui est considéré aujourd'hui comme un ouvrage de référence, consacré à la place de la femme indienne dans la société. Sa propre expérience, celle d'une fille obéissante et très protégée d'une famille conservatrice, devenue une épouse émancipée et férue d'idées modernes, lui était d'un enseignement précieux.

Mais il n'y eut pas pour elle, ni pour nous, ses trois petites-filles, ni pour notre mère, de transformation totale. Dans son palais de Baroda, elle était loin d'avoir abandonné les manières et le sens exigeant des convenances caractéristiques des familles de la haute société indienne. Dès notre arrivée à Baroda, comme à notre départ et à l'occasion de toute cérémonie, nous allions tous lui effleurer les pieds en signe de respect. Cette coutume, qu'observent encore aujourd'hui la plupart des familles hindoues, exigeait que fût saluée ainsi non seulement notre grand-mère, mais encore tous nos proches parents, même nos frères, sœurs, et cousins, fussent-ils nos aînés de quelques mois seulement.

L'abandon à peu près total des règles du purdah par mes grands-parents était surtout évident au cours des manifestations officielles où ils paraissaient toujours ensemble. Bien qu'ils eussent toujours chacun leurs cuisines et leur personnel domestique séparés, mon grand-père venait prendre ses repas dans la salle à manger de ma grand-mère avec nous tous et les éventuels visiteurs. On y servait des mets délectables sur des *thals*, ces plateaux ronds en argent chargés de petits bols assortis remplis de pilaf, de viande, de poisson ou de légumes au curry, de lentilles, de conserves au vinaigre, de chutneys et de sucreries. Ma grand-mère avait le palais fin, aussi la chair était-elle excellente, que le responsable en fût le chef indien ou, lorsqu'il y avait des visiteurs étrangers dont elle ignorait les goûts, le cuisinier chargé des repas anglais. Elle passait un temps infini à discuter avec ses cuisiniers des menus destinés à ses divers invités. Il était dangereux de laisser paraître qu'on appréciait un plat, car lorsqu'on s'en resservait, elle le remarquait et vous invitait aussitôt à en reprendre encore, disant : « Allons, allons, puisque vous aimez cela. » Sa table était particulièrement renommée pour ses merveilleuses conserves au vinaigre et pour les énormes et succulents bouquets pêchés dans l'estuaire. Les cuisines de mon grand- père ne servaient que les jours où il y avait un grand nombre d'invités, ou à l'occasion de cérémonies comme son Jubilé de Diamant. Les repas étaient alors servis dans la salle à manger d'apparat de ses appartements.

Les durbars avaient lieu dans la grande salle d'audience lors des fêtes religieuses ou officielles. Ces cérémonies étaient très compliquées et ressemblaient à des réceptions de cour. Les nobles et les familles importantes venaient solennellement témoigner de leur allégeance – généralement par l'offrande d'une pièce d'or.

Nous assistions souvent à des chasses au canard, et parfois à des chasses au faucon ; il y avait aussi le spectacle captivant des combats d'éléphants et, mieux encore, les passionnantes chasses au guépard, spécialité du Baroda. Les guépards, soigneusement dressés, étaient conduits enchaînés et encapuchonnés dans la brousse. Là, on leur ôtait leur capuchon et on les lâchait au milieu d'un troupeau d'antilopes. Le pied au plancher, on parvenait tout juste à faire suivre au véhicule la course étonnamment rapide des animaux.

Ma distraction favorite d'enfant était d'assister au spectacle, comparativement plus anodin, des perroquets dressés de mon grand-père. Ils savaient rouler sur de minuscules bicyclettes d'argent, conduisaient de petites voitures, faisaient de l'équilibre sur des cordes, et jouaient une variété de saynètes. Je me souviens de l'une d'entre elles en particulier, où un perroquet se faisait renverser par une voiture ; un perroquet médecin venait alors l'examiner, puis d'autres l'emportaient sur une civière. Le clou de leur représentation était un salut tiré avec un petit canon d'argent. Pour une arme aussi minuscule, la détonation était surprenante, et les perroquets étaient les seuls à demeurer impavides.

Ma grand-mère trouvait bon que les enfants s'amusent à ces divertissements innocents ; mais elle tenait à ce que nous pratiquions les travaux traditionnellement enseignés aux filles indiennes. Elle voulait, par exemple, que nous apprenions à préparer la cuisine maratha. Mes sœurs, Ba et Menaka, étaient douées et tiraient profit de cet enseignement ; quant à moi, même les notions les plus rudimentaires m'échappaient.

Toute famille princière de l'Inde étant attachée par principe à la pratique du sport – et aussi parce que nous en étions personnellement très férus – nous sortions habituellement à l'aube pour monter à cheval. A notre retour, les appartements de ma grand-mère bourdonnaient déjà d'activité ; les servantes s'activaient, des femmes étaient là, attendant une audience. Nous allions saluer notre grand-mère avant de nous mettre au travail avec nos précepteurs. Le sol de ses appartements était couvert, comme c'est la tradition, de grandes pièces de tissu blanc. Il fallait se déchausser avant d'entrer, et tout le monde, ma grand-mère exceptée, s'asseyait par terre.

Dans mon souvenir, elle reste une personne remarquable, admirable et quelque peu terrifiante. Elle avait dû être très belle dans sa jeunesse. Même à mes yeux d'enfant, elle paraissait encore fort belle et d'une très grande dignité. Elle n'était pas grande, bien qu'elle donnât, par son maintien royal, l'impression de l'être. Elle avait un sens de l'humour acide.

Mon grand-père était impressionnant, encore que très bienveillant. Je me souviens de son regard toujours rieur. Nous faisions souvent en sa compagnie notre sortie matinale à cheval, le long des cinq kilomètres de l'allée cavalière qui encerclait le palais. Il était difficile de ne pas se laisser distancer, car il aimait les exercices vigoureux et son cheval préféré était dressé pour un trot très rapide.

De retour au palais, il nous quittait et consacrait le restant de la matinée à des occupations qu'il groupait sous le vocable « d'affaires d'État ». Le prince d'un État Indien, ce que j'ignorais à l'époque, avait d'importants devoirs – c'était réellement un souverain. Les Anglais, en assumant peu à peu au cours du XIXe siècle le rôle dirigeant en Inde, signèrent avec les différents princes des conventions qui réglaient le partage des responsabilités, beaucoup de questions étant d'ailleurs simplement laissées à l'évolution naturelle des choses. Toutes ces conditions stipulaient que les relations des princes avec les puissances étrangères relevaient exclusivement des Anglais. Dans chacun des États importants – et le Baroda était l'un des plus importants – résidait un représentant du gouvernement britannique de l'Inde. Mais chaque État conservait ses lois, ses cours de justice, levait ses impôts et entraînait souvent sa propre armée, de sorte que pour le peuple, c'était le prince et nul autre, qui représentait l'autorité gouvernementale. Mon grand-père prenait donc avec ses ministres qui étaient responsables devant lui seul, de nombreuses décisions qui affectaient la vie de millions d'individus.

Pour moi, cependant, il était un grand-père et non un chef d'État. Je conserve le vif souvenir d'une conversation avec lui, un soir où j'étais allée lui souhaiter bonne nuit. Comme toujours à cette heure de la journée, il jouait au billard. Il s'arrêta et me dit avec affection : « Ah, je vois que tu vas te coucher. J'espère que tu dormiras bien. »

Je lui rétorque qu'il n'était pas question que je dorme avant longtemps, parce qu'il fallait que je réfléchisse à tout ce qui s'était passé au cours de la journée.

« Non, non, » me dit-il avec douceur, mais fermement. « Si tu te couches, il faut dormir. Quand tu lis, il faut lire. Quand tu manges, il faut manger. Et si tu réfléchis, il faut réfléchir. Ne mélange jamais tes activités. Il n'en sort jamais rien de bon, et de plus, tu ne tirerais ni plaisir ni profit d'aucune d'entre elles. »

Puis, comme il était, lui, en train de jouer au billard, il retourna vers la table et reporta toute son attention sur le jeu. Tout au long de sa vie, il se conforma à un horaire très précis, faisant chaque chose en son temps : lever à l'aube, promenade à pied ou à cheval, travail jusqu'au déjeuner, brève sieste, travail jusqu'à l'heure du thé, moment de détente, travail du soir, dîner, lecture. Et cela pendant cinquante années, sans rien y changer.

Il portait le titre de Gaëkowar de Baroda, Gaëkowar étant à la fois un titre et un nom de famille. La plupart des princes indiens portaient le titre héréditaire de maharajah « grand roi » ou de rajah « chef », ou « roi » selon l'importance ou l'ancienneté de leurs États. Mon grand-père avait toujours représenté pour moi quelqu'un de tout à fait spécial – mais ce fut bien plus tard, lorsque je connus son passé et tout ce qu'il avait accompli que je compris l'homme extraordinaire qu'il avait été.

Jusqu'à l'âge de douze ans, il avait vécu dans un village à quelques trois cents kilomètres de la ville de Baroda. Son père, parent éloigné de la famille régnante, était le chef de son village et vivait modestement de sa ferme. Mais, lorsque les Anglais déposèrent le souverain régnant en raison de son incompétence, il fallut lui choisir un successeur parmi les membres de la famille. On fit venir à la capitale mon grand-père, son frère et un cousin, et on les présenta à la maharani douairière, la mère du prince déposé. Les Anglais invitèrent celle-ci à choisir le nouveau souverain, et ce fut mon grand-père qu'elle désigna.

Ayant grandi dans un village où l'unique connaissance nécessaire était celle du travail de la terre, il n'avait appris ni à lire ni à écrire. Aussi les six années qui suivirent son arrivée au palais furent-elles exclusivement consacrées à son éducation, et on lui inculqua des habitudes qu'il conserva sa vie durant. Il se levait invariablement à 6 heures et se couchait à 10 heures ; la journée entière était consacrée au travail, à l'exception de deux heures d'équitation (sport essentiel pour un prince), d'une heure de jeux divers appropriés à son rang, et du temps des repas. Il apprit à lire et à écrire en quatre langues : le marathi, langue de ses ancêtres princiers ; le gujarati, utilisée dans la majeure partie du Baroda ; l'ourdou, parlé par ses sujets musulmans et qui s'écrit en caractères arabes ; et, bien entendu, l'anglais. L'Inde était encore le joyau de la couronne britannique, aussi étudiait-il l'histoire de l'Angleterre aussi bien que celle de l'Inde. Il reçut en outre une formation approfondie en arithmétique, en géographie, en chimie, en économie politique, en philosophie, en sanskrit, et en ce que son précepteur nommait les « conversations sur des sujets donnés », dont l'utilité, je suppose, était de lui permettre de participer à n'importe quelle conversation mondaine.

Rétrospectivement, il paraît étonnant que ces deux êtres, qui avaient tous deux grandi dans une atmosphère si traditionnelle et dont le mariage avait été décidé par leurs familles, aient pu devenir par la suite les artisans du changement et de la réforme, en répandant dans une société orthodoxe des idées nouvelles ou plus libérales. Mon grand-père consacra sa vie à la modernisation de l'État, à la construction d'écoles, d'universités, de bibliothèques, et d'un musée, ainsi qu'à la formation d'une administration équitable et remarquablement efficace. Il s'intéressait à tout, commandant une traduction en marathi d'*Alice au pays des Merveilles,* favorisant l'émancipation des femmes, introduisant même au Baroda une idée aussi révolutionnaire que celle du divorce. Ma mère taquinait d'ailleurs souvent ma grand-mère au sujet de son époux qui était un si chaud partisan du divorce. Ma grand-mère s'efforçait de garder une apparence de dignité fâchée, mais on voyait bientôt son visage plissé par un rire silencieux dont tout son corps était secoué, sans qu'elle émît un son.

Mon grand-père était particulièrement frappé par les inégalités et les abus qui s'étaient développés dans la société indienne et que le système des castes consolidait. Les Hindous sont par naissance divisés en quatre castes qui sont, par ordre hiérarchique, les Brahmanes, à l'origine les prêtres et les savants, les Kshatriyas, guerriers, et souvent, à la suite de conquêtes ou de récompenses dues à leurs mérites, les princes et les grands propriétaires terriens, les Vaisyas, en général les gens d'affaire, les commerçants et artisans et les Sudras, les Intouchables auxquels échoient les tâches les plus humbles – balayage de rues, nettoyage des latrines – qui risquaient de polluer les Hindous de caste.

Le mahatma Gandhi se fit le champion des Intouchables dans une lutte passionnée pour les faire accepter par la société indienne. Il changea leur nom pour celui de Harijans (Aimés de Dieu) et exigea qu'ils puissent avoir accès aux temples, qui leur étaient jusque-là fermés. Le Dr Bhimrao Ramji Ambedkar, un homme politique des plus brillants, Harijan lui-même, se chargea de traiter tous les aspects juridiques de cette bataille. Le Dr Ambedkar était l'un des protégés de mon grand-père, qui le fit instruire et le soutint lorsqu'il était un enfant sans ressources. Après la longue lutte qu'il mena pour améliorer le sort des Intouchables, le Dr Ambedkar fut appelé à présider le comité chargé de rédiger le projet de constitution de l'Inde libre.

Ma grand-mère, plus effacée, n'en eut pas moins un rôle important dans la vie de l'État de Baroda. Je la vois toujours s'occupant, le matin, de ses affaires personnelles – choisissant des saris, décidant de l'achat de métrages de soie ou de tissu d'or étalés devant elle par ses servantes, prêtant une oreille attentive aux cuisiniers qui lui détaillaient les menus de la journée, donnant des ordres au tailleur, s'informant de la bonne marche des choses ; bref, dirigeant la tenue d'une vaste maisonnée – et cela tout en accordant son attention entière aux griefs et aux réclamations de l'une ou l'autre de ses sujettes, qu'il s'agisse de la maladie d'un enfant ou d'un conflit familial au sujet d'un héritage.

Tout cela faisait partie des devoirs d'une maharani, de même que les manifestations officielles comme les grands durbars d'apparat qu'elle présidait dans le quartier des femmes du palais de Baroda. Je garde un souvenir tout particulier du premier durbar auquel j'assistai, en l'honneur de son anniversaire. Toutes les femmes de la noblesse, les épouses des grands propriétaires, ainsi que les femmes de leurs familles étaient là, revêtues de leurs plus beaux atours et de leurs bijoux les plus somptueux pour rendre hommage à ma grand-mère. Celle-ci était assise sur un *gaddi*, un trône rembourré, et vêtue d'un sari rose tissé d'or, drapé à la façon des Marathas qui forme une traîne plissée entre les jambes.

Outre son sari étincelant, ma grand-mère portait tous les bijoux traditionnels en une telle occasion, parmi lesquels de lourds bracelets de cheville sertis de diamants et une multitude de bagues à ses doigts et à ses orteils. Les dames de l'assistance venaient la saluer, joignant les mains en un namaskar, et lui offraient la pièce de monnaie, symbole traditionnel d'allégeance. A l'extrémité de la salle se tenait une troupe de musiciennes et de danseuses de Tanjore, dans l'Inde méridionale. Ainsi que le faisaient de nombreux princes indiens, mon grand-père entretenait une troupe au palais, et, celle-ci, à chaque réception importante, donnait une représentation de cette danse classique de Sud appelée *Bharata natyam*. En ces occasions, la famille mangeait dans des *thals* d'or, tandis que le reste de l'assistance devait se contenter de vaisselle d'argent, différence qui fut toujours pour moi une source de gêne.

Ma mère, la princesse Indira Gaëkowar de Baroda, était la seule fille de ce couple remarquable. Grâce à ses opinions avancées, elle fut parmi les premières princesses indiennes à fréquenter l'école et l'université. Elle accompagnait aussi ses parents lorsqu'ils se rendaient en Angleterre. Un jour, on la conduisit avec ses quatre frères, tous petits encore, et tous identiquement vêtus de pantalons blancs, de vestes de brocart, et coiffés de toques brodées d'or, au palais de Buckingham pour être présentés à la reine Victoria. Ils étaient debout devant elle, et la vieille reine-impératrice demanda qui était la petite fille. Cinq paires d'yeux bien noirs la regardaient, et puis, parce qu'ils aimaient tous jouer des tours aux adultes, un des garçons fit un pas en avant. Mais ils avaient sous-estimé la reine qui, se doutant de quelque chose, passa derrière la rangée d'enfants, et aperçut la longue natte noire qui trahissait ma mère.

Il n'est pas aisé de décrire ma mère sans se laisser aller à l'emploi des superlatifs. Elle était tout simplement la femme la plus belle et la plus intéressante que nous ayons jamais rencontrée. Maintenant encore, après tous mes voyages au cours desquels j'ai vu tant de beautés célèbres appartenant à toutes les classes de la société, elle demeure dans mon souvenir comme un alliage d'esprit, de chaleur et de beauté, qui n'eut jamais son égal. On fit d'elle de nombreux portraits, et elle fut maintes fois photographiée, mais si ces images reflètent sa beauté physique, le charme de sa personne – les yeux immenses, la grâce exquise du visage, la bouche au dessin imperceptiblement retombant qui donnait envie de la faire sourire, le corps mince et fragile – aucune d'entre elles n'a pu fixer la vitalité qui faisait d'elle un centre d'attraction partout où elle se trouvait. Son intérêt passionné pour les autres et le souci qu'elle en avait, faisaient que tout en elle était d'une classe à part ; elle restait cependant : accessible à tous. Nous l'appelions toujours Ma. Et non seulement nous, mais aussi nos amis et même les paysans de Cooch Behar. Quand j'étais enfant, j'étais fascinée par elle – par ce qu'elle disait, par ce qu'elle faisait et par tout ce qu'elle portait. On ne s'ennuyait jamais avec elle, et on avait le sentiment qu'à tout moment, n'importe quoi pouvait arriver.

Elle était curieusement insensible à l'impression qu'elle provoquait, résultat sans doute des précautions de ma grand-mère qui craignait que son enfant soit gâtée, fille unique qu'elle était, adorée par son père et chérie par ses frères. Si quelqu'un faisait des remarques flatteuses sur son joli visage, ma grand-mère faisait aussitôt quelque remarque péjorative : « Voyez, elle a le nez trop gros du bout », ou « Il n'y a pas trace d'une boucle dans ses cheveux. »

Ma mère me confia un jour qu'elle n'avait jamais imaginé être le moins du monde agréable à regarder, jusqu'au jour où ses frères échangèrent devant elle des propos au sujet d'une séduisante jeune fille qu'ils avaient rencontrée. Voyant l'air dépité de leur sœur, l'un d'eux lui dit avec un enthousiasme très fraternel : « Mais tu sais, tu n'es pas si mal que cela. »

Pour la première fois, elle se regarda vraiment dans la glace et pensa : « Il a peut-être raison, je ne suis pas si mal que cela. »

LE MARIAGE DE MES PARENTS

En 1910, ma mère ayant eu dix-neuf ans, mes grands-parents lui annoncèrent qu'ils avaient, comme c'était la coutume, décidé son mariage avec le maharajah Scindia de Gwalior. Le Gwalior était, comme le Baroda, une des principautés marathes les plus importantes de l'Inde. Il était au centre de la péninsule indienne et son maharajah, âgé à l'époque d'une quarantaine d'années, était un ami de mon grand-père. Il avait déjà une épouse, mais elle ne lui avait pas donné d'enfant, et il souhaitait ardemment avoir un héritier. En 1909, alors qu'il passait la saison d'hiver à Londres, il avait rencontré ma mère, dont la beauté et la vivacité faisaient déjà sensation dans la société edwardienne. Dès son retour en Inde, il entama des négociations avec mon grand-père. On consulta les astrologues, on compara les horoscopes, on discuta des dates favorables, et finalement le mariage fut décidé.

Ma mère, tout intrépide qu'elle fût, accepta sans révolte ni protestation que l'orientation de sa vie soit décidée par ses parents. Les mariages arrangés par les familles étaient – et sont toujours – tellement inhérents à la société indienne que le mariage d'amour passe pour une innovation occidentale douteuse, dont il convient de se méfier, surtout quand il s'agit de jeunes gens. De toute évidence, les parents sont mieux placés pour savoir ce qui convient à leurs enfants, et particulièrement en matière de mariage, où l'on ne saurait se fonder sur un sentiment aussi éphémère et éloigné de toute raison que l'amour. Mes grands-parents ne consultèrent donc pas leur fille et lui annoncèrent simplement l'union souhaitable pour la dynastie qu'ils avaient décidée pour elle. Puis, cela allait de soi, ma grand-mère se mit en devoir d'acheter trousseau et linge de maison, et de réunir les bijoux du mariage. Je possède toujours ce linge acheté au magasin de toile irlandaise Givan, marqué dés initiales « I.S. », Indira Scindia, brodées avec art. Scindia était le nom patronymique des souverains du Gwalior, comme Gaëkowar était le nom de ceux du Baroda.

Ma mère me confia que même avant d'avoir rencontré mon père et s'être éprise de lui, elle redoutait ce mariage. Le maharajah était un homme charmant, mais il était son aîné de plus de vingt ans et on lui prêtait un esprit très conservateur. Elle craignait de vivre enfermée pendant le restant de ses jours dans le vaste palais de Gwalior dans le plus strict purdah, réduite à la société exclusive des femmes et ne voyant d'autre homme que son mari. La ségrégation qui l'attendait serait si sévère, lui disait-on, qu'elle ne verrait même que très rarement ses frères, auxquels elle était très attachée. On ne saurait s'étonner que pour une jeune fille de dix-huit ans ayant fait des études et beaucoup voyagé, cette perspective ait eu bien peu d'attraits. Lorsqu'elle se mit en route avec ses parents pour Delhi, afin d'assister au grand durbar de 1911, où les princes et les souverains vinrent apporter solennellement témoignage de leur allégeance à la Couronne britannique, ces pensées la remplissaient de désarroi et d'incertitude.

Le durbar de Delhi, aux dires de tous les témoins, fut une des cérémonies les plus imposantes et les plus éclatantes du Raj britannique. Il fut tenu à l'occasion du couronnement du roi – empereur George V – le premier souverain britannique à venir en Inde – et pour marquer le transfert de la capitale de Calcutta, où elle se trouvait depuis l'époque de la Compagnie des Indes occidentales, à Delhi, la capitale historique et traditionnelle. On avait érigé pour cette occasion un immense amphithéâtre pouvant recevoir plus de quatre-vingt-dix mille personnes. Tous les princes indiens, suivis de leurs parents et des membres de la noblesse, étaient assis aux places d'honneur, revêtus de leurs costumes d'apparat en brocart et tissus d'or, et arborant leurs plus fiches bijoux, ainsi que leurs épées d'émail ornées de pierres précieuses. Chacun des maharajahs portait les joyaux célèbres de son trésor – le maharajah de Patiala ses diamants et celui de Gwalior sa ceinture de perles. Et même mon grand-père, réputé pour ses mœurs austères, portait à son cou les magnifiques perles du Baroda.

En pleine cérémonie, on accusa mon grand-père d'avoir tourné le dos au trône et insulté le roi-empereur. L'incident fit la une dans tous les journaux londoniens, qui rivalisèrent de récits outragés de la « sédition » et de la « perfidie » du souverain de Baroda, lui imputant toutes les formes de trahison. En fait, seule était en cause son ignorance de la procédure exacte à suivre pour faire acte d'allégeance. Pour une raison quelconque, il n'avait pas pu assister la veille à la répétition générale, et avait négligé d'observer le prince qui le précédait, le nizam de Hyderabad. Lorsque vint son tour, il s'avança, s'inclina une fois, puis se retira à reculons. Mais il ne se souvenait plus de l'emplacement de la sortie et, en se retournant pour quérir une directive, il avait paru tourner le dos au roi-empereur. De plus, c'étaient trois inclinaisons au lieu d'une seule qu'il aurait dû faire.

Cet incident absurde suscita beaucoup de rancœur chez les Anglais, tandis qu'aux yeux des nationalistes indiens, dont le mouvement pour l'indépendance, ou à tout le moins pour l'obtention du statut de dominion, commençait à prendre de l'ampleur, mon grand-père était devenu un héros. Des années plus tard, lorsque nos jeunes amis de Calcutta ou de Darjeeling, aux opinions déjà marquées, citaient le souverain de Baroda parmi les premiers Indiens à avoir soutenu l'indépendance, nous nous pavanions dans le reflet de sa gloire. Mais bien que mon grand-père ait été effectivement favorable à l'indépendance, il était bien trop courtois pour avoir voulu insulter le roi-empereur.

Le durbar dura plusieurs semaines, au cours desquelles les fêtes se succédèrent à Delhi : matchs de polo, garden-parties, réunions purdah pour les dames, divertissements publics et privés de toute sorte. On n'avait encore construit à la Nouvelle Delhi que des bâtiments officiels, de sorte que tous, le roi-empereur compris, logeaient dans des campements – mais des campements d'un luxe inouï, rassemblant des tentes immenses et meublées avec élégance, autour desquelles s'étendaient de beaux jardins et des pelouses coupées d'allées parfaitement entretenues. Chaque famille princière disposait d'un camp particulier avec sa suite de courtisans, d'assistants et de domestiques, et l'on échangeait de nombreuses visites d'un campement à l'autre. Au cours d'un bref séjour dans une école d'Eastbourne, ma mère avait fait la connaissance des jeunes princesses de Cooch Behar, les sœurs du maharajah. Dans l'atmosphère de fête du durbar, elle passait de plus en plus de temps avec elles et leurs frères, au camp de Cooch Behar. Mes grands-parents ne se doutaient absolument pas qu'elle et le jeune frère du maharajah étaient en train de s'éprendre l'un de l'autre.

Lorsque les princes plièrent bagages et regagnèrent leurs États, ma mère, sans en souffler un mot à ses parents, écrivit au maharajah de Gwalior pour lui dire qu'elle ne souhaitait pas l'épouser. Puis elle rentra avec ses parents à Baroda, où les préparatifs de son mariage étaient déjà très avancés. On avait dressé des arceaux de bienvenue pour accueillir l'époux ; toutes les dispositions avaient été prises en vue de l'accueil de centaines de membres de la famille de Gwalior et de nombreux amis, tous accompagnés de leurs suites ; des fêtes et des divertissements nombreux avaient été prévus – car ma mère était après tout l'unique princesse de Baroda et il convenait de la marier en grande pompe.

Au milieu de toute cette effervescence, arriva un télégramme du maharajah de Gwalior : QUE SIGNIFIE LA LETTRE DE LA PRINCESSE ?

Ma mère, aussitôt convoquée, avoua ce qu'elle avait fait. Mes grands-parents furent atterrés. En Inde, les fiançailles ne se rompent que très rarement. Cet engagement lie presque autant que le mariage lui-même, qui n'est que le stade ultime dans la conclusion d'une alliance ayant pris corps dès la cérémonie des fiançailles.

L'initiative de ma mère eut un effet de choc immense. Au Baroda et au Gwalior on s'interrogeait avec stupeur, et à travers tous les États princiers, des commérages scandalisés ressassaient ce fait extraordinaire : le simple caprice d'une jeune fille rompait une alliance projetée entre les deux familles marathas les plus importantes. C'était absolument inouï. Et pour quel motif ? Pour une bêtise, une sotte histoire d'amour. C'était inconcevable !

Dans la tempête soulevée, les bavardages, les explications confuses et contradictoires, il semble qu'aucun compte n'ait été tenu des sentiments propres de ma mère Les remontrances sévères et consternées de ma grand mère l'avaient persuadée qu'elle était une créature lamentable, méprisable et déloyale, d'avoir ainsi déshonoré sa famille et, pour ainsi dire, toute la classe sociale à laquelle elle appartenait. Si le soutien et l'affection de ses frères lui avaient fait défaut, le courage lui aurait manqué pour maintenir sa décision. Il n'y avait toutefois plus aucune chance pour que le mariage puisse être jamais conclu, après la lettre qu'elle avait envoyée.

Le maharajah de Gwalior adressa à mon grand-père une missive d'une grande compréhension, l'assurant qu'il ne lui en voulait nullement de ce qu'avait fait sa fille ; et je me plais à noter qu'il trouva, par la suite, une seconde épouse qui lui donna deux enfants, prénommés George et Mary, comme leurs parrain et marraine, les souverains anglais.

Mais ma mère qui souhaitait épouser le prince de Cooch Behar, se heurta à l'opposition la plus totale. Ce n'était pas simplement parce que le Cooch Behar était moins étendu et moins important que le Baroda, ni parce que la famille régnante était d'une caste différente et n'appartenait pas à l'orgueilleux clan des Marathas. Ni même parce que le prince était un frère cadet qui, normalement, n'accéderait pas au trône. Ces considération-là importaient peu à mon grand-père. Son objection essentielle était que la famille de Cooch Behar subissait l'influence occidentale d'une façon qu'il désapprouvait totalement. Elle menait une vie très mondaine, se mêlait à la société edwardienne et recevait à Cooch Behar quantité d'hôtes européens de tous rangs. Ses membres s'étaient acquis dès 1911 une réputation de conduite critiquable et déréglée, qui n'avait rien pour plaire à mon austère grand-père.

Rien ne fut négligé pour que ma mère oubliât sa passade. On lui défendit de voir le prince ou de communiquer avec lui, et elle fut plus soigneusement chaperonnée que jamais. Mais elle avait hérité l'esprit d'indépendance et la force de caractère de ma grand-mère ; et puis, elle était amoureuse. Elle parvint à entretenir pendant deux ans une correspondance secrète avec le prince, et même à échapper à la surveillance de ses parents pour le rencontrer clandestinement, généralement à Londres, où sa famille passait habituellement l'été, et où il la suivait. Triant, en 1968, après sa mort, les papiers de ma mère, je tombai sur plusieurs de leurs lettres datant de cette époque. Celles de mon père étaient adressées à toute une série de noms d'emprunt, tels que « Mme Miele Brooke, Poste Restante, Fernhill, Ootacamund » (station de montagne où mes grands-parents possédaient une maison) ou « Mme Sylvia Workman »... Elles étaient pleines de descriptions de la vie mondaine à Cooch Behar, des fêtes d'hiver à Calcutta, du printemps à Darjeeling, des bals masqués, de l'arrivée des équipes de polo, des matches de cricket, et des chasses au gros gibier. Si mon grand-père les avait lues, il n'aurait guère été rassuré.

On était, semblait-il, totalement dans l'impasse. Ma mère continuait sans désemparer à déclarer qu'elle épouserait le prince de Cooch Behar et nul autre, tandis que mes grands-parents restaient tout aussi inébranlables dans leur opposition à pareille mésalliance. Finalement, en 1913, alors que mes grands-parents, en route pour l'Angleterre, s'étaient arrêtés à Bombay, le prince de Cooch Behar fut convoqué au palais qu'ils possédaient dans cette ville. Mon grand-père le reçut de façon très officielle dans la grande salle de durbar, son Premier Ministre assis à sa gauche et le résident britannique à sa droite, tandis que ma grand-mère observait la scène cachée derrière la jalousie d'une galerie du premier étage. Le prince reçut l'assurance catégorique que jamais, en aucune circonstance, il n'épouserait ma mère et qu'il lui fallait renoncer définitivement à cette idée. A l'issue de cette entrevue, il quitta le palais, convaincu que la situation était sans espoir.

En réalité, la résistance de mes grands-parents touchait à sa fin et l'audience de Bombay était un combat d'arrière-garde. En arrivant en Angleterre, sous l'effet de la détermination inébranlable de ma mère, ou bien de leur instinct, ils comprirent qu'elle méditait de faire une fugue. Avec tristesse, ils décidèrent, plutôt que d'affronter un scandale encore plus grand, de battre en retraite. Mais ils refusèrent, par principe, de s'occuper des préparatifs du mariage.

Ils envoyèrent ma mère chez un de leurs amis à Londres, où le mariage devait avoir lieu. Un des fils de ces amis me fit part plus tard de l'impression qu'elle leur fit :

« Je me souviens fort bien du bruit que fit tout cela. On voyait encore très peu d'Indiens en Angleterre, et le fait était encore assez rare pour faire sensation ; Indira Devi, de toute façon, faisait plus qu'attirer l'attention – dire qu'elle était d'une beauté ravissante n'est pas un cliché. Les reporters arrivaient en meute pour prendre des photos, et nous avons vécu dans le halo de cette gloire d'emprunt. Ce mariage fut l'événement de la saison. Les hebdomadaires lui consacrèrent des pages entières et nous gardâmes pendant longtemps un épais dossier de coupures de presse que nous feuilletions avec nostalgie. »

En juillet 1913, mes parents se marièrent enfin. Le rôle des parents échut à la dame de compagnie anglaise de ma grand-mère, une Miss Tottenham, et à un avocat. Le jour du mariage, mon grand-père adressa aux jeunes époux un télégramme leur souhaitant d'être heureux ; mais pas un mot ne leur parvint de ma grand-mère. L'unique exigence de mon grand-père fut que mon père s'engageât, s'il devenait un jour maharajah de Cooch Behar, à donner à ma mère un rente de cent mille roupies.

Ma mère, en larmes, avait une dernière fois supplié ma grand-mère de lui accorder son pardon et sa bénédiction ; mais cet appel resta sans réponse. Selon Miss Tottenham, toutefois, dès que ma mère eut quitté la pièce, ma grand-mère s'effondra pour sangloter sans retenue. Elle refusa pourtant de bénir ma mère et de communiquer avec elle pendant les deux années qui suivirent. Elle ne faiblit qu'en 1914, juste avant la naissance de ma sœur aînée Ila, alors que ma mère était tombée gravement malade. Elle eut une façon bien à elle de rétablir le contact, en expédiant à Cooch Behar un cuisinier maratha afin qu'il prépare pour ma sœur les plats du Baroda qui, elle en était certaine devaient lui manquer.

Presque exactement à l'époque de leur mariage, un autre roman d'amour de la famille de Cooch Behar se terminait tragiquement. Le frère aîné de mon père, Raj Rajendra Narayan, maharajah de Cooch Behar, était tombé amoureux de l'actrice anglaise Edna May, mais sa famille lui avait refusé l'autorisation de l'épouser. Il avait fait serment, deux ans auparavant, que si ses parents persistaient dans leur refus, il boirait jusqu'à en mourir. Et c'est précisément ce qu'il avait fait, s'en tenant exclusivement au champagne. En 1913, il était déjà très malade. Il mourut trois semaines après le mariage de mes parents. Mon père, qui était l'aîné des trois frères survivants. lui succéda sur le trône.

LES ENFANTS DU NOUVEAU MAHARAJAH

Le décès de mon oncle contraignit mes parents à interrompre leur lune de miel en Europe. Ils rentrèrent à « Woodlands » leur résidence de Calcutta, capitale du Bengale, province anglo-indienne contiguë à leur État. Ma nous racontait que lorsqu'elle arriva pour la première fois à « Woodlands » et qu'elle entendit le son étiré des conques dans lesquelles soufflaient des domestiques du palais, elle crut que ces sons étranges étaient une sorte de chant funèbre pour la mort de mon oncle. Elle découvrit plus tard que c'était la façon traditionnelle au Bengale d'accueillir l'épousée.

Après un bref séjour à Calcutta, mes parents firent route au Nord vers le Cooch Behar, juché dans les contreforts de l'Himalaya. L'État sur lequel mon père était destiné à régner portait autrefois le nom de Koch Behar, « le pays du peuple Koch », d'origine obscure. Dans ces temps reculés, les territoires du Cooch Behar et du Bhutan faisaient partie du grand royaume de Kamrup. Lorsque celui-ci s'effondra, un certain nombre de chefs indépendants créèrent de petites principautés et un royaume fut fondé par les Koches. Leurs rois se réclamaient d'une ascendance divine. La légende raconte que le dieu Shiva s'éprit de la femme du chef Koch, et qu'ils eurent ensemble un fils nommé Biswa Singh. L'histoire, plus prosaïque, nous apprend que le royaume fut fondé en 1510 par un chef nommé Chandan, auquel succéda son cousin Biswa Singh. Les deux récits s'accordent pour reconnaître en Biswa Singh un grand conquérant, qui imposa sa loi à tout le territoire compris entre la rivière Karatoya à l'ouest et le Bamadi à l'est.

Ses successeurs perpétuèrent cette tradition guerrière, soumirent tous leurs voisins à l'est et au sud, et se risquèrent même à attaquer les redoutables armées des empereurs moghols qui régnaient alors sur presque toute l'Inde. Cela ne manquait pas de panache, mais c'était imprudent. Dans les années qui suivirent, le royaume des Koches perdit peu à peu ses conquêtes, que lui reprirent les Moghols, au sud, et le Bhutan, au nord, tant et si bien qu'il ne resta plus aux successeurs de Biswa Singh que l'actuel État de Cooch Behar.

Dans les dernières années du XVIIIe siècle eut lieu un événement qui devait complètement modifier le statut du Cooch Behar : les Bhutanais firent prisonnier le maharajah régnant. Son ministre en appela immédiatement au gouverneur du Bengale, Warren Hastings, qui lui vint en aide, mais en lui imposant des conditions draconiennes.

L'Inde à cette époque ne relevait pas directement de l'autorité de la Couronne britannique. La plus grande partie du pays était administrée par ce conglomérat étrange d'organismes administratifs, de comptoirs commerciaux et de présence militaire connu sous le nom de Compagnie des Indes orientales. Le prix de l'aide britannique pour obtenir la libération du maharajah était la signature d'un traité avec la Compagnie. Aux termes de ce traité en date du 5 avril 1773, le Cooch Behar reconnaissait la protection de la Compagnie et s'engageait à lui verser la moitié de son revenu annuel, montant qui fut plus tard fixé à 67 000 roupies. L'année suivante, après que Warren Hastings eut réussi, grâce à l'appui du Dalaï Lama du Tibet, à conduire un accord avec le Bhutan, le maharajah retrouva enfin la liberté.

Par la suite les liens entre le Cooch Behar et les Anglais se resserrèrent et se diversifièrent. Etant donné sa situation géographique, le Cooch Behar était continuellement menacé par les visées expansionnistes et les intrigues politiques du Bhutan, du Sikkim et de l'Assam, qui étaient de leur côté engagés avec le Népal et le Tibet. Il importait aux Britanniques d'avoir un point d'appui dans cette région troublée et stratégiquement importante. Aussi lorsque la situation du Cooch Behar se trouva compliquée par des dissensions intérieures, on en arriva, en 1788, à désigner un représentant britannique chargé d'assurer l'ordre.

La présence britannique s'affirma dès lors au Cooch Behar. Presque un siècle plus tard, lorsque mon grand-père, à l'âge de dix mois, monta sur le trône, un Commissaire britannique fut désigné pour prendre directement en mains l'administration du pays pendant la minorité du souverain. Les Anglais se soucièrent également de la formation de mon grand-père. Il promettait beaucoup, et lorsqu'il eut atteint l'âge de seize ans, ses maîtres voulurent l'envoyer en Angleterre où il recevrait l'éducation sans contredit la meilleure possible à leurs yeux.

Sur ce point-là, toutefois, ils se heurtèrent à l'opposition violente de sa mère et de sa grand-mère. Elles tenaient pour acquis qu'un tout jeune homme lâché dans la société occidentale décadente ne pouvait que mal tourner. Pire, encore, il devrait traverser les « Eaux Noires », ce qui lui ferait perdre sa caste et le rendrait impur au regard des Hindous orthodoxes. On réussit en fin de compte à leur faire accepter ce départ mais elles y mirent comme condition qu'il se marierait auparavant. Il serait ainsi protégé, pensaient-elles, contre les redoutables tentations de la vie européenne et les intrigues des femmes étrangères.

A contrecœur, les fonctionnaires britanniques se plièrent à leur désir, mais ils attachèrent une grande importance à ce qu'il épousât une jeune fille cultivée et en mesure de le seconder lorsqu'il assumerait ses responsabilités de maharajah. Sous leurs auspices, il épousa donc une jeune Bengali instruite, issue d'un milieu libéral. Bien que n'étant pas d'ascendance royale, elle était belle, charmante, et possédait toutes les qualités requises chez une future maharani.

Je n'ai jamais connu mon grand-père de Cooch Behar – il était mort bien avant ma naissance – mais ma grand-mère, Suniti Devi, berça mon enfance de sa douce et affectueuse présence. Hors des frontières de son État, elle contribuait avec diligence à promouvoir l'émancipation des femmes au Bengale, mais elle ne fit jamais rien, je ne sais pourquoi pour essayer de faire disparaître le purdah au Cooch Behar même. Elle se déplaçait librement au cours de ses voyages à Calcutta ou ailleurs, mais au Cooch Behar, elle vivait dans le zénana, dont les autres occupantes n'avaient même jamais aperçu la façade du palais.

Une génération plus tard, lorsque ma mère arriva au Cooch Behar dans une voiture découverte, le purdah prit fin du même coup – sauf, bien sûr, en ce qui concerne l'accès à la salle de billard.

Lorsque mon père monta sur le trône, mes parents partagèrent leur vie de famille entre Cooch Behar, Calcutta et Darjeeling, dans les contreforts de l'Himalaya. Ma sœur Ila naquit à Calcutta en 1914, suivie un an après à Cooch Behar par mon frère aîné. La naissance de ce dernier fut l'occasion d'une grande allégresse : le trône avait désormais un héritier. On le baptisa Jagaddipendra Narayan, mais ma sœur l'appelait Bhaiya, ce qui signifie frère et ce nom lui resta. En 1918, mon second frère, Indrajitendra Narayan, vit le jour à Poona, ville située dans les collines des Ghats de l'ouest, où le gouvernement de l'État de Bombay se transportait pendant la saison chaude. Mes grands-parents de Baroda s'y trouvaient aussi à ce moment-là pour assister aux fameuses courses, et c'est là qu'ils finirent par se réconcilier avec ma mère.

Dès la fin de la Grande Guerre, mes parents s'embarquèrent avec leurs trois jeunes enfants pour l'Angleterre, pour de longues vacances en Europe. Peu après leur arrivée à Londres, je vins au monde, le 23 mai 1919, aux alentours de 8 heures du matin. L'heure est très importante, car selon la tradition indienne, une des premières choses à faire dès la naissance d'un enfant est de faire établir son horoscope. Les pandits durent rectifier leurs calculs pour tenir compte de l'heure anglaise d'été. Je ne sus jamais ce que promettait mon horoscope, sinon que l'initiale la plus favorable pour mon nom était le G. C'est pourquoi l'on me nomma Gayatri, mot qui est une incantation religieuse. Pendant les derniers temps de sa grossesse, ma mère lisait le roman de Rider Haggard, *She,* et elle avait déjà décidé que si elle donnait le jour à une fille, celle-ci porterait le nom de l'héroïne du roman, Ayesha. Quelques jours après ma naissance, des amis indiens venus lui rendre visite lui firent remarquer qu'Ayesha est un nom musulman, celui de la neuvième épouse du prophète Mahomet. Mais ma famille s'était déjà habituée à ce nom qui lui plaisait, de sorte que si Gayatri est bien mon vrai nom, c'est sous celui d'Ayesha que me connaissent tous mes amis. Les domestiques anglais compliquèrent encore les choses en décrétant que Gayatri était impossible à prononcer, et puisque j'étais née en mai, ils me baptisèrent princesse May. Un an plus tard, naquit ma sœur Menaka. La famille comptait maintenant deux garçons et trois filles.

De mon enfance, il me reste cette série habituelle d'anecdotes diverses qui constituent les souvenirs collectifs d'une famille. Peu d'entre elles valent la peine d'être racontées. Je ne saurais d'ailleurs établir la distinction entre les événements dont je me souviens réellement et ceux qu'un récit constamment répété a rendus réels et familiers. Mes premiers souvenirs précis se rattachent à une maison que nous avions louée un été dans la campagne anglaise, et à l'arrivée majestueuse de mon père parcourant la grande allée dans sa superbe *Rolls Royce.* Un peu plus tard, alors que nous étions installés à Londres, juste en face du magasin *Harrods,* je découvris rapidement le moyen de me glisser hors de la maison et d'aller au rayon des jouets sans que gouvernantes ou précepteurs s'en aperçoivent. En fait, ce n'était pas une performance notoire, car mon père avait contracté une pneumonie, et toute l'attention de la maisonnée convergeait sur le malade. Je n'avais que trois ans, et cela demeure pour moi un mystère que M. Jefferson, le directeur de *Harrods,* ne m'ait pas immédiatement renvoyée chez mes parents. Bien au contraire, respectueusement figé dans son habit, il prenait note de mes commandes et de mes instructions, imitées de celles de ma mère, et indiquait que les achats étaient à débiter « au compte de la princesse Gayatri Devi de Cooch Behar ».

La première fois, outre des jouets pour moi-même, je commandai un énorme « cracker », un de ces rouleaux de papier cylindriques qui, lorsqu'on les tire par les deux bouts, se déchirent en explosant bruyamment, laissant chapper quantité de petites surprises : chapeaux de papier, amulettes, voitures miniatures, etc. Le cracker était pour Bhaiya, que j'adorais. Pour Ila, qui me taquinait souvent, j'achetai un paquet d'épingles. J'étais en train de vivre un rêve d'enfant transposé dans la réalité, et, encouragée par ce succès initial, je retournai chez *Harrods* tous les après-midi pendant les jours qui suivirent.

Un aide de camp, un de ces assistants (généralement de jeunes officiers de l'armée) qui font partie de toute suite princière, était chargé de nous promener lorsque la gouvernante n'était pas de service, et il ne parvenait pas à comprendre pourquoi je refusais de faire un pas de plus dès que nous avions atteint l'entrée du magasin. Lorsqu'il voulut emprunter l'autre trottoir, je me couchai par terre en hurlant, ce qui provoqua aussitôt un attroupement de passants qui évidement le soupçonnèrent de m'avoir maltraitée. Mes expéditions ne furent découvertes que le jour où notre gouvernante anglaise fit observer à ma mère qu'elle nous donnait beaucoup trop de cadeaux, et que nous en serions irrémédiablement gâtés. Une petite enquête fit jaillir la vérité. J'entends encore ma mère, disant au téléphone, de sa voix légèrement rauque à la douceur trompeuse : « Mais enfin, monsieur Jefferson, comment avez-vous pu prendre au sérieux les commandes faites par Ayesha ? »

Un autre de mes souvenirs très anciens est d'avoir vu un soir la table de la salle à manger mise pour un grand dîner et somptueusement couverte d'or, de cristaux et de fleurs. Le menu, ce soir-là, était de toute évidence indien et, je ne l'oublierai jamais, Bhaiya, qui était avec moi, me tendit une chose verte et brillante en me disant que c'était une sucrerie, et qu'il fallait la manger entière. C'était la première fois que je goûtais à un piment, et dès que la brûlure se fit sentir, je me mis à hurler. Bhaiya, terrifié par les conséquences de son idée, me tenait sa main sur la bouche pour étouffer mes cris.

Cependant, la santé de mon père déclinait rapidement, et le souci de ma mère était de faire en sorte que la maison fût aussi silencieuse que possible. Bhaiya et Ila avaient l'âge de suivre des cours quotidiens avec nos deux premières gouvernantes, Miss Robert et Miss Oliphant, mais Indrajit, toujours très dissipé, ne cessait de faire des bêtises. Pendant la sieste, il déroulait par la fenêtre un des turbans de notre père et le laissait pendre jusqu'à la rue, espérant, comme il nous l'expliqua par la suite, qu'un des enfants qui passaient sur le trottoir y grimperait pour venir jouer avec lui. Un après-midi qu'il avait réussi à provoquer un petit attroupement et s'efforçait de persuader quelqu'un de grimper, un de nos domestiques aperçut la soie rutilante se gonflant devant la fenêtre de la salle à manger.

Rien de surprenant, après un certain nombre d'aventures de ce genre, que ma mère, avec un mari malade et cinq jeunes enfants tous rassemblés sous le même toit, ait trouvé que la charge était devenue trop lourde. Aussi les dispositions furent-elles prises pour que Indrajit, Menaka et moi-même retournions en Inde avec Miss Oliphant tandis qu'Ila et Bhaiya resteraient à Londres. Comme on pouvait s'y attendre, elle changea d'avis au dernier moment, et décida finalement de me garder auprès d'elle. Une maison privée de tout petit enfant aurait été trop déprimante. J'avais entendu un des domestiques murmurer que « c'était ridicule de garder la princesse May à Londres » et je le répétai à ma mère. Sachant que j'ignorais le sens du mot « ridicule », elle se borna à me demander doucement : « Qui a dit que c'est ridicule ? » Elle tenait à tout savoir, et s'arrangeait pour être au courant de tout ce qui se passait à l'office ou dans la nursery et pour connaître l'humeur du personnel et les critiques ou approbations qu'il exprimait.

Je me souviens à peine de mon père. Une seule image me reste de lui, debout devant la cheminée du salon à Hams Place. Il était en robe de chambre et tenait à la main un verre de whisky. Il était très grand – presque tous les hommes de ma famille de Cooch Behar dépassent un mètre quatre-vingts – et fort bel homme. Il taquinait souvent ma mère, lui disant que maintenant qu'elle avait mêlé le sang des Marathas, à la stature râblée, au sang Cooch Behar, les hommes de la famille ne seraient plus les mêmes. J'ai entendu ma mère dire plus tard, lorsque mes frères eurent tous deux dépassé six pieds de taille, qu'elle eût été heureuse de montrer à mon père qu'elle avait tout de même donné le jour à deux hommes grands.

Jusqu'à sa maladie, mon père avait été un excellent joueur de cricket et de polo, ainsi qu'un amateur de musique talentueux, capable de reproduire chez lui, à l'oreille, les morceaux qu'il avait entendus au concert. Aucun d'entre nous, malheureusement, n'hérita ses dons musicaux, bien qu'il ait réussi à m'enseigner une première chanson, ce qui requit une telle concentration de ma part, me dit-on, que j'en restai bègue pendant quelque temps.

Il aimait beaucoup les enfants, et à Cooch Behar il ramenait en voiture des enfants qu'il rencontrait dans les rues et les conduisait au palais, où il leur enseignait des chansons, riait et jouait avec eux, et leur donnait des bonbons, avant de les reconduire. C'était un vrai prince de contes de fées, beau et plein de charme, impulsif, généreux, et très amusant.

Son horoscope avait prédit que s'il dépassait sa trente-sixième année, il accomplirait de grandes choses. Il mourut le 20 décembre 1922, le jour même de ses trente-six ans. Ma mère, mariée depuis neuf ans, n'en avait que trente.

Nous quittâmes l'Angleterre quelques semaines plus tard, emportant ses cendres avec nous afin de les immerger dans le Gange dans les formes traditionnelles. Ce voyage de retour m'a laissé peu de souvenirs. Je me souviens vaguement d'avoir harcelé les autres passagers afin qu'ils m'inscrivent des messages, que je jetais par dessus bord en priant la mer de les transporter jusqu'en Angleterre. J'ai aussi un souvenir confus de ma mère, toute vêtue de blanc, enfermée dans sa cabine et pleurant beaucoup.

LA VIE DE FAMILLE A COOCH BEHAR

Les circonstances firent que ma mère ne put guère vivre son chagrin dans le secret. Elle avait trop à faire. Le couronnement de Bhaiya, qui avait sept ans, eut lieu peu après notre retour. Ma mère prit sur elle de régler dans tous les détails les cérémonies religieuses et civiles du couronnement, et elle fit répéter par Bhaiya son rôle, qui était assez important. Entre autres choses, il fallait qu'il sache par cœur un petit discours pour répondre à celui du Résident britannique. Ma fut très satisfaite qu'il ait réussi à s'en acquitter sans la moindre erreur. Bientôt elle eut à assumer des responsabilités plus grandes encore.

Il revenait au vice-roi, Lord Reading, de consulter le gouvernement anglo-indien du Bengale et le gouvernement de l'État de Cooch Behar afin qu'un régent et un Conseil de minorité soient nommés auprès de Bhaiya. Dans des cas semblables, on désignait généralement un membre de la famille comme régent, et le vice-roi pria ma mère d'assumer cette charge. Bien que de nombreuses princesses indiennes fussent tenues au purdah le plus strict, il n'était pas rare que l'une d'entre elles fît nommée régente. Les exemples sont nombreux dans l'histoire indienne de femmes qui ont soit régné, soit été régentes. La mère du maharajah Ram Singh de Jaipur et ma propre grand-mère de Cooch Behar étaient toujours consultées par les représentants de la Couronne et le Conseils de minorité pour les affaires de l'État, bien qu'elles observassent le purdah et que les hommes auxquels elles donnaient leurs avis ne les eussent même jamais aperçues. A la même époque, l'État de Bhopal était gouverné par la Begum, qui ne se montrait jamais que voilée, même lorsqu'elle prononçait un discours devant une assemblée ou assistait aux discussions du Conseil. De même, au cours des années 1890, lorsque le jeune maharajah de Gwalior monta sur le trône, sa mère assuma la régence et s'en acquitta avec grand succès ; le Résident britannique venait presque quotidiennement la consulter, à travers un écran placé dans une des cours du palais.

Lorsque toutes les cérémonies furent terminées, la vie de famille reprit son cours. J'adorais la ville de Cooch Behar, elle était parfaitement entretenue et pleine de charme. Les maisons étaient pour la plupart construites en bambou et couvertes de chaume, car il n'y a pas dans la région de pierre utilisable pour la construction. Pour les protéger des inondations de la mousson, on les édifiait sur pilotis. Leurs toits disparaissaient sous de grands plumets d'hibiscus écarlates. Des palmiers bordaient les larges avenues de gravier rouge de la ville et partout de petits temples blancs, entourés de jardins, se reflétaient dans les bassins rectangulaires où les fidèles se livraient aux purifications rituelles avant d'approcher la divinité. Au centre de la ville se trouvait un bassin plus grand, presque un lac, entouré d'arbres et de pelouses parsemées de bancs. Tout autour étaient les immeubles blancs des services de l'État, celui du Trésor et celui du Conseil, devant lequel se dressait une statue de mon grand-père. Ces bâtiments, ainsi que la maison de mon oncle Victor non loin de là, étaient à peu près les seules constructions de brique. Dans ce temps-là, les voitures automobiles étaient rares ; nous étions les seuls, avec le Résident britannique et le médecin, à en posséder. Mais les bicyclettes, qui se multiplient en Inde au même rythme que la population, disputaient déjà les rues avec charrettes à bœufs et aux tongas à chevaux.

Notre palais était à quelque distance de la ville. C'était une construction longue et étroite, en brique, composée de deux grandes ailes s'étendant de part et d'autre du durbar, ou salle d'audience. Un architecte anglais qui s'était acquis la réputation parmi les princes indiens d'avoir construit des palais élégants et spacieux, parfaitement adaptés aux rigueurs du climat, avait été chargé d'en dresser les plans, autour de l'année 1870. Les maharajahs de Kolhapur, de Panna, de Mysore et de Baroda avaient tous fait appel à son talent pour allier dans leurs résidences la grandeur au confort.

Le palais de Cooch Behar, bien qu'il ait été en partie détruit par le tremblement de terre de 1896, est resté très vaste, et le paraît d'autant plus qu'il est construit en longueur. Comme la plupart des palais indiens, il a été conçu pour offrir un abri contre la chaleur torride de l'été, et tous les appartements sont protégés du soleil par de larges vérandas meublées de chaises, de divans confortables et de tapis.

A l'époque où l'influence anglaise ne s'exerçait pas encore sur la vie indienne, les palais étaient meublés modestement, et décorés principalement de fresques, de tentures murales et de tapis. On y trouvait bien quelques coffres richement ouvragés ; mais d'une façon générale les siègea étaient constitués de matelas et de coussins placés sur des banquettes en bois. Dès le début du XIXe siècle, toutefois, on s'était mis à copier un peu partout les salons anglais de Delhi et de Calcutta, quelque déplacés qu'ils fussent dans le contexte indien.

Ma mère excellait à décorer et meubler une maison Son coup d'œil était infaillible, et où qu'elle allât, elle collectionnait les meubles, les tissus et les objet d'art. Le palais de Cooch Behar, ainsi que nos résidences de Calcutta et de Darjeeling, était rempli d'objets rapportés de partout – chaises et tables d'Angleterre et de France, tissus et lustres italiens, tapis du Cachemire, tentures de soie, quartz roses et jades de la ville chinoise de Calcutta, et j'en passe. Tant et si bien que le palais entier portait la marque de ses goûts et de sa personnalité.

Mais les deux pièces qui sont, rétrospectivement, les plus évocatrices pour moi de notre vie à Cooch Behar, sont celles où Ma n'avait apporté aucune modification : la grande salle à manger avec l'immense table centrale et les dessertes massives où étaient alignées les coupes d'argent et d'or remportées aux courses par mon grand-père, mon père, mes oncles et plus tard mon frère, et la bibliothèque, avec ses hautes armoires blanches contenant de nombreuses et précieuses éditions européennes, pièce dans laquelle il nous arrivait de suivre parfois nos cours, et où Ma réunissait le Conseil.

Le palais était entouré de tous côtés d'un parc vaste et tranquille où nous jouions et faisions de la bicyclette. De nombreux petits lacs attiraient des espèces peu répandues d'oiseaux aquatiques ; de petits pavillons blancs très aérés où l'on se trouvait au frais, même en été, entouraient l'un d'entre eux. Le soir, assis sous les vérandas, nous regardions les lucioles danser au-dessus de l'eau. Derrière le palais, du côté opposé à la ville, coulait la rivière aux eaux limoneuses, opaques et perfides. Après la mousson, nous aimions pédaler le long des ses berges pour voir ses eaux torrentielles.

Le personnel du palais devait compter de quatre à cinq cents personnes. Vingt jardiniers étaient affectés à l'entretien du parc, vingt palefreniers s'occupaient des écuries, douze valets étaient chargés des garages, et une centaine, presque, s'affairaient au *pilkhanna* (écuries des éléphants) ; il y avait également un professeur de tennis et son assistant, douze ramasseurs de balles, deux hommes chargés de l'entretien des fusils, dix balayeurs pour assurer la propreté des allées et des chemins, et, pour finir, les gardes.

Le service des repas était assuré par trois cuisiniers, spécialistes respectivement des cuisines anglaise, bengali et maratha. Chacun disposait d'une cuisine, avec son office et ses marmitons. Six femmes étaient préposées à la préparation des légumes, et deux ou trois *sowars* enfourchaient chaque jour leur bicyclette, pour se rendre au marché faire les achats.

Outre nos gouvernantes et professeurs, mes sœurs et moi avions chacune notre servante, tandis qu'Indrajit disposait d'un valet personnel, et Bhaiya de quatre. L'entourage de Ma comprenait une secrétaire (sous les ordres de laquelle étaient une autre secrétaire et une dactylo), des dames de compagnie et un certain nombre de femmes de chambre.

Cinq ou six ADC*, membres de bonnes familles et qui ne faisaient pas partie de la domesticité, dirigeaient différents services du palais. Ils avaient la charge d'accompagner Ma dans tous ses déplacements, de l'aider à recevoir – et de filtrer tous ceux qui venaient la voir.

Enfin, il y avait un orchestre d'une quarantaine d'exécutants qui se faisait entendre tous les soirs avant le dîner et à l'occasion de toutes les cérémonies.

Pour diriger cette grande maisonnée, Ma déléguait une grand partie de ses pouvoirs à des contrôleurs, à des bureaucrates, à des ADC, et même à des parents qui vivaient sous notre toit ; mais les décisions finales relevaient toujours d'elle seule. Par comparaison avec le formalisme rigide en usage dans les autres familles princières de l'Inde de 1920, l'existence quasi médiévale qu'elles menaient, leurs Cours dominées par le rituel et l'étiquette, et leurs femmes confinées dans les zénanas notre vie à Cooch Behar se déroulait dans une atmosphère qui était plutôt celle d'une vaste et confortable maison de campagne. Nous pouvions circuler absolument partout, depuis la grande salle du durbar jusqu'aux resserres et aux logements des domestiques

A un âge précoce, je connaissais la routine de la maison et savais à quelle heure on ouvrait les resserres. J'appris bien vite que si je me trouvais dans les parages au bon moment, le pâtissier me donnerait un morceau de chocolat. Lorsque ma jeune sœur Menaka me demanda un jour où je m'étais procuré cette friandise, je lui répondis qu'elle m'avait été donné par un gros hibou blanc qui logeait dans le dôme du palais. Et je pris la précaution de la mettre en garde, l'assurant que si elle allait demander du chocolat au hibou, il s'envolerait définitivement. La naïve petite Menaka me crut sur parole.

---

* ADC, aide de camp.

Je partageais avec elle une chambre, une salle de bains et un salon dans la partie du palais qu'occupait ma grand-mère, le zénana. La chambre était immense, et les lits drapés dans leurs moustiquaires étaient placés, comme c'est l'usage, au centre de la pièce. Il y avait un sofa et des fauteuils capitonnés ; les placards et la coiffeuse m'appartenaient, tandis que Menaka avait son propre dressing-room qui ouvrait dans notre chambre. C'était très bien ainsi, car elle était méticuleuse et veillait à ce que ses vêtements fussent toujours dans un ordre parfait. Elle adorait aussi se parer et porter des bijoux, tandis que j'étais, moi, désordonnée et peu soigneuse, toujours pressée, et jamais plus heureuse que lorsque les circonstances me permettaient de revêtir le pantalon et la tunique vagues et confortables qui sont notre vêtement habituel. Je dédaignais les bijoux, et souffrais mille morts quand Ma décrétait que nous assisterions en sari à l'une des réceptions. Menaka serait devenue enragée s'il lui avait fallu partager le dressing-room avec moi.

Les murs de notre chambre étaient bleus, tendus d'un papier imprimé de marguerites blanches et jaunes. Les meubles étaient laqués en bleu, et je me souviens encore de l'impression paisible dégagée par tout ce bleu et ces marguerites, tandis que je m'endormais, enfermée dans le cube arachnéen de la moustiquaire.

La chambre était flanquée sur deux côtés de vérandas, sur lesquelles ouvraient trois hautes portes-fenêtres.

C'était là que nous travaillions, installées du côté des courts de tennis et de l'ancienne patinoire, et d'où l'on voyait au loin, par temps clair, la silhouette fantastique des pics neigeux de l'Himalaya. Du côté opposé, la véranda surplombait une cour où nous jouions au badminton, et où l'on dressa, plus tard, les *mandaps*, ou pavillons pour les mariages.

Nous avions tous les cinq nos préférés parmi le personnel. Jammir, un des maîtres d'hôtel, était mon favori – il me chantait les chansons les plus merveilleuses, et je le considérais comme l'être le plus sage et le plus compréhensif du monde. Il écoutait mes plaintes et pansait mes blessures d'amour-propre. Alors que personne ne parvenait à me faire manger, Jammir, lui, y réussissait toujours. Il venait dans l'ordre de mes affections avant même Boori, ma servante si douce et protectrice. Ijahar, le boy de Bhaiya chargé de sa garde-robe, était aimé de nous tous. Il accompagna plus tard Bhaiya en Angleterre, et resta avec lui tout au long de ses études à St. Cyprian et à Harrow, et ensuite à Trinity College à Cambridge. Son frère, Jaffar, était premier maître d'hôtel. D'une taille immense, il jouissait dans tout Calcutta d'une grande renommée pour l'excellence des cocktails qu'il confectionnait, particulièrement les alexandras – ce mélange de vermouth et de crème de cacao, surmonté de crème fouettée. C'était un personnage à la P. G. Wodehouse, qui connaissait tout le monde et se souvenait toujours des préférences de chacun. Et de bien d'autres choses aussi, probablement.

Quant aux ADC, ils étaient d'excellente compagnie – nous les admirions, et nous les faisions enrager aussi. L'un d'entre eux, qui nous avait accompagnés en Angleterre, y avait acquis un accent BBC impeccable. Dix fois par jour, nous lui demandions l'heure, pour pouvoir l'entendre énoncer : « Il est maintenant 2 h 20 minutes et 35 secondes. » Un autre, dont l'anglais était moins impressionnant, possédait le don du comique. Un jour, lors d'un voyage en train, ma mère s'écria qu'elle avait laissé tomber une maille ; il se mit aussitôt à quatre pattes sur le plancher du compartiment pour la chercher. Un autre était d'un caractère plus sérieux et nous avions toujours peur qu'il ne « rapporte » à Ma, si nous étions surpris à faire quelque chose de répréhensible. Le favori de tous, cependant, était Biren Babu, notre héros ; car c'était un merveilleux joueur de tennis, et un excellent fusil.

Comme dans beaucoup de grandes familles indiennes, divers parents vivaient avec nous au palais et cela pendant des jours, des mois, ou même pour le restant de leur vie. Personne n'aurait songé à s'inquiéter de la durée de leur séjour. C'eût été impoli. La veuve d'un de nos grands-oncles était venue apporter son aide pour diriger la maison, et elle y demeura jusqu'à la fin de ses jours. Sa fille était notre compagne de jeux, ainsi que nos cousins Nidhi et Gautam, les fils de notre oncle Victor. Il était le seul frère encore vivant de mon père. Sa vitalité explosive et son amour des enfants mettaient partout beaucoup d'animation. Il était grand, toujours joyeux, et si vous arriviez avec un air triste, il vous prenait dans ses bras, vous faisait sauter en l'air, vous donnait enfin le sentiment d'être quelqu'un, et la tristesse s'envolait. Il joua un grand rôle auprès de Bhaiya, à qui il apprit à tirer, et à se comporter correctement lors d'une chasse. Et il eut un rôle presque aussi important pour le reste d'entre nous. Il passait des sujets les plus sérieux à la frivolité la plus totale, et nous confectionnait également des mets délicieux, car c'était un cuisinier hors pair.

Ma, nous le savions, se reposait sur ses conseils, car il connaissait très bien le Cooch Behar dont il parlait le dialecte à la perfection. Il avait en somme quelque chose à offrir à chacun. Malheureusement, Nidhi, son fils aîné, mourut très jeune, et peu de temps après, notre oncle emmena Gautam avec lui en Angleterre. Je vois rétrospectivement combien nous affecta ce départ – il était le seul lien avec la famille de mon père. En fait, après son départ la vie au palais perdit beaucoup de son caractère local, car tous ceux qui secondaient ma mère dans les tâches du gouvernement étaient originaires d'autres régions de l'Inde.

Un noble de l'État de Hyderabad, Nawab Khursu Jung, vint prendre charge des finances. Il se trouvait être un remarquable cavalier, et il prit bientôt en main l'entretien et l'entraînement des chevaux de ma mère ainsi que de tous nos poneys. Il nous donnait des leçons d'équitation et fit naître une grande émulation chez les garçons de la famille. Sa fillette, que nous appelions Bébé bien qu'elle se nommât en réalité Kamala, s'intégra si bien à notre famille qu'elle vécut et voyagea avec nous presque autant qu'avec son père, qui était veuf. Le secrétaire de Ma, ainsi que plusieurs hauts fonctionnaires du palais, et même les trois jeunes compagnons de Bhaiya, venaient également d'autres principautés.

Nous formions un groupe très uni, s'intéressant aux mêmes choses, et ayant la même façon de rire et de plaisanter. Nous n'en étions pas démonstratifs pour autant ; mais nous observions un code d'honneur – qui nous interdisait de rapporter et de nous laisser tomber les uns les autres. Le succès ou le triomphe de l'un d'entre nous était la chose de tous, et toute notre sympathie allait à celui qui s'était mis dans un mauvais cas. Nous étions tous également vifs et joueurs, tout en ayant chacun notre personnalité bien à nous. Ila, avec ses yeux immenses, ses mains et ses pieds minuscules, était pleine d'esprit. Excellente cavalière et joueuse de tennis, elle triomphait dans les imitations et s'exprimait parfaitement dans le dialecte de Cooch Behar. Bhaiya, petit garçon, s'était montré quelque peu arrogant et satisfait de lui-même, mais il devint tout à fait modeste en grandissant, malgré les louanges que lui valait son style au tennis et au cricket. Il était amusant et espiègle, mais savait se montrer sérieux quand les circonstances l'exigeaient. Il aimait les courses, et posséda plus tard ses propres chevaux. Indrajit, qui était lui aussi grand et beau, était le plus espiègle de tous, et inventait les tours les plus rocambolesques. Les manières douces de Menaka la faisaient paraître silencieuse et timide, mais elle était en réalité très sociable et douée d'un grand sens de l'humour.

Quant à moi, j'étais le garçon manqué – Indrajit m'appelait « le manche à balai » en raison de ma maigreur et de mes cheveux raides – mais je rêvassais aussi. Je détestais que l'on me taquine à propos de ces particularités, chose qu'Ila et Indrajit ne furent pas longs à découvrir. Et ils me taquinaient sans fin, car je réagissais avec fureur, par des larmes et des bouderies qui mettaient le comble à leur satisfaction. Bhaiya, lui ne me taquinait jamais. Ila, en tant qu'aînée, jouait tout naturellement le rôle de chef, mais quand elle se montrait par trop autoritaire, je cherchais secours auprès de Bhaiya, qui était beaucoup plus gentil. Aussi proches que nous fussions tous, il existait certaines alliances à l'intérieur du groupe, qui persistèrent notre vie durant. Bhaiya était mon héros ; il était beau, amusant, il excellait à tous les jeux, et surtout il savait, d'une manière très discrète, se montrer protecteur.

Nous éprouvions tous un profond amour pour Cooch Behar. C'était là que nous étions le plus heureux et nous y passâmes la plus grande partie d'une enfance pleine de joie et de diversité. La ville elle-même n'offrait ni soirées attrayantes ni magasins de luxe, ni même de réunions mondaines autres que celles du palais ; mais le temps y passait très vite, et les journées étaient bien remplies.

Chaque matin les chevaux nous attendaient, et nous traversions la ville pour nous rendre à l'ancien terrain de polo, transformé maintenant en aéroport, ou au-delà encore, en rase campagne. Les gens étaient en train de se lever, et la senteur délicieuse des feux de bois qu'on allume parvenait à nos narines. Tous ceux que nous croisions se dirigeant vers leurs champs, vers le temple ou vers la rivière, nous saluaient affectueusement.

Nous retournions ensuite au palais prendre notre bain et redescendions pour le petit déjeuner, repas toujours très gai et animé, où nous échangions bruyamment mille propos touchant les événements de la veille ou de la matinée, ou nos projets pour la journée. Rien, ou presque, ne venait jamais modifier la routine quotidienne de nos cours. Il y avait deux salles de classe, l'une réservée aux aînés, Ila, Bhaiya et leurs compagnons, et l'autre pour les plus jeunes, où nous rejoignaient nos cousins Gautam et Nidhi. A mesure que nous grandissions, certains d'entre nous allaient fréquenter une école en ville, et d'autres recevaient un enseignement particulier. Indrajit eut ainsi un précepteur italien qui lui enseignait le latin, matière obligatoire pour entrer à Harrow, où il devait rejoindre Bhaiya.

Une institutrice anglaise, Miss Hobart, nous enseignait la langue, l'histoire et la littérature anglaises, ainsi qu'un peu de français, et deux maîtres bengali nous enseignaient l'un les mathématiques et l'histoire de l'Inde l'autre la langue bengali et le sanskrit. L'emploi du temps était strictement respecté. Comme dans n'importe quelle école, les cours suivaient un horaire précis et, comme tous les écoliers, nous rongions notre frein en attendant l'heure de la récréation où nous pourrions nous précipiter dehors.

Outre les sports que nous aimions tous – nous pratiquions l'équitation, le tennis et la chasse et les garçons jouaient au hockey, au football, au cricket et faisaient également de la boxe – nous avions chacun notre bicyclette pour circuler dans les très vastes jardins du palais, où l'on pouvait facilement et délicieusement se perdre. Tant que nous fûmes encore petits, la plupart de nos activités étaient centrées autour d'une maisonnette que mon père avait fait construire pour Ila. Elle était toute blanche et surmontée d'un dôme, et nous entrions avec nos petites voitures par une porte cochère. Le rez-de-chaussée comportait deux pièces et une véranda ; un petit escalier de bois conduisait à l'étage, où se trouvaient également deux pièces et une véranda, ainsi qu'une terrasse qui surmontait le porche d'entrée. Nous y faisions des parties de thé et de cuisine – Ma voyait là l'occasion de nous familiariser avec les tâches ménagères – et nous y jouions à des jeux divers. Non loin de là, sur un gigantesque banyan, était accrochée une balançoire assez grande pour quatre, et qui était toujours très fréquentée De temps en temps, nous nous rendions au *pilkhanna* pour assister au bain des éléphants ; c'était toujours un spectacle passionnant, surtout le jour – je devais avoir environ cinq ans – où naquit un éléphanteau. Normalement, les éléphants ne s'accouplent pas en captivité, le mâle étant enchaîné aussitôt qu'il est *masth* (prêt à l'accouplement) ; mais une des femelles s'était enfuie dans la jungle et à notre joie délirante, elle en revint grosse. Le petit éléphant naquit au *pilkhanna* de Cooch Behar, et ce fut pour nous l'événement le plus important du monde.

Ce qui, je pense, différenciait notre existence de celle menée par les enfants des autres familles princières était que nous participions davantage à la vie brillante des adultes. La personnalité magnétique et les différentes activités de Ma captaient une grande part de notre intérêt. Mon heure préférée était le début de la soirée, lorsqu'elle se préparait pour le dîner. La nuit tombe de bonne heure à Cooch Behar. Pendant le fugitif crépuscule, on entendait les cloches des temples où se chantaient les prières du soir, accompagnées d'offrandes de nourriture, de fleurs et d'encens.

Puis, après le long après-midi de chaleur épuisante, la vie renaissait au palais. La table était mise, croulant sous l'argenterie, l'or et les fleurs, l'orchestre accordait ses instruments, et nous nous rendions aux appartements de Ma afin de la voir s'habiller pour le dîner.

On respirait partout le délicieux parfum du dhuan, un encens que les domestiques portaient dans une urne d'argent fumante qu'ils balançaient de pièce en pièce pour chasser les moustiques, auquel se mêlait, à mesure que nous approchions des appartements de Ma, les effluves de son parfum français. Les pièces qu'elle occupait ne se trouvaient pas du côté réservé aux femmes mais du côté opposé. Son vaste dressing-room était contigu à une salle de bains de marbre, où le bain de vapeur en forme de chaise longue avait été spécialement conçu pour qu'elle pût s'y allonger au lieu de rester assise. Sa chambre au plafond élevé était décorée en blanc et or ; au-delà se trouvait une salle de prières, puis venait son boudoir, une vaste pièce très aérée, aux murs bleu nuit flanqués de piliers dorés, où nous nous réunissions. Dans deux alcôves étaient exposés des bibelots chinois en jade et en quartz rose ; un divan profond, des meubles laqués de rouge, et de grandes urnes d'argent provenant de Hyderabad garnissaient la pièce, tandis que le sol était couvert d'un immense tapis circulaire en peau de léopard confectionné par Schiaparelli avec quatorze peaux. Toutes ces pièces donnaient sur une large véranda de marbre bordée de plantes en pots. C'était là que Ma se tenait pendant la journée, sur un divan de marbre nanti d'un épais matelas et d'une quantité de coussins.

Pour nous, l'heure où Ma se préparait pour le dîner était un des moments privilégiés de la journée. Sa chambre était remplie d'une foule de femmes de chambre, de parentes et d'amies, et elle tenait sa cour au milieu de cette assistance, passant instantanément d'une langue à l'autre pour parler anglais avec ses amis, marathi avec ses parentes du Baroda, français avec sa femme de chambre suisse, et bengali avec nous et les autres natifs de Cooch Behar. En même temps, elle arrangeait sa coiffure, chose qu'elle aimait faire elle-même, ou bien inscrivait quelque chose sur un petit calepin qu'elle avait toujours sur elle pour y noter les détails relatifs à son programme : listes d'invités, réunion avec les ministres, ou voyage d'une journée à Calcutta. On nous envoyait les uns après les autres prendre notre bain et nous habiller convenablement pour revenir ensuite dans son appartement. Elle émergeait de cette cohue toujours habillée à la perfection ; mais il lui arrivait parfois, au moment où tous se levaient pour saluer son départ, de changer soudain d'avis : elle voulait un autre sari et les femmes de chambre s'affairaient à nouveau pour le lui faire choisir.

Ma était très exigeante quant à son habillement, et elle était considérée comme une des femmes les plus élégantes de l'Inde. La première, elle porta des saris de mousseline, tissu plus frais que les soies habituelles et plus habillé que le coton. Elle avait obtenu d'un magasin parisien qu'il fasse tisser pour elle de la mousseline en cent cinq centimètres, largeur requise pour les saris. Elle demandait parfois aux propriétaires des magasins de Delhi et de Calcutta de faire modifier les impressions de leurs tissus – éliminant une fleur par-ci, ajoutant une couleur par-là. L'année suivante, après avoir porté les impressions ainsi modifiées, invariablement plus séduisantes que les motifs classiques, elle en autorisait la reproduction à l'usage du public.

Elle avait la passion des chaussures, dont elle possédait des centaines de paires, continuant néanmoins à en commander de nouvelles, principalement chez Ferragano à Florence. Bien qu'elle en distribuât autour d'elle par douzaines, son stock ne cessait de croître. Elle avait des pieds étroits, d'une grande élégance et toujours aussi parfaitement soignés que ses mains. Quand la longue attente prenait fin et qu'elle était prête, on envoyait quelqu'un au billard prévenir les messieurs qu'ils pouvaient se rendre au salon, et la soirée ne commençait vraiment qu'avec l'apparition de Ma.

Elle était sans conteste l'hôtesse la plus en vue de l'Inde, connue au-delà des frontières pour les réceptions qu'elle donnait, et en Inde même, pour les perspectives nouvelles qu'elle avait ouvertes aux femmes. Elle était la preuve vivante qu'une femme – veuve, de surcroît – pouvait recevoir avec assurance et charme sans devoir s'abriter dans l'ombre d'un mari ou d'un père. Elle avait le palais très fin et toute nouveauté gastronomique était saluée par elle avec enthousiasme. Elle encourageait ses chefs à essayer des recettes nouvelles et leur fit découvrir toutes sortes de plats inconnus. Étant à Rome, elle emmena un jour un de ses cuisiniers chez Alfredo afin qu'il puisse connaître ses lasagnes. Ce cuisinier ne buvait pas d'alcool, mais tout au long de son séjour en Italie, elle ne cessa de lui dire : « Il faut prendre du vin, cela va avec la cuisine d'ici. »

Elle savait toujours où acheter ce qu'il y avait de mieux, et elle se fournissait dans le monde entier. Comme hôtesse elle était célèbre, en grande partie parce que l'attention qu'elle savait porter aux moindres détails créait autour de ses amis – et de sa famille – une atmosphère de suprême confort. Au palais de Cooch Behar ainsi que dans toutes nos résidences, les draps étaient légers comme une caresse, et les serviettes de bain si moelleuses qu'il suffisait de les toucher pour être sèchés. Bien qu'elle disposât d'une nombreuse domesticité, parfaitement entraînée à satisfaire son exigence de perfection elle ne manquait jamais, avant l'arrivée de ses hôtes, de vérifier dans les chambres que l'on avait bien pensé à tout. Elle allait même jusqu'à s'allonger sur les lits afin de juger si les lampes de chevet éclairaient bien sous l'angle convenable. Rien de surprenant que tout le monde souhaitât être reçu par « Ma de Cooch Behar » !

Les invités arrivaient toujours de Calcutta par le train de nuit après avoir dû se lever aux premières heures afin de changer de train, car l'ultime partie du voyage se faisait sur une voie étroite. Un accueil exubérant les attendait à leur arrivée. La famille et le personnel étaient réunis sur le perron pour les saluer et les parer de colliers de fleurs, avant de les mener à la salle à manger pour déjeuner. Il y avait tant d'allées et venues que je ne connus jamais l'identité de la plupart de nos hôtes. J'ai interrogé un jour à ce propos un homme qui avait bien connu Ma : « Oh, il y avait toute la société, à commencer par le prince de Galles. », m'a t-il dit.

Quels qu'ils fussent, les invités de Ma étaient au premier rang de nos sujets de distraction. La conversation des adultes, le spectacle des parties de tennis, de billard ou de jaquet, ou des autres divertissements, nous procuraient de grandes joies. Bien qu'on nous eût habitués à ne pas nous mettre en avant, à sourire poliment et à ne parler que lorsqu'on s'adressait à nous, de temps en temps le carcan de ces interdits éclatait. Un jour, Ma avait choisi de vêtir ses invités anglais en costumes indiens. Lorsque je les vis tous sous la véranda, leurs bras et leurs jambes roses émergeant des plis des saris et des dhotis, je ne pus me retenir de m'écrier : « C'est indécent ! »

Mais la plus grande attraction de Cooch Behar, pour nos invités comme pour nous-mêmes, était sans contredit la chasse au gros gibier, qui était parmi les plus belles que l'Inde pût offrir. Le Cooch Behar jouxte le Teraï, cette vaste ceinture de jungle ininterrompue qui couvre l'Inde d'est en ouest, au sud de l'Himalaya, et s'étend jusqu'au Népal. C'était une admirable retraite pour les animaux sauvages, qui pouvaient y parcourir des centaines de kilomètres sans croiser un seul chemin percé par la main de l'homme. Dans un rayon de quelques kilomètres autour du palais, on rencontrait toute espèce de gibier : des tigres, des rhinocéros, des panthères, des ours, des buffles sauvages, des bisons, des phacochères, des daims, des sangliers et des sambars. Je me souviens qu'on nous défendit un jour d'aller au potager où un éléphant sauvage avait été aperçu.

Mon grand-père fut l'initiateur des grandes chasses de Cooch Behar. Son registre de chasse, où il consignait tous les tableaux de chasse réalisés dans les jungles de Cooch Behar et de l'Assam, nous apprend qu'en trente-sept ans, on abattit 365 tigres, 311 léopards, 207 rhinocéros, 438 buffles, 318 antilopes, 259 sambars, 133 ours, et 43 bisons. J'ai commencé, ces dernières années, à m'intéresser vivement aux organismes qui se consacrent à la défense de la nature. Aussi puis-je indiquer ici que si la chasse au gros gibier a été beaucoup pratiquée au Cooch Behar, elle n'est pas pour autant responsable de la raréfaction du gibier en Inde, qui est due en réalité à la destruction progressive de son habitat. Pendant la jeunesse de mon grand-père, les besoins en terres cultivables grandissaient sans cesse, et de vastes étendues de jungle étaient défrichées. Depuis l'Indépendance, le rythme s'est encore accéléré. Aujourd'hui, treize pour cent seulement de la superficie de l'Inde sont recouverts de forêts, alors qu'on estime à trente pour cent le minimum indispensable pour la survie des animaux sauvages.

Mon grand-père était un tireur de premier ordre ; il réussit un jour la performance assez extraordinaire de faire un doublé de rhinocéros. Pendant la battue, il vit tout à coup un rhinocéros chargeant sur sa gauche. Au moment où il épaulait son fusil – un lourd calibre huit – un autre rhinocéros fit irruption sur sa droite. Cet animal est considéré par beaucoup de chasseurs comme l'un des plus dangereux et des plus sournois. Sa corne est capable d'éventrer un éléphant. Mon grand-père, toutefois, avec une présence d'esprit remarquable, tira deux coups rapides, l'un à gauche, l'autre à droite, terrassant les deux bêtes qu'il put achever ensuite sans hâte. Le rhinocéros est un animal très impressionnant, même mort. Je n'en ai vu abattre qu'un seul, et je me souviens encore de l'horrible spectacle des flots de sang qui jaillissaient de sa blessure. On ne put jamais traîner la bête jusqu'au camp, et il fallut monter une garde auprès du cadavre afin d'éviter que les villageois des alentours ne s'emparent de la corne, réputée pour avoir de puissantes vertus aphrodisiaques.

La chasse faisait partie de notre vie au même titre que nos classes, et elle était bien sûr incomparablement plus attrayante. A cette époque-là, on organisait de grandes chasses deux ou trois fois par an dans l'une des deux réserves de l'État, celle de Patlakhawa, qui prolongeait les jungles de l'Assam et du Teraï, ou celle de Takuamari, dans le sud. Un camp de chasse princier de ce temps-là ne ressemblait en rien à ce que suggère couramment le mot « camp ». Il y avait bien des tentes, c'est vrai ; mais là s'arrêtait la similitude. Nos tentes indiennes étaient immenses, elles étaient équipées de salons, de salles à manger, de chambres à coucher et de salles de bains, et meublées de tapis, de chaises, de tables et de tout ce qui pouvait contribuer au confort. Dix ou douze tentes de ce genre, ainsi que d'autres plus petites pour le personnel, étaient groupées autour d'un immense feu qu'on allumait le soir pour éloigner les animaux.

J'avais cinq ans lorsque j'assistai à ma première chasse. Dès le petit déjeuner avalé, nous nous rendions chez les ADC afin de voir s'il y avait des *khubbar* – des nouvelles – et par là nous entendions des nouvelles au sujet de quelque gros gibier qu'il fallait abattre. Des paysans venaient presque chaque jour se plaindre au palais de la présence d'une panthère, parfois d'un tigre, qui avait tué une chèvre ou une vache. Si, après enquête, la chose paraissait confirmée, on faisait déjeuner le villageois, tandis que nous apportions fébrilement notre contribution aux préparatifs de la chasse.

C'était la seule occasion où l'on nous permettait d'interrompre notre routine, et encore à condition seulement que nous ayons terminé nos devoirs. Si le tigre avait été aperçu loin du palais, nous nous rendions généralement en voiture jusqu'à un point de ralliement où des éléphants nous attendaient pour faire les quelques kilomètres suivants. Puis à un second point de ralliement, les éléphants à howdah avec leurs mahouts se tenaient prêts. Le rôle des éléphants à howdah était d'être les « arrêts » vers lesquels les éléphants de chasse rabattaient le gibier.

De chaque côté des howdahs, il y avait un râtelier pour les fusils, et le tireur s'asseyait à l'avant ; derrière lui pouvaient encore tenir deux personnes. Nous ne fûmes pas longs à découvrir qu'on pouvait soulever les sièges sous lesquels nous trouvions un stock de biscuits au chocolat et d'orangeade. Ma soupçonnait d'ailleurs que ces biscuits au chocolat étaient pour nous un des attraits principaux de la chasse.

Au cours d'un printemps où Ma était à Delhi, et Ila et Bhaiya en pension, je vécus mon moment de gloire. Tôt un matin, des paysans nous apprirent qu'il y avait une panthère à abattre dans le voisinage. Après le déjeuner, Indrajit, Menaka et moi-même nous mîmes en route, chacun monté avec un ADC sur un éléphant à howdah, et Indrajit reçut comme consigne de me laisser tirer la première.

Nous avions, bien entendu, appris à tirer dès notre prime jeunesse. On nous avait habitués à être prudents, et à nous assurer que nous pouvions viser sans prendre le risque de blesser, dans un excès d'émotion, un des éléphants de chasse. Cet après-midi-là, nous nous trouvions dans une petite jungle, aux abords d'un village, et nous entendions barrir les éléphants, comme ils ont coutume de le faire lorsqu'ils sentent la présence d'un animal sauvage ou dangereux. Puis vint le moment palpitant où débuta la battue.

Si l'on se réfère aux critères de chasseurs plus expérimentés, mon premier exploit peut sembler bien modeste.

Lorsqu'on eut forcé la panthère hors du couvert, elle émit un grondement puis resta immobile, les yeux fixés sur mon éléphant. L'ADC assis derrière moi me dit de tirer, et la seule chose dont je puisse me vanter est de n'avoir par perdu mon sang-froid. Je levai mon fusil – un calibre vingt – et la touchai à la tête du premier coup.

La joie et l'allégresse éclatèrent jusque chez les mahouts et les chasseurs professionnels. Un déluge de félicitations me submergea, et lorsque nous arrivâmes au palais, j'étais le point de mire de tous. On télégraphia à Ma pour lui annoncer que j'avais tué ma première panthère, et mes douze ans en eurent la parole coupée de fierté et d'émotion.

Un tigre blessé est peut-être la bête la plus dangereuse de la jungle ; il peut, dans son dernier assaut, bondir à des hauteurs surprenantes. Il en est de même des panthères. Je me souviens, lorsque nous étions encore petits, qu'au cours d'une chasse, une panthère blessée bondit jusque sur l'éléphant qui portait mes deux frères. Bhaiya, sans avoir le temps de penser au danger, la repoussa de son fusil, et avec l'aide du mahout, parvint à la mettre en fuite. Personne heureusement ne fut blessé ; mais par la suite, Ma veilla à ce que mes frères ne fussent jamais ensemble sur la même monture.

Le *pilkhanna* de Cooch Behar était renommé, et nos soixante éléphants étaient dressés à la perfection. Ils accomplissaient, en dehors de la chasse, toutes sortes de tâches. En fait, circuler à dos d'éléphant était souvent la façon la plus pratique, sinon la seule possible, de se déplacer. Le terrain est presque partout plat, bien qu'on aperçoive vers le nord les pics enneigés de l'Himalaya, et recouvert de hautes herbes qui dépassent parfois trois mètres. Il est marécageux en de nombreux endroits, et traversé par de larges rivières au cours tranquille dont le tracé varie d'année en année. Nous allions très souvent à dos d'éléphant, et après une chasse, nous faisions parfois la course entre nous jusqu'au palais.

Diriger un éléphant dressé n'est pas vraiment difficile. Nous savions tous les commandements auxquels obéissaient les éléphants. Nous les avions appris des mahouts dont la plupart passaient leur vie entière auprès de la même bête. Une curieuse relation d'intimité et de confiance, d'affection et de protection réciproques, se tissait entre eux. Il y avait les commandements courants : *behl* pour dire « assis », *cot* pour « debout », et d'autres, plus élaborés, que le mahout utilisait lorsqu'il fallait abattre un arbre ou piétiner un endroit pour y ouvrir un chemin. Il chantait alors : « Dalai, dalai, *dab,* Dalai, dalai, *dab* », et à chaque « dab », l'éléphant faisait un effort pour aplanir l'obstacle.

Les éléphants sont des animaux fort intelligents et très sensibles à l'insulte ou à la dureté. L'intonation des commandements donnés par les mahouts change selon qu'il s'agit de débusquer un tigre ou un léopard, ou simplement de guider leur monture à travers la jungle ; mais le ton de voix reste toujours très doux. A de rares occasions, il faut lui donner des coups de pied derrière les oreilles, et parfois même l'aiguillonner avec une pointe de métal qu'il puisse sentir à travers son cuir épais, mais c'est exceptionnel. Le seul moment où un éléphant mâle devienne dangereux est celui du rut. La bête la plus paisible peut alors se déchaîner ; il faut l'attacher jusqu'à ce que le temps des amours soit passé. En général, on est alerté par une sécrétion qui apparaît immédiatement avant le début de la période dangereuse par deux trous minuscules dans les tempes de l'animal. Dans notre *pilkhanna*, il n'arriva qu'une seule fois à un éléphant de s'échapper et de tuer son mahout, accident rarissime qui sema la consternation générale.

Mon grand-père de Cooch Behar avait la réputation de comprendre les éléphants, avec lesquels il entretenait, semble-t-il, une relation presque télépathique. Une de ses meilleures bêtes s'étant un jour embourbée dans un marécage, les mahouts lui jetèrent un tronc d'arbre pour qu'elle pût s'agripper ; mais on n'arrivait pas à l'empêcher de se débattre et de s'enfoncer ainsi de plus en plus dans la vase. On envoya alors chercher mon grand-père, qui vint parler à l'animal et réussit en quelques minutes à le calmer et à l'amener à sortir peu à peu du marécage. Lorsque les cendres de mon grand-père furent ramenées à Cooch Behar, on avait aligné tous ses éléphants devant la gare pour saluer sa dépouille. On raconte qu'à l'arrivée du train, ils levèrent tous la trompe, et, des larmes dans les yeux, se mirent à barrir à l'unisson. Les défenses de ses éléphants, sur lesquelles ont été gravés leurs noms, se trouvent encore aujourd'hui dans le hall d'entrée du palais de Cooch Behar.

Les éléphants étaient pour moi les animaux les plus importants du monde, et ceux que j'aimais le plus. Je passais des heures avec les mahouts et avec leurs femmes, à écouter leurs histoires et les chants que leur chantaient leurs épouses lorsqu'ils partaient pour une de leurs missions ; car outre la chasse, les éléphants servaient aussi pour la collecte des loyers ou des impôts, ainsi que pour la capture d'éléphants sauvages destinés à être ensuite domestiqués par ceux du *pilkhanna*.

Le chant de l'épouse s'adressait à *sunar bandhure*, « mon ami doré » (le mari), qu'il décrivait, assis sur sa noble monture, auprès de laquelle il semblait par contraste si petit, et dépeignait la chaîne pendue au cou de l'éléphant, chaîne qui faisait que le mahout était en réalité le maître. Un autre chant a pour thème un éléphant qui vient d'être pris, et dont chacun des pieds est enchaîné. Il relate comment ce dernier s'accoutume à la présence des hommes, comment les mahouts le caressent avec des feuilles de bambou pour l'habituer au contact des mains, et comment on agite des flammes devant ses yeux afin qu'il ne s'effraie pas des feux de brousse. Et ils lui chantent constamment : « Tu n'es plus dans la jungle. Tu as maintenant un maître qui va t'aimer, te chérir et prendre soin de toi, et tu lui obéiras en retour, avec amour et gratitude. »

Il m'arrive encore aujourd'hui, lorsque je retourne à Cooch Behar, de demander aux mahouts de me faire entendre leurs chansons, et je me souviens de l'époque où

Bhaiya, rentré en Inde après la fin des ses études secondaires, se préparait à repartir pour Cambridge, et où les mahouts composèrent une chanson en son honneur : « Notre maharajah s'en va, notre souverain s'en va, notre ami s'en va. Mais nous espérons qu'il reviendra bientôt. Et nous espérons que lorsqu'il reviendra, il nous rapportera la connaissance de bien des choses qui nous seront utiles ici. Nous espérons aussi que les poisons de l'Occident ne s'insinueront pas en lui. » (Par « poisons », ils entendaient l'alcool et les femmes de mauvaise vie.)

Nos éléphants avaient les appellations les plus diverses ; certains portaient les noms de dieux ou de déesses, d'autres ceux de membres de la famille. Celui qu'on avait nommé Ayesha était très lent et paraissait très vieux, et c'était le sujet de constantes taquineries de la part de mes frères et sœurs. « Ton éléphant est exactement comme toi ! » me disaient-ils. Menaka était logée à la même enseigne, mais elle n'en était guère affectée, et nos oncles et tantes dont les noms avaient été donnés à d'autres éléphants se montraient tout aussi indifférents.

Lorsqu'il y avait des invités pour une chasse, nous nous rendions souvent d'avance au lieu de rendez-vous. Pendant l'attente, je demandais toujours au mahout de me laisser prendre sa place sur le cou de l'éléphant. Et là, je m'allongeais, la tête entre les oreilles de l'animal, percevant le déplacement d'air lorsqu'il les agitait, écoutant bourdonner les abeilles, toute pénétrée de cette odeur particulière de l'éléphant et consciente de la présence de la jungle tout autour. J'étais à cent lieues de l'existence confinée du palais. Et seule. Il y avait moi, seule, avec l'éléphant, dans la jungle.

Grâce aux mahouts, nous apprîmes à nous débrouiller dans le dialecte local, et nous le possédions assez pour pouvoir nous entretenir avec le personnel du palais et leurs familles. On m'appelait « pagly rajkumari » – « la princesse folle » – en raison de l'intérêt que je portais à l'existence des mahouts et de tous les autres domestiques du palais. Je dessinais des plans de maisons qu'on construirait, disais-je, pour eux. J'arrêtais, en passant, quelque domestique interloqué, et, lui montrant mon dessin : « Là, lui disais-je, tu auras ta salle de bains. »

« Mais nous n'avons pas de salles de bains personnelles. », protestait-il.

« Peut-être pas maintenant, mais tu en auras quand je construirai vos nouvelles maisons. Et il y aura une chambre pour tes enfants.

Il répondait, en général, sans me prendre au sérieux : « Oui, Princesse, ce sera comme vous voudrez. »

Je voulais connaître le salaire des mahouts, et faisais des enquêtes sur leurs conditions de vie. J'exigeais qu'ils fussent mieux rétribués, et mieux logés. Bhaiya me faisait taire, disant : « Il y aura une grève dans le *pilkhanna* si tu continues. »

Un de mes souvenirs, émouvant entre tous, est celui d'un certain retour de chasse à dos d'éléphant, un peu avant la tombée du jour. J'étais lasse, après les péripéties de la journée ; l'air embaumait la fleur de moutarde, et l'on percevait au loin le son, exquis et solitaire, des flûtes. Loin au nord, perçant le crépuscule de cette radieuse journée, on distinguait le demi-cercle blanc de l'Himalaya. La simple évocation de ce moment fait immédiatement renaître en moi la sensation de bonheur et de sécurité de mon enfance, alors que je n'avais encore connu ni les changements ni le deuil. Parfois, dans la chaleur moite des nuits de mousson, au moment où je sombre dans le sommeil, j'ai l'illusion que nous sommes tous là, réunis, Ma et Bhaiya, Ila et Indrajit, mon mari et moi. J'en oublie que Menaka et moi-même sommes les deux seules survivantes de la famille.

SERVITUDES ET JOIES DE LA ROYAUTÉ

Bien que notre famille fût très unie et que l'atmosphère de notre demeure fût joyeuse et sans formalisme, nous occupions tout de même un palais, où il y avait, dans une certaine mesure, une cour. Nous avions tous conscience du statut de Bhaiya, et avions très tôt été dressés à lui témoigner notre respect ; en public, par exemple, lorsqu'il entrait dans une pièce, nous devions nous lever. La célébration de son anniversaire était une des grandes fêtes de l'année. Des prisonniers étaient amnistiés, on portait dans les temples des aliments pour les pauvres, et c'était jour férié pour tous. Le soir, un durbar était tenu au palais, auquel assistaient les nobles et les officiels. Mais les réjouissances, les feux d'artifice, les processions d'éléphants et tout l'apparat déployé étaient destinés au plaisir des paysans qui accouraient à la ville pour cette grande manifestation.

Quotidiennement, quelque détail venait nous rappeler que notre demeure était, aussi le siège du gouvernement de l'État. Ma avait été très bien préparée à assumer des responsabilités gouvernementales. Son père, le Gaëkowar de Baroda, l'avait souvent entretenue des nombreux problèmes de gouvernement, et il regrettait qu'elle n'eût pas été son fils aîné, tant elle avait la tête politique. Lors de son unique visite à Cooch Behar, il se montra satisfait de la manière dont Ma dirigeait les affaires. Dans mes plus lointains souvenirs, je revois Ma se promenant dans les jardins du palais en compagnie de plusieurs fonctionnaires et de Bhaiya, discutant du budget ou de la construction d'une école ou d'un hôpital, tout en ayant l'œil sur les plates-bandes et les arbustes et en notant mentalement ce qu'elle signalerait ultérieurement aux jardiniers. Elle écoutait très sérieusement ceux qui venait la consulter, la conseiller ou l'informer. Et le fait est qu'elle s'amusait, non sans en éprouver une certaine fierté, de ce que Bhaiya, de sa propre initiative, la suivît chaque fois en écoutant attentivement les discussions en cours.

Nous avions conscience de la place particulière que nous occupions dans l'État. De nombreux enfants venaient au palais partager nos distractions, mais même au milieu des jeux les plus déchaînés, une certaine différence dans leur attitude à notre égard était toujours visible. Ils se retenaient de nous faire enrager et de nous bousculer comme nous le faisions entre nous, et malgré nos efforts pour éliminer cette discrimination, nous nous sentions toujours un peu à part. C'était compréhensible, après tout. Cet immense palais – quelle chance fantastique que d'avoir pu y vivre et y grandir ! – était notre foyer, et la chose était en soi suffisante pour mettre une sourdine à nos jeux. Et bien qu'ayant de nombreux contacts avec les gens de la ville et de la campagne, qui nous parlaient sur un ton familier et affectueux, nous demeurions à leurs yeux leurs princes et étions tenus de nous conduire en conséquence. Dès que nous sûmes tenir correctement notre rôle, il nous fallut assister à certaines cérémonies. A l'occasion d'une distribution de prix, ou de l'inauguration d'un bâtiment récemment achevé, nous étions présents, assis en rang, tranquilles et dignes, sans pouvoir courir et jouer avec les autres enfants. Ainsi, le sentiment des obligations et des charges de l'État royal nous imprégna dès l'enfance.

Ma aussi, par divers côtés, contribuait à notre formation, et selon son habitude, elle s'arrangeait pour le faire de façon distrayante. La routine administrative était en grande partie l'affaire des ADC et des secrétaires, mais Ma les court-circuitait souvent et nous demandait de porter à leur place messages et réponses, nous faisant pour ce faire revenir du jardin, ou d'ailleurs. Nous étions pour ainsi dire ses pages, et chacun de nous souhaitait être l'élu pour un message ou expédier un télégramme. A l'âge de dix ans, on pouvait compter entièrement sur nous pour exécuter ces tâches mineures.

En ce qui concernait mes sœurs et moi l'art de recevoir dans un style digne de notre rang faisait partie de notre éducation. Menaka, Ila et moi étions chargées à tour de rôle de préparer la table pour une vingtaine de convives, de choisir les fleurs, l'argenterie, les bois d'argent et d'or, et les trophées qui ajouteraient de l'élégance au décor. Ila et Menaka y montraient un certain talent, mais pour ma part, c'était sans espoir. Je m'instruisais davantage en écoutant Ma diriger les affaires du palais, discuter des menus, placer les invités choisir le linge et les éléments de décoration. Elle nous apprit aussi très tôt à savoir nous servir de l'argent. Contrairement à la plupart des autres princesses qui ne faisaient jamais aucun achat elles-mêmes, nous recevions de l'argent de poche pour acheter nos pellicules de photo ou nos hebdomadaires ou nous offrir des plaisirs de notre âge. Plus tard, Ma nous versa des mensualités pour nos dépenses vestimentaires et nos distractions.

Lorsque nous nous trouvions à Calcutta ou à Darjeeling, les choses étaient plus faciles, car, là, nous pouvions nous intégrer à égalité dans un groupe d'enfants. La seule différence était que nous n'étions pas tout à fait aussi libres que les autres. Ils pouvaient, par exemple, aller tout seuls au cinéma, alors que nous devions toujours y aller accompagnés de gouvernantes, d'ADC ou d'autres employés du palais.

Notre vie était faite des servitudes et des privilèges, des restrictions et des plaisirs qui composaient l'existence d'une famille princière. Dans certaines occasions, les gens de Cooch Behar venaient directement au palais pour exposer leurs doléances ou implorer du secours lorsque les temps étaient durs. Heureusement, notre État était comparativement riche, grâce à son sol fertile et bien irrigué, et à sa pluviosité élevée. Les paysans récoltaient non seulement l'aliment de base du Bengale, le riz, mais aussi les produits d'exportation tels que le jute, la moutarde et le tabac. De sorte que, bien que leur niveau de vie restât fort modeste, nous ne subissions que rarement ces épouvantables famines qui ravageaient périodiquement d'autres États.

Le calendrier lunaire est ponctué d'une série de fêtes magnifiques, auxquelles notre famille prenait part avec enthousiasme. En Inde, on aime infiniment les fêtes où chacun peut donner libre cours à un sens inégalé de l'apparat. Les plus pauvres eux-mêmes profitent de toute occasion où l'on peut revêtir les costumes de fête, fleurir les bœufs de guirlandes, décorer les maisons, les temples et les charrettes. Le contraste entre ce déploiement sans retenue et la grisaille de leur vie quotidienne ne leur paraît nullement incongru. Il me semble que nous étions constamment occupés à nous préparer pour quelque fête. La plus belle était Diwali, la fête des lumières qui ouvre la nouvelle année. Le palais et la ville entière étincelaient de milliers de petites lampes dont la lueur était réfléchie par les nombreux bassins. La fête la plus amusante était Holi, célébration exubérante du printemps, où l'on avait toute liberté de se jeter les uns aux autres, enfants comme adultes, des poignées de poudre rouge.

La plus impressionnante de ces fêtes était peut-être Durgapuja, qui commémore les dix jours de combat livré par Rama, le héros de l'épopée indienne du *Ramayana*, à Ravana, le roi-démon de Lanka. La déesse Durga, sous son avatar de Kali, déesse de la destruction, est alors vénérée et reçoit des offrandes de fleurs de fruits et de nourriture. Comme les familles princières appartiennent pour la plupart à la caste des Kshatriyas, celle des guerriers, la fête de Durgapuja revêt pour elles une particulière importance. Bhaiya avait le privilège de présider aux cérémonies de prières qui honoraient les attributs de la guerre – les chevaux, les armes, les chars. Dans l'ancienne capitale en ruines à Gosanimare, il existait toutefois un temple dédié à Durga, où aucun d'entre nous n'était autorisé à prier, ni même à pénétrer. Selon la légende, un de mes ancêtres offensa mortellement la déesse Durga. Il avait ouï dire que, pendant la nuit, elle prenait forme humaine et dansait en secret dans le temple. Il s'y dissimula donc un soir pour l'épier et assister à ce spectacle magique, mais la déesse s'en aperçut, bien entendu, et entra dans une grande colère. Pour le punir de sa témérité, elle le maudit, lui et tous ses descendants, leur interdisant de mettre jamais le pied dans son temple et lui laissant un bracelet de cheville en argent à titre d'avertissement et de rappel.

Le durbar de la fête de Puniya était très cérémonieux, mais dans son style empreint d'une grande dignité, plus coloré encore que les autres. Il avait lieu généralement à la fin du mois d'avril, lorsque la température commence à se faire désagréablement chaude, et célébrait la collecte des revenus du maharajah après la récolte du printemps. La société au Cooch Behar, comme celle de la plupart des États indiens, était féodale, et les terres se répartissaient soit en terres de la Couronne, ou *khalsa,* soit en fiefs concédés par elle, ces derniers étant parfois rétrocédés une seconde, une troisième ou une quatrième fois. Le revenu des *khalsa* était perçu directement par le maharajah, tandis que les taxes levées sur les autres terres étaient collectées séparément, mais le produit des unes comme des autres était perçu par des fonctionnaires qui faisaient leur tournée à dos d'éléphant, avec comme point de départ les cinq chefs-lieux de district.

Lorsque la collecte des impôts était terminée, le revenu était apporté cérémonieusement au maharajah au cours du durbar de Puniya. Dès le matin, l'air était vibrant d'expectative, tandis que chacun s'affairait pour le grand jour. J'adorais toute cette agitation, avec les éléphants arrivant un par un du *pilkhanna* dans les cours derrière le palais. Ils se tenaient là, le front et la trompe brillants de motifs multicolores peints par leurs mahouts. On ouvrait alors les vastes resserres du palais, et des étoffes en étaient tirées pour revêtir les éléphants. On posait d'abord de simples toiles sur le dos des grosses bêtes dociles, puis des brocarts ; ensuite venaient les bijoux, bracelets d'or et d'argent et plaques posées sur le front. Puis les mahouts revêtaient enfin leurs propres tenues, recevaient leurs cravaches d'or et d'argent, et fixaient sur le dos des bêtes les howdahs sculptés et peints, tout miroitants d'argent. Je me souviens aujourd'hui encore de mon émerveillement à ce spectacle et aux barrissements saisissants des éléphants. Tout au long des préparatifs, nous ne cessions pas de questionner les mahouts. Quand tout était enfin prêt, la procession se mettait en branle, et il nous restait à nous activer notre tour pour être habillés et prêts à leur retour.

Au bout d'un certain temps, les éléphants, portant toujours leurs harnachements de fête, revenaient au palais chargés des revenus de l'État contenus dans des pots d'argile vivement colorés. A une des extrémités de la salle, Bhaiya était assis sur un trône d'argent surmonté d'un dais de même métal. Le ministre du Trésor était assis devant lui. Le long des murs se tenaient les gardes du palais et les fonctionnaires de la cour, tous en uniforme et portant leurs turbans de cérémonie à bandes d'or. Les éléphants arrivaient jusqu'à l'entrée de la salle et là, on déchargeait les pots et on les portait à l'intérieur pour les offrir à Bhaiya. Le ministre accomplissait alors une cérémonie de prières sur les offrandes, puis, le durbar prenant fin, la procession des éléphants emportait les revenus jusqu'au bâtiment du Trésor. Mes sœurs et moi portant nos saris de Bénarès en soie et en or, ainsi que nos plus beaux bijoux, assistions à la cérémonie avec ma mère et les autres dames du palais dans une galerie qui ouvrait sur les hauteurs de la salle.

Peu de temps après le durbar de Puniya, la température et la moiteur de l'air étant devenues insupportables, nous partions chaque année passer l'été à la montagne. Le signal du départ était donné par l'arrivée de la mousson de mai. Tout à coup, les nuages crevaient et la pluie se déversait sur le sol, projetant ses gouttelettes pendant deux ou trois heures d'affilée. Couchée dans mon lit, j'écoutais le chant de l'eau frappant la brique, le métal ou l'ardoise, tandis que les servantes se précipitaient pour fermer toutes les fenêtres et nous apporter des boissons chaudes. Puis, le lendemain matin, nous courions chez le régisseur pour lui demander le nombre de fenêtres fracassées au cours de la nuit. Les rivières se gonflaient de tourbillons d'eau limoneuse, et il suffisait de quelques jours pour que toute la campagne se couvre d'un vert éclatant, presque irréel.

Avec les orages apparaissaient aussi les insectes et les serpents, qui se réfugiaient souvent dans le palais. On trouve au Cooch Behar à peu près toutes les espèces connues en Inde, et ma grand-mère, Suniti Devi, identifia, pour les seuls insectes ailés, plus d'une centaine d'espèces. D'énormes coléoptères, longs de plus de sept centimètres, dans leur étincelante armure noire, avançaient comme des tanks en miniature sur les tapis, ou butaient contre les murs et les plafonds en faisant un cliquetis sinistre. D'autres, appelés « boules puantes », exhalaient une odeur nauséabonde lorsqu'on marchait dessus, tandis que d'imperceptibles moucherons qui ne se signalaient par rien à l'attention, provoquaient de grosses cloques si on les écrasait sur la peau nue. Les scorpions et les insectes aquatiques envahissaient les salles de bains et quant aux moustiques ils étaient partout. Pendant la mousson, mon grand-père se retirait pour leur échapper dans une immense moustiquaire grande comme une chambre, dans laquelle on pénétrait par un agencement ingénieux formant sas. Pour ma part, j'aimais cette saison des pluies. Des dangers tels que serpents et scorpions ajoutaient du piment à notre vie quotidienne. Mais, une fois la mousson installée, nous gagnions la montagne où nous restions jusqu'à l'automne, lorsque la pluie et la moiteur étouffante de l'après-mousson seraient passées.

Pendant les quelques premiers étés qui suivirent la mort de mon père, nous allâmes à Ootacamund, une station de montagne dans le sud de l'Inde où mes grands-parents de

Baroda possédaient une maison. C'était à plus de quinze cent kilomètres de Cooch Behar, et il fallait plus d'une semaine pour s'y rendre, mais c'était à chaque fois un tel déménagement que la distance n'ajoutait rien au tableau. Notre groupe dépassait une centaine de personnes, auxquelles s'ajoutaient trente chevaux, et de quoi remplir plusieurs camions de bagages.

Le groupe, en général, était composé plus ou moins de la manière suivante : il y avait Ma et ses cinq enfants, une femme de chambre pour chacune des filles et un valet pour chacun des garçons, différents parents et personnes de compagnie, deux ADC avec leurs familles, six maîtres d'hôtel, quatre *jamedars*, ou valets de pied, huit gardes, une gouvernante anglaise, deux précepteurs indiens, notre chauffeur anglais avec sa femme et sa fille, quatre chauffeurs indiens, deux couturières, un infirmier, un chef indien, un chef anglais, quatre marmitons, l'économe, le régisseur et son commis, un comptable avec le sien, et trente palefreniers pour les chevaux. Quatre camions au moins étaient nécessaires pour transporter tous les accessoires – les selles et les brides, les ustensiles de cuisine, le linge, la coutellerie et la verrerie – jusqu'à la résidence, et, une fois arrivés, il ne nous fallait pas moins de quatre jours avant d'être vraiment installés.

L'équipée débutait par le trajet d'une nuit jusqu'à Calcutta. Dans ce temps-là, les compartiments de première classe étaient vastes et complètement indépendants, avec une petite salle de bains et un compartiment séparé à une extrémité pour le domestique personnel du voyageur. Beaucoup de maharajahs possédaient leur wagon officiel, arborant leurs armes sur la paroi extérieure. Ils étaient aménagés et meublés au goût de leurs propriétaires, qui refusaient de voyager dans tout autre véhicule. Mais notre famille se contentait des wagons publics.

De Cooch Behar jusqu'à Parbatipur, qui se trouve maintenant au Bangladesh, c'était une voie étroite, et il nous fallait changer de train au milieu de la nuit pour emprunter la voie à grand écartement de Calcutta. A moitié endormis, on nous portait en robe de chambre jusque dans les nouveaux compartiments, et l'on se réveillait le lendemain matin à Calcutta. Là, nous passions généralement deux nuits dans notre propriété de « Woodlands », avant de continuer sur Madras, où nous restions quelques jours à l'hôtel *Connemara*. Encore une nuit de train, et nous arrivions dans les contreforts du Nilgiris. La toute dernière étape était un parcours de trois heures en montagne qui surplombe de quelque deux mille huit cents mètres le plateau brûlant. Et voilà que subitement nous étions arrivés, nous demandant, comme tous ceux qui arrivaient à Ootacamund, ou Ooty comme l'on disait couramment, si ce paysage agréable et verdoyant était vraiment en Inde, ou si ce n'était pas un morceau d'Angleterre transporté tel quel avec ses petites maisons anglaises nommées « Cedarhurst » ou « Glen View », agrémentées d'un forêt de pignons victoriens ou de fantasques petites tourelles en terre cuite, et entourées de jardins fleuris de roses trémières, de campanules, de giroflées, et de vergers plantés de pommiers et de poiriers anglais.

Un de mes souvenirs d'Ooty est, lui, rien moins que sentimental. C'est là que mon futur mari, le maharajah de Jaipur, nous rendit visite pour la première fois. J'avais cinq ans, et ne manifestai pas le moindre intérêt pour ce gros garçon de treize ans qui avait écrit à ma mère pour s'inviter à déjeuner, en ajoutant une requête pressante pour que le menu fût indien et non anglais. Quant à lui, il se souciait beaucoup plus d'un repas appétissant (ses précepteurs s'efforçaient de lui faire suivre un régime alimentaire anglais très strict) que des fillettes de la maison. (Le tuteur du maharajah écrivit par la suite à Ma, lui demandant de ne plus servir de repas indien au maharajah, lorsqu'il reviendrait.)

En dépit du charme de la campagne autour d'Ooty et de la pureté inégalée de l'air lors de nos sorties matinales à cheval, je préférais de loin Darjeeling, dans l'Himalaya, où nous commençâmes à passer l'été lorsque j'eus douze ou treize ans. Cette ville enchantée, perchée à plus de trois mille mètres d'altitude, était située hors des frontières du Cooch Behar ; mais pendant des siècles, elle avait été en grande partie la propriété personnelle des maharajahs de Cooch Behar.

Lorsque le gouvernement britannique de Calcutta commença à s'y replier pendant les mois d'été, mon grand-père lui fit don d'un terrain pour ériger le palais du gouvernement. Notre propre résidence à Darjeeling, qu'il avait fait construire au milieu du XIXe siècle, se nommait « Colinton ». Située plus haut que l'ensemble de la ville, à l'extrémité d'un grand jardin qui se confondait, au nord, avec la forêt, cette résidence était magnifiquement placée, et jouissait d'une vue superbe sur l'Himalaya.

Le pays offrait de magnifiques et spectaculaires promenades et des sites enchanteurs pour les pique-niques. Parfois, très tôt le matin, nous chevauchions jusqu'à Tiger Hill, un point de vue surplombant Darjeeling, afin de regarder le soleil se lever sur l'Everest. Parfois aussi nous nous rendions dans des monastères bouddhistes ou des petits sanctuaires tout frétillants de minuscules drapeaux qui parsemaient toutes les collines de la région.

Une foule de Tibétains et de Bhutanais, aux grands bonnets de fourrure et aux bottes brodées, emplissait toujours la place du marché central de Darjeeling, offrant aux passants des colliers ou bien des fruits et des légumes.

J'aimais me promener dans la ville, voir les gens et m'entretenir avec eux, bien que je fusse attristée par leur pauvreté et les vêtements misérablement déchirés et rapiécés que portaient leurs enfants. Une fois, je leur donnai un de mes coûteux lainages importés de chez Fortnum and Mason, de Londres, ravie de me débarrasser de ce vêtement qui grattait désagréablement. Mais Menaka, toujours plus réservée que moi, me dit : « Tu ne peux pas faire des choses comme cela. Rappelle-toi qui tu es. Tu ne peux pas bavarder avec des coolies ou n'importe qui dans la rue. »

Dans mes souvenirs de Darjeeling, les petits drames familiaux se mêlent à l'impression de joyeuse liberté de nos journées. Parmi les rares pratiques religieuses que Ma exigeait de nous, figurait le culte de Shiv Puja. Cela consistait en prières et offrandes faites au dieu Shiva pour obtenir un bon mari et n'offrait aucune difficulté. Mais il fallait, en outre, jeûner tous les lundis, du lever au coucher du soleil, sans pouvoir rien manger ni boire, ce qui était d'autant plus pénible que nos sorties à cheval et nos cours avaient lieu comme d'habitude. Je me souviens d'être entrée dans la salle à manger un lundi et d'avoir vu la table mise pour le thé, et sur cette table un magnifique gâteau au chocolat. La tentation fut trop forte : j'en dérobai une tranche. Mais Indrajit m'avait suivie et avait assisté à toute la scène sans faire la moindre tentative pour m'arrêter. Il s'abstint de rapporter, mais cela lui permit pendant plusieurs jours d'obtenir de moi tout ce qu'il voulait. Et personne ne comprit pourquoi je lui obéissais ainsi au doigt et à l'œil.

Cet incident était assez caractéristique d'Indrajit. Je me souviens que lorsque nous étions à Londres, nous recevions des hebdomadaires pour enfants, comme *Tiger, Tim* et *Puck*. Ils coûtaient alors deux pence chacun, et Indrajit, qui s'arrangeait toujours pour s'en emparer le premier, faisait payer à chacune d'entre nous un penny pour avoir le privilège de les lire. Il prétendait que nous y gagnions tous : Menaka et moi obtenions pour un penny ce qui aurait dû nous en coûter deux, pendant que lui-même faisait un bénéfice de deux pence. Cette logique paraissait inattaquable. Un jour, Ma elle-même fut interloquée par la tournure d'esprit astucieuse d'Indrajit. Ce dernier lui avait écrit de son école : « Vous serez contente d'apprendre que j'ai été second à l'examen de mathématiques. » Mais lorsqu'elle reçut son carnet, elle s'aperçut qu'il était en réalité avant-dernier. A ses reproches, Indrajit répondit allègrement : « Mais je n'avais pas dit à partir de quel bout de la liste j'étais second. »

A Darjeeling, nous étions continuellement en plein air, ce

qui me convenait parfaitement. Les routes, à cette époque, étaient jugées trop raides et dangereuses pour les voitures. Maintenant, bien sûr tout le monde se déplace en Jeep ; mais quand j'étais enfant, l'automobile était exclue, et nous nous déplacions à pied, à cheval ou en pousse-pousse. Comme toutes les familles princières qui venaient pour l'été, nous possédions nos pousse-pousse, avec nos armes peintes sur les côtés. Trois ou quatre coolies les tiraient, tandis que deux ADC chevauchaient en avant-garde. Nous faisions chaque jour des kilomètres à pied ou à cheval, parcourant deux fois par semaine dans les deux sens les sept kilomètres qui nous séparaient du gymkhana où nous allions faire du patin à roulettes.

Au grand désespoir de Ma, je justifiais ma réputation de garçon manqué en passant le plus clair de mes journées à faire des escalades sur les pentes rébarbatives, entraînant parfois, malgré leur réticence, Menaka ou un de mes cousins de Baroda. Mais j'avais plus de témérité que de talent. Il m'arrivait assez souvent d'être coincée dans une position dont je mettais longtemps à me tirer, rentrant à la maison trempée et les chaussettes remplies de sangsues. La seule ombre sur cette vie sportive et libre, c'était une exigence de Ma qui voulait que nous portions des casques lorsque nous sortions à cheval. Je détestais cet encombrant topi et en jetai même un dans la cascade de Darjeeling ; mais hélas, il y en avoir un stock illimité.

Tous, nous adorions les animaux, et avions réuni toute une ménagerie. Ma possédait un dalmatien très remuant, Indrajit, un héron qu'il ne quittait jamais, à l'exaspération de tous, et moi toute une série de chiens ainsi que deux bébés panthères. Nous avions tous nos singes, et Ma possédait deux petits ouistitis. Ila, qui comprenait admirablement les animaux, recueillait toutes sortes de bêtes blessées ou abandonnées. Elle avait une biche dont une patte avait été cassée ; tous considéraient la bête comme condamnée, mais Ila n'accepta pas ce verdict et l'amena à la maison où elle la soigna jusqu'à sa guérison. Plus tard, lorsqu' Ila fut mise en pension à Paris, cette biche fut donnée au zoo de Calcutta, et à son retour, sa première visite, avant même d'aller à « Woodlands », fut pour le zoo. Elle avait été absente deux ans et demi, mais la bête la reconnut aussitôt et vint à la barrière la caresser de son museau Un jour, un des chevaux anglais de Ma se blessa à la tête et fut considéré comme perdu ; mais Ila refusa qu'on l'abatte et passa la nuit à l'écurie pour le calmer, ce que les palefreniers n'avaient pas réussi à faire. A la surprise générale, le cheval prit dès le lendemain matin le chemin de la guérison.

Outre nos séjours dans les stations de montagne, nous nous rendions aussi, à mesure que nous grandissions, dans d'autres États, principalement au Baroda chez nos grands-parents. Je me souviens d'être allée à Bhopal, dans l'Inde centrale, où Bhaiya et Ila firent des parties de hockey et d'autres jeux avec les trois filles du nawab, et d'avoir une fois accompagné ma mère à une chasse à la grouse impériale à Bikaner.

Mais ce sont les étés à Darjeeling qui vivent dans ma mémoire comme les plus enchantés, et mille détails insignifiants, mais chargés d'émotion, me reviennent de notre vie là-bas. C'est là que je vis pour la première fois un film parlant, dont je ne saisis d'ailleurs pas un traître mot à cause du martèlement de la pluie tombant sur le toit de zinc. Je me revois au gymkhana, dont mon grand-père avait été le premier président, patinant au son de l'orchestre avec nos amis. Indrajit se montrait particulièrement doué, et il était toujours élu pour valser avec le professeur. J'entends encore Da dans une imitation féroce de l'abominable hindi employé par les Anglais pour parler à leurs domestiques. Ma, comme toujours, était continuellement au milieu d'un important groupe d'invités. Je me souviens aussi d'avoir eu froid – ce qui n'arrivait nulle part ailleurs en Inde – et d'avoir fait toute une histoire parce qu'il fallait mettre un sari de soie pour aller au cours de danse, ou parce qu'il fallait prendre des bains. A

« Colinton », comme partout en Inde, il n'y avait pas de baignoires de type occidental. On s'asseyait sur un banc de bois, un grand récipient d'argent remplie d'eau placé devant soi. On se savonnait et se rinçait avant d'entrer dans le tub. Selon Ma, ce système était bien plus propre que celui qui consiste à tremper dans une baignoire. A Darjeeling, il était de surcroît bien plus rafraîchissant.

Il y a des années que je ne suis pas retournée à Ooty ou à Darjeeling, et je n'éprouve guère l'envie de le faire. J'imagine que ce sont aujourd'hui de petites villes ternes et déprimantes, maintenant que les gouvernements et les familles des princes ont renoncé à leurs séjours d'été à la montagne. Mais rien ne changera la splendeur de l'Himalaya, et rien n'effacera jamais de mon souvenir ces chevauchées à l'aube avec mes frères et sœurs, où nous allions regarder le soleil se lever sur les neiges éternelles.

L'ANGLETERRE, LE CONTINENT EUROPÉEN ET CALCUTTA

J'avais neuf ans lorsque nous retournâmes pour la première fois en Angleterre, depuis la mort de mon père. Ma pensait qu'en restant à Cooch Behar, Bhaiya serait sûrement gâté, et elle s'en inquiétait. Du vivant même de notre père, il s'était montré conscient de sa position sociale et aimait qu'on l'appelle yuvraj, ou « prince héritier », ce qui amusait fort nos parents. Lorsqu'à l'âge de sept ans, il devint maharajah, personne n'osait le contrarier, et il n'en faisait plus qu'à sa tête.

Il y avait dans le parc du palais un terrain de jeux où le public pouvait venir jouer au hockey, au cricket et au football avec les membres de notre famille. Bhaiya y jouait souvent au cricket avec les garçons de la ville et Ma remarqua que lorsqu'il tenait la batte et qu'il était de toute évidence dehors, aucun des joueurs ne le lui signalait et l'arbitre restait muet.

Ce fut pour elle la goutte qui fit déborder le vase. Tant de déférence, pensait-elle, ne pouvait que lui gâter le caractère. Il ne fallait pas qu'il restât à Cooch Behar. Mais elle était très indécise quant à ce qu'il convenait de faire, car notre père, ancien élève d'Eton, lui avait dit qu'à son avis une éducation anglaise convenait mal à un Indien, et que, pour sa part, il s'était retrouvé trop ignorant du pays à gouverner. Il avait toujours dit qu'il souhaitait voir ses fils éduqués en Inde.

Finalement, Ma consulta le vice-roi, dont les fils fréquentaient l'école Saint-Cyprion à Eastbourne. Les conseils qu'il lui donna durent faire impression, car peu de temps après, Bhaiya fut inscrit dans cette école, et s'embarqua pour l'Angleterre, où le reste de la famille le rejoignit bientôt, car Ma ne voulait pas que nous fussions séparés.

Ila fut envoyé à Ravenscroft, une autre pension d'Eastbourne, Indrajit fréquenta l'école Gibbs à Londres, tandis que Menaka, moi-même et Bébé, la fille de Nawab Khursu Jung qui vivait presque constamment avec nous, fûmes inscrites dans un externat de Londres appelé Glendower. La première journée nous parut alarmante. Nous étions mal à l'aise dans nos bizarres uniformes violets, et comme nous étions sans doute les premières élèves indiennes de cette institution, nous suscitions une vive curiosité. Ignorant totalement les usages des écoles anglaises, nous avions beaucoup de mal à suivre la routine et à comprendre ce qu'on attendait de nous. Je me creusais la tête pendant des semaines au sujet de ce mot mystérieux que chaque élève prononçait le matin à l'appel, lorsqu'elle entendait son nom ; je finis par découvrir que c'était « présente, Miss Heath ». Mais, aussi empruntée que nous fussions dans tous les domaines, nous nous rachetions en excellant aux jeux et aux sports.

Des choses bien plus intéressantes toutefois avaient lieu en dehors de l'école. La vie sociale de Ma devint sans tarder extrêmement remplie. Nous habitions une maison dans South Adley Street, et il nous arrivait souvent, au moment de partir pour l'école, de la croiser dans l'entrée, revenant d'une soirée. Pendant les vacances d'hiver, Ma loua une maison à Melton Mowbray, où elle chassait avec les équipages de Quorn et de Cottesmore. Elle acheta un des chevaux du prince de Galles, et racontait avec dépit qu'elle avait fait une chute en le montant à l'essai. A Pâques, nous allâmes chasser dans la New Forest, mais le froid était tel que Ma décida bientôt que ce n'était plus possible, et que mieux valait aller en France. Elle retint aussitôt un avion pour Le Touquet.

Ma avait décidé que nous devions tous avoir le palais fin, mais éclectique, et la première chose qu'elle fit en arrivant en France fut de nous faire goûter des cuisses de grenouilles, en nous disant qu'il s'agissait de jeunes poulets. Théoriquement, notre vie au Touquet avait pour centre la plage, où nous pouvions nous livrer à de saines activités de plein air, tandis que Ma fréquentait les tables de jeux, où elle apportait une note d'exotisme éblouissant.

Une de ses amies, Mme Evelyn Walsh, de Philadelphie, disait qu'elle était « le charme et la grâce personnifiés, une princesse des Mille et Une Nuits ». Elle me raconta dans une de ses lettres comment elle avait vu Ma pour la première fois, au casino du Touquet :

« La jeune Indienne la plus fabuleusement belle que j'aie jamais aperçue, tenant le plus long des fume-cigarettes, vêtue d'un sari de soie étincelant et portant force perles, émeraudes et rubis. Son visage était impassible, mais devant elle une pile de jetons témoignait de ses succès ; et pour couronner le tout, elle avait une petite tortue vivante, apparemment son fétiche, dont la carapace était incrustée de trois bandes d'émeraudes, de diamants et de rubis. De temps en temps, la petite bête s'éloignait, et elle la rattrapait. Les gens étaient totalement subjugués ».

Comme d'habitude, la vie mondaine de Ma nous intriguait énormément – elle semblait tellement plus amusante que la nôtre. L'après-midi, elle expérimentait sur nous une de ses martingales qu'elle inventait pour gagner au chemin-de-fer ; et lorsqu'elle était partie au casino, nous continuions à jouer, et mangions des chocolats, bien après l'heure à laquelle nous étions censés nous coucher. Sa femme de chambre suivait avec passion sa carrière de joueuse. Elles avaient un code selon lequel, si la soirée avait été heureuse, Ma posait ses chaussures semelles en l'air devant la porte.

Hélas, la chance ne lui sourit pas longtemps ; et cette vie surprenante et enchantée ne prit fin que trop tard. Ma perdit un soir une somme considérable et conclut que nous n'avions plus les moyens de rester au Touquet. Nous décollâmes donc par une de ces journées d'avril où le ciel est bouché et où le vent souffle par fortes rafales, tant inexorablement liée dans mon souvenir aux plages anglaises et à celles du nord de la France. Il semblait même exclu que notre petit avion puisse réussir à décoller. Quand enfin il y parvint, il y eut plusieurs heures d'incertitude effrayante, pendant lesquelles nous fûmes secoués en tous sens avant d'atterrir finalement à Croydon. Le pilote lui-même était ébranlé. Ma, seule, était demeurée imperturbable et elle se montra même vaguement mécontente de notre retard.

Au début de l'année suivante, Menaka souffrit d'une espèce d'infection glandulaire dont les médecins craignaient qu'elle ne fût le signe avant-coureur de la tuberculose ; aussi fut-elle envoyée au sanatorium à Leysin, en Suisse. Bébé et moi l'accompagnâmes et fûmes inscrites à une école appelée *Les Noisetiers,* tandis qu'Ila et les garçons demeuraient en Angleterre. Ma nous embarqua avec mille recommandations : il fallait étudier assidûment, apprendre le français et être sages, et, surtout, exiger de prendre un bain tous les jours. Et, plus important que tout, nous devions refuser qu'on nous serve du bœuf, qui est interdit aux Hindous.

En fait, les bains et le bœuf ne posèrent aucun problème ; mais il n'en fut pas de même pour nos camarades de classe. Nous ne parlions que l'anglais et le bengali, et nous avions pour interprète un petit rouquin irlandais plutôt fruste. Le premier jour, il me coinça contre un mur et, aux cris de « demande-lui » ceci ou cela des autres enfants il me soumettait à un interrogatoire sévère. Etais-je vraiment une princesse ? Si c'était vrai, pourquoi n'étais-je pas arrivée à dos d'éléphant ? Combien avais-je d'éléphants ? Combien de bijoux ? Et ainsi de suite. La seule chose qui rendit crédibles mes réponses fut que l'on nous servit au déjeuner du poulet en place du ragoût de bœuf qui faisait l'ordinaire, ce qui donnait créance à notre statut royal.

Aussi amusants, intéressants ou exaspérants que fussent nos divers séjours dans des écoles et des pays différents, je souhaitais vivement retourner en Inde. Ce n'était pas tellement que je me languissais de notre foyer – celui-ci était toujours là où se trouvait Ma – mais je sentais obscurément que ma « vraie » vie était en Inde, et qu'elle ne reprendrait son cours qu'après mon retour là-bas.

A ma grande joie, l'année suivante, alors que j'avais onze ans, Ma décida de me ramener en Inde. Elle souhaitait y rentrer elle-même à temps pour assister à un *keddah* une battue d'éléphants, qui devait avoir lieu à Mysore aussi prit-elle l'avion, me laissant voyager par mer avec ma grand-mère de Baroda, qui venait elle-même de passer des vacances en Europe. Prendre l'avion, à cette époque était le fait des aventureux, pour ne pas dire des imprudents, et Ma ne dévoila pas son intention à sa mère, laissant à un ADC le soin de l'en informer une fois qu'elle serait partie. Ma grand-mère fut bien entendu horrifiée et les larmes aux yeux, elle accusa le pauvre ADC de Cooch Behar de s'être mal acquitté de sa tâche auprès de Ma. Le lendemain matin, tous les journaux annonçaient en première page que l'avion de Ma s'était abîmé dans la mer quelque part au nord de la Libye. Les passagers avaient dû se hisser sur le fuselage en attendant les secours. Cette aventure ne modifia pas de manière perceptible l'attitude de Ma envers les transports aériens.

Mon propre voyage de retour aurait pu sembler à certains bien plus sage, car j'étais sur un bateau, et dûment chaperonnée par ma grand-mère ; mais il avait pour moi le goût de la liberté la plus effrénée que j'eusse jamais connue. Jusqu'alors je m'étais toujours trouvée soit à l'école, soit sous la surveillance d'une gouvernante chargée de veiller à la correction de ma tenue vestimentaire, à ce que je mange suffisamment, etc. Mais là, à bord, je disposais d'une cabine de première classe avec une salle de bains pour moi toute seule, je pouvais circuler partout à ma guise, et dépenser mon argent de poche en citronnades offertes aux autres enfants. La seule personne qui s'occupât réellement de moi était Ijahar, le vieux valet fidèle de Bhaiya, qui rentrait aussi en Inde pour y passer son congé.

Arrivée à Bombay, les restrictions qui me furent de nouveau imposées me semblèrent presque insupportables ; mais nous partîmes bientôt pour Calcutta. Ce fut au cours de cet hiver-là que je commençai à réellement apprécier notre demeure et la vie que nous y menions. « Woodlands » était pour ainsi dire la troisième résidence de Calcutta, surclassée seulement par le « Belvédère » qui était celle du vice-roi, et l'hôtel du gouvernement. C'était une vaste construction de stuc blanc, érigée par les colonisateurs dans le style classique de la Compagnie des Indes orientales, entourée de profondes vérandas soutenues par une colonnade de style ionique. Ses pièces aux proportions harmonieuses ouvraient sur l'extérieur par de grandes fenêtres à guillotine. Les fils du sultan Tipu, ce souverain de Mysore qui se révolta contre les Anglais et fut tué en 1799, y furent un temps emprisonnés, et l'on disait qu'ils hantaient encore les appartements. Un été, on se mit à entendre continuellement des bruits bizarres, la nuit, sur le toit, et comme personne parmi la famille et le personnel ne pouvait en trouver la moindre explication, Ma convoqua un exorciste. Un petit bonhomme tout à fait inattendu se présenta, coiffé d'un topi, qui s'affaira avec compétence. Quelle que fût sa recette magique, elle s'avéra efficace et nous n'entendîmes plus de fantôme.

Mon grand-père de Cooch Behar avait acheté « Woodlands » aux Anglais une centaine d'années après l'époque du sultan Tipu, et en avait aussitôt fait un des pôles de la vie mondaine de Calcutta, tradition que Ma, est-il besoin de le dire, perpétua avec brio. « Woodlands » était situé dans le quartier résidentiel, et son parc était si vaste que, de la maison, on ne voyait aucune autre construction. Dès qu'on avait passé la grande grille d'entrée portant le blason de Cooch Behar, et qu'on empruntait la longue allée de gravier rouge, on était entouré de grands arbres aux branchages épais et de taillis d'arbrisseaux et de buissons d'ornement. Des plates-bandes méticuleusement entretenues s'ornaient de toutes les espèces de fleurs tropicales : jasmins, frangipanes, roses, poinsettias, et *bahus* (ce sont des fleurs blanches en forme d'étoile, au parfum très pénétrant). Dans le parc se trouvaient également un terrain de cricket, une allée cavalière et deux courts de tennis.

Derrière le bâtiment principal se trouvaient les communs et les écuries. Il y avait en général six poneys pour les enfants, trois ou quatre chevaux pour Ma, et une douzaine d'autres montures pour les ADC ou les hôtes éventuels. M. Davidson, le chauffeur anglais, régnait au garage sur une panoplie de voitures allant de la dernière conduite intérieure de Ma jusqu'à d'anciennes voitures de sport qui avaient appartenu à mon père. M. Davidson était réputé pour avoir été le premier à avoir conduit une automobile à Calcutta, et je passais des moments passionnants à parler avec lui, au garage. Sa fille était une de mes grandes amies, et, sa maison étant le rendez-vous des jockeys, on pouvait y glaner d'excellents tuyaux à la saison des courses. Je pris l'habitude de donner ces renseignements aux invités de Ma. Le premier à suivre mes conseils fut Lord Rattendon, le fils du vice-roi qui s'excusa un jour de manquer le déjeuner, expliquant à Ma qu'il allait placer un pari sur un cheval nommé Royal Air Force, dont je avais assuré qu'il remporterait la coupe du vice-roi cet après-midi-là. Ma protesta que je pouvais rien savoir sur le sujet ; mais Lord Rattendon, bien inspiré, suivit quand même mon conseil, et Royal Air Force gagna bel et bien la course, ce qui fit grande impression sur Ma.

A l'intérieur de la maison, elle avait donné libre cours à son imagination, et toutes les pièces étaient décorées dans un style différent. Celui du salon s'inspirait d'un très beau paravent chinois en bois incrusté de jade et de quartz rose. D'autres pièces étaient meublées dans le style anglais, français ou italien. Sa propre chambre était la plus orientale de toute la maison, remplie de divans et de tapis persans, dominés par un immense lit d'ivoire sculpté, avec d'énormes défenses d'éléphants qui dépassaient dangereusement aux pieds. Ce lit se trouve aujourd'hui dans le musée de la famille, à Baroda. Mais le centre de la vie sociale à « Woodlands » était la grande véranda devant la pelouse où Ma aimait réunir parents et amis. Je crois bien que ce fut le premier endroit à Calcutta où l'on ait introduit des meubles dans le style moderne des années 30. A l'époque, c'était une innovation assez insolite, que ces tables à dessus de verre, et tout ce mobilier d'aspect carré et trapu (encore que très confortable). Nous en étions très fiers. Chose curieuse, d'ailleurs, ce décor s'harmonisait parfaitement avec le salon classique contigu.

« Woodlands » regorgeait toujours de monde. Lorsque nous étions en Inde, nous y allions pour Noël, époque d'une particulière importance, car c'était celle où le vice-roi avait coutume de venir de Delhi pour une quinzaine de jours. Comme en général la maison ne suffisait pas à contenir tous nos invités, certains logeaient dans des tentes qu'on dressait dans le jardin. Dans mon enfance, le vice-roi était Lord Willington, et lorsqu'il était là, il y avait un va-et-vient incessant entre le « Belvédère » et « Woodlands ». Je conserve un souvenir cuisant d'une garden-party à « Woodlands » tenue sous une immense marquise dressée sur la pelouse. Menaka et moi devions danser devant Lady Willington. Le simple fait d'avoir à danser était déjà en soi une épreuve ; mais, pire encore, nous devions, à l'issue de notre numéro, lui offrir des fleurs. Sa préférence pour la couleur mauve était connue de tous, mais par suite d'une confusion, les serviteurs me remirent un bouquet de roses rouges, tandis que Menaka recevait les pois de senteur mauve pour les offrir à l'épouse du gouverneur. Je n'oublierai jamais la pénible confusion qui s'empara de moi lorsque j'entendis au-dessus de moi, la voix de Lady Willington : « Non, ma chérie, je ne pense pas que celles-ci soient pour moi ».

« Théoriquement, recevoir les vice-rois exigeait la perfection ; mais dans la pratique, la poursuite d'un objectif aussi inaccessible aboutissait au désastre, et il y avait toujours, à « Woodlands », quelque petite anicroche. La plus inexplicable, et la plus contrariante pour Ma, fut, lors d'un dîner important, une erreur à propos du menu. Après qu'elle eut passé des jours à le mettre au point, on le fit imprimer en français, sur de beaux cartons ornés aux armes de Cooch Behar. Mais le soir du dîner, le chef, qui était russe et ancien lieutenant de l'armée du tsar, servit un dîner somptueux dont pas un plat ne correspondait à ceux du menu. Je pense que Ma fut la seule à le regretter, et en fut sans conteste très contrariée.

Parmi les nombreux hôtes de « Woodlands », certains m'ont laissé un vif souvenir, comme le maharajah du Cachemire, qui venait toujours chez nous pour les courses et y logeait parfois ses chevaux ; le prince Ali Khan, que mon prénom musulman intriguait, comme les autres amis musulmans de Ma ; et le très séduisant Douglas Fairbanks, le célèbre acteur de cinéma. Il était attendu à « Woodlands » en début de soirée, et depuis deux jours je vivais dans une angoisse muette à l'idée qu'il pourrait arriver en retard et qu'on m'aurait envoyée au lit avant son arrivée. Le jour venu, à mesure que les minutes passaient, cette sombre perspective semblait devoir se vérifier ; mais on eut l'indulgence de me faire grâce. Il s'avéra qu'il avait été intercepté par des « fans » au pont de Howrah, qui était – et qui est toujours – le seul pont à enjamber la rivière Hooghly qui traverse Calcutta. Lorsqu'il arriva enfin à 11 heures, il ne restait plus un bouton à son costume – ils avaient tous été arrachés comme souvenirs. Je le rencontrai donc, et il se montra infiniment charmant. Il nous donna à chacun une photo dédicacée. Sur la mienne, il avait écrit : « N'oubliez pas le 23 mai », et je pouvais à peine croire à cette divine coïncidence qui voulait que nos anniversaires fussent à la même date. J'ai gardé cette photographie. Plus tard, il vint à Cooch Behar pour participer à une chasse, et il m'arriva une chance encore plus inattendue. Je saignais du nez – par excès d'émotion, sans doute – et Douglas Fairbanks vint à mon secours en me glissant une clef dans le dos pour arrêter l'hémorragie.

Mais le visiteur le plus prestigieux de tous, à nos yeux, Ila, Menaka et moi, fut le maharajah de Jaipur, qui vint passer chez nous les vacances de Noël 1931, alors que j'avais douze ans.

LE MAHARAJAH DE JAIPUR

Une semaine avant l'arrivée à Calcutta du maharajah de Jaipur pour la saison de polo, « Woodlands » étant, comme d'habitude, rempli de monde, Ma décida que Menaka et moi lui céderions nos chambres. Cet inconvénient était minime en regard de la visite d'un pareil héros. Une Anglaise, Rosita Forbes, écrivait de lui, à peu près à la même époque :

« Ce jeune homme extrêmement beau, célèbre sur trois continents pour ses prouesses sportives, occupe dans l'imagination du public indien, en raison de sa prestance et de son charme, de sa fortune et de ses performances de cavalier, une place comparable à celle du prince de Galles dans l'esprit des Anglais. Je ne vois aucune autre comparaison pour faire comprendre l'universelle popularité, nuancée d'une curiosité impatiente à l'égard de ce qu'il pourrait faire ensuite, qui entoure ce jeune prince, le plus renommé des souverains de l'Inde. »

Nous étions bien entendu enviés par tous nos amis et l'excitation fut à son comble lorsque ses soixante superbes poneys, avec leurs valets coiffés des flamboyants turbans rajputs, arrivèrent de Jaipur. Il arriva finalement lui-même, tard dans l'après-midi, plein d'allant au volant de sa Rolls-Royce verte.

Jai comme l'appelaient ses amis, devait avoir vingt et un ans à l'époque, et venait de terminer ses études à l'Académie militaire de Woolwich, en Angleterre. Il était mince et beau, et impeccablement vêtu, généralement avec simplicité et désinvolture. Ses ADC, au contraire, avaient toujours des tenues très conformistes, et ses palefreniers portaient l'uniforme de cérémonie au turban orange vif. Tous à Calcutta le trouvèrent charmant et décontracté, et cependant il émanait de lui une confiance en soi et une aisance qui en imposaient.

Il riait et plaisantait avec tout le monde, de sa voix basse au débit traînant, et il était très flirteur, ce qui ne le rendait que plus attirant. Son humour teinté de sympathie exerçait sur moi un puissant attrait. Néanmoins pendant toute mon enfance, j'employai toujours en parlant de lui son titre de maharajah de Jaipur, et je m'adressai à lui en disant « Votre Altesse », alors que pour mes frères il était Jai Dada, « frère Jai ».

J'étais encore trop jeune pour mesurer l'importance de sa position de maharajah de Jaipur. D'ailleurs, nous avions toujours été entourés de familles princières, de sorte que son titre ne m'impressionnait pas. A mes yeux de sportive, il devait son prestige à son rang de premier joueur de polo de l'Inde. Peu après son retour de Woolwich, il avait mis sur pied l'équipe de Jaipur, avec le célèbre joueur Rao Raja Hanut Singh, son frère Rao Raja Abhey Singh, et Pathi Singh de Baria, qui amorçaient une étincelante carrière. De 1933 à 1939, l'équipe allait gagner tous les ans, sans interruption, la coupe de l'Association indienne de polo. Et lorsque Jai, en 1933, la conduisit en Angleterre, elle gagna tous les championnats, et le handicap personnel de Jai était monté à neuf.

Le polo occupait en Inde une place comparable à celle du football en Angleterre. Aussi Jai fut-il un héros très populaire pendant toutes les années trente. Lorsqu'il se rendait à un match, il fallait que la police fraye un chemin à sa voiture à travers la foule, et ses admirateurs envahissaient par milliers le terrain de polo pour lui effleurer les pieds en signe d'hommage. De nombreux hommes d'affaires de Calcutta venaient du Rajputana (aujourd'hui Rajasthan) et, tout patriotisme local mis à part, considéraient les gros paris qu'ils faisaient sur l'équipe de Jaipur comme un investissement sûr et profitable.

Quant à moi depuis le jour de 1931 où Jai vint pour la première fois chez nous à Calcutta, je m'étais prise à rêver – à l'envers du classique conte de fées – que, de princesse, je serais miraculeusement changée en valet, pour pouvoir tenir la bride de son cheval et lui tendre sa cravache, et, par inadvertance, lui toucher la main. Dés le début, il nous prêta beaucoup plus d'attention, à Menaka et à moi-même, que ne le faisaient la plupart des hôtes de « Woodlands ». Dans le monde de Ma, nous n'avions généralement qu'une place de spectatrices. Nous n'étions pas exclues, mais on ne nous encourageait pas non plus à nous mêler à la conversation ni à nous montrer encombrantes. Mais Jai, lui, ne nous traitait pas comme des enfants ne présentant aucun intérêt pour les adultes.

Les après-midi où il ne jouait pas au polo, il venait au tennis, recrutant un ADC ou quelque autre membre de son entourage pour que nous fassions un double. Je ne m'aperçus pas qu'il se contraignait à jouer à notre niveau, jusqu'au jour où il proposa à Ma de faire un set et où je découvris, avec un choc, la retenue dont il avait fait preuve avec nous. Elle jouait bien, et je la rassurai : « Tu gagneras facilement, Ma. Il n'est pas très fort. »

« Tu crois ? Il est pourtant jeune et très sportif. »

« Oh, repris-je d'un ton dégagé, il est peut-être merveilleux au polo et à cheval, mais au tennis il ne casse rien. »

Contre Ma, Jai joua normalement, et la battit à plate couture. Elle ne gagna pas un seul jeu. Elle était furieuse :

« Mais comment as-tu pu me dire qu'il était un joueur quelconque ? Tu ne t'es donc pas aperçue qu'en jouant avec vous il ne donnait pas sa mesure ? »

Un peu plus tard, Jai pensa sans doute qu'il n'avait aucune raison de me laisser gagner à chaque fois. Menaka, Baby et moi avions fondé un club, « le Club du défi », dont la règle était de nous mettre au défi d'accomplir des choses dangereuses, comme par exemple de grimper sur le toit. Ce club tenait ses assises dans la salle de billard, et je m'étais mis de la craie bleue sur le bout du nez en guise d'insigne de la présidence. Me voyant ainsi affublée, Jai me demanda ce que je faisais avec du bleu sur le nez. Je lui en expliquai la raison et aussitôt il me défia à une course à bicyclette. Il gagna sans difficulté – pourtant je me considérais plutôt comme une coureuse rapide et plutôt téméraire. Ramenée ainsi à plus de modestie, je vis bien qu'aussi gentil qu'il se montrât à mon endroit, je n'en faisais pas moins partie du groupe des enfants, et que Jai était sur une autre orbite.

L'année suivante, il revint à Calcutta pour la saison d'hiver et gagna de nouveau le championnat de polo. Dans le déluge enthousiaste des félicitations, Ma lui dit impétueusement qu'il pouvait demander « tout ce qu'il voulait ». Étonnée et éblouie, je l'entendis répondre aussitôt qu'il souhaitait que je vienne au dîner qu'il donnait pour célébrer l'événement chez Firpo, le restaurant le plus en vogue de Calcutta. Surprise plus grande encore, Ma n'y fit aucune objection. On me trouva un sari – je portais encore le pyjama et la tunique habituels des enfants de notre région – mais il fut plus difficile de me trouver des pantoufles habillées. Avec la femme de chambre de Ma, je fouillai pendant des heures le Nouveau Marché avant d'en dénicher une paire à ma taille.

Chez Firpo, Jai insista pour m'asseoir à côté de lui et me pria de choisir mon autre voisin de table. Je désignai un de ses ADC qui n'avait que dix-sept ans. Il bavardait souvent avec nous, et participait à nos jeux, de sorte qu'il m'intimidait moins que ses élégants partenaires du polo.

On nous servit des perdreaux, que je ne savais pas découper, et Jai vint à mon aide. Après le dîner, le chauffeur me reconduisit, éblouie et doutant de ce qui venait de m'arriver.

Peu de temps après cette soirée exaltante, Ma fit une autre concession inimaginable. Jai souffrait alors d'un épanchement de synovie et ne pouvait sortir. Il demanda à Ma si Menaka et moi pourrions dîner avec lui lorsque les autres dînaient dehors, et elle accepta. Nous étions tous trois en train de nous amuser prodigieusement quand, à 9 heures pile, la gouvernante vint nous chercher pour nous conduire au lit. Jai dut voir notre déception, car il obtint qu'elle retardât l'heure de notre coucher, en prétendant – ce qui était faux – que c'était avec la permission de Ma. Ses actions firent un nouveau bond lorsqu'il jeta un morceau de toast dans le dos de la gouvernante qui quittait la pièce, puis nous proposa de goûter du champagne dans son verre afin de boire au succès de l'équipe de Jaipur. Je répondis d'un air guindé que je ne buvais jamais dans le verre d'autrui, et, à la fureur contenue de Menaka, il m'en versa alors un verre pour moi toute seule. Après cette soirée, mes rêveries eurent un caractère plus ambitieux – je voyais le plancher de sa chambre, qui se trouvait juste au-dessus de la nôtre, s'effondrer au milieu de la nuit, et Jai miraculeusement indemne, passer le reste de la nuit avec nous. Je commençais même à rêver d'une chose plus improbable encore – que je deviendrais belle en grandissant, et qu'il me donnerait un baiser.

Tout ce qui le concernait était objet de fascination, et peu à peu nous en vînmes à connaître un peu sa vie. Il n'était pas né héritier d'un trône, mais fils d'un modeste prince du Jaipur. Alors qu'il avait deux ans, racontait-on, on vit un jour sa mère le regarder, les yeux remplis de larmes. On lui demanda pourquoi elle pleurait : une prémonition, répondit-elle l'avertissait que son fils lui serait enlevé, car il était destiné à de grandes choses.

Or le maharajah de Jaipur, Sawai Madho Singh II, n'avait pas d'héritier, et en vieillissant, il pensa que le temps était venu de se choisir un successeur. Sans aucune explication, il convia Jai et son frère aîné, les fils de son cousin, le thakur d'Isarda, à venir lui rendre hommage. Il leur donna audience au palais, et chacun des enfants lui tendit dans ses mains jointes la pièce d'or que le souverain accepterait en gage de leur allégeance. L'histoire raconte que, tandis que son frère restait immobile à attendre, comme il convenait, Jai, qui n'avait que dix ans, s'impatienta de la lenteur du maharajah. Il laissa retomber ses bras et empocha la pièce. Le maharajah vit là une preuve du caractère et de l'indépendance qui seyait à un prince, et prit la décision insolite d'adopter le plus jeune des deux frères.

Quatre mois après cette visite fatidique à la capitale, on

réveilla Jai en pleine nuit, lui disant qu'on l'emmenait faire un voyage. Tout cela respirait le mystère, et le pauvre enfant, tout abasourdi était très malheureux. Arrivé à Jaipur, il découvrit que le maharajah allait l'adopter comme héritier et faire de lui le maharajah Kumar, ou héritier apparent, de la couronne de Jaipur. Pour un garçonnet subitement séparé de sa famille, de ses amis et de ses compagnons, et remis à la garde de la première épouse du maharajah dans le vaste palais de la cité de Jaipur, cela n'avait pas grand sens. On lui expliqua que de grandes précautions s'imposaient car une autre famille prétendait à la succession ; mais cela n'atténua en rien son mal du pays. Si grande était la crainte d'un acte de malveillance qu'on lui permettait rarement de franchir l'enceinte du palais.

Il réclamait souvent sa famille, et celle-ci venait le voir ; mais un malaise planait sur ces réunions. On introduisait ses parents dans une pièce où Jai était assis. Bien sûr, il se levait pour embrasser sa mère, ses frères et sœurs. Puis tout le monde s'asseyait et l'atmosphère devenait cérémonieuse. La différence était grande entre cette réception semi-officielle, dans un salon, et une vraie réunion de famille, avec les enfants jouant autour de leurs parents. Il n'était toujours qu'un enfant, après tout, et la nuance de déférence que lui manifestaient ses parents en tant qu'héritier apparent du maharajah, le mettait mal à l'aise. Ses sœurs restaient tranquillement assises et d'une sagesse inaccoutumée. La présence de dames du zénana et parfois des maharanis, mettaient un frein aux bavardages familiers et aux plaisanteries, et la voie était fermée à ces échanges libres et affectueux dont il avait la nostalgie, aux espiègleries dont il était familier avec ses cousins, aux jeux, aux exercices de polo sur des poneys imaginaires, à toute cette exubérance d'une famille heureuse et sans contrainte. La cour de Jaipur était régie par un cérémonial si rigoureux que toute réunion de cette nature était impossible. Des années plus tard, il me raconta que ces années là furent les plus malheureuses de sa vie, bien qu'il fût très gâté par les dames du zénana qui lui donnaient bien trop de bonbons et qui le choyaient, s'occupaient de lui et s'efforçaient de le rendre heureux. Mais pour un jeune garçon espiègle et plein de vie, cette solitude était pénible, et il se mit à grossir en même temps qu'il perdait sa gaieté.

Un mois après son arrivée au zénana, eut lieu son adoption officielle et Kumar Mormukut Singh d'Isarda devint Maharaj Kumar Man Singh de Jaipur. Pendant les mois qui suivirent, les mesures de sécurité furent peu à peu relâchées, et il put participer à des chasses de son rang et assister aux cérémonies officielles en remplaçant même parfois le maharajah.

En 1922, un an après l'arrivée de Jai au palais, le souverain tomba malade. Homme courageux et réaliste, et sachant sa mort proche, il prit toutes dispositions pour le gouvernement de l'État pendant la minorité de Jai. Son règne prit fin le 7 septembre 1922. Il avait duré vingt-deux ans. Le souverain s'était acquis une large popularité et avait beaucoup fait pour la modernisation de l'État de Jaipur. Il s'en était tenu toutefois à la stricte observance des coutumes et croyances hindoues traditionnelles. Peu après son accession au trône, il avait été convié au couronnement du roi Edouard VII à Londres. Un problème épineux se posa, car tout en ne voulant pas offenser le roi empereur, il croyait à l'idée hindoue selon laquelle un voyage au-delà des mers risquait de le polluer au regard des dieux – ainsi qu'à celui de ses propres sujets.

Après consultation des pandits, on parvint à trouver un compromis acceptable. Le maharajah se rendit en Angleterre et assista au couronnement dans l'abbaye de Westminster, mais on prit auparavant les précautions les plus minutieuses. Avant qu'il s'embarquât, des offrandes d'or, d'argent et de soie furent jetées dans l'eau du port de Bombay pour rendre la mer propice. Le navire était un paquebot tout neuf de la P. & O., qu'il avait loué pour le voyage et dont les aménagements avaient été modifiés selon son goût et ses besoins. On avait réservé une pièce pour le culte de la divinité qu'il révérait. On embarqua un chargement complet de nourritures spécialement préparées et cuites selon les prescriptions de la religion, et l'on porta à bord dans d'immenses jarres d'argent fabriquées spécialement, et plus hautes qu'un homme, de l'eau du Gange. Le maharajah et sa suite s'absentèrent six mois, et occupèrent trois maisons à Kensington. Pendant tout ce temps, de l'eau du Gange leur fut régulièrement expédiée. Les grandes jarres se trouvent aujourd'hui encore au palais.

Cinq jours après le décès de son père adoptif, Jai monta sur le trône de Jaipur. Les Anglais consultèrent les ministres du maharajah défunt et les nobles de Jaipur, et établirent un conseil de régence pour gouverner jusqu'à sa majorité. Le résident britannique, qui devint un des tuteurs, et un noble rajput, Donkal Singh, son tuteur indien, l'installèrent dès que possible à Rambagh, un palais situé hors des murs de la ville. Une école y fut ouverte, et les fils de la noblesse, ainsi que le frère de Jai la fréquentèrent. Sa vie commençait à suivre un cours plus agréable.

Les deux frères furent ensuite envoyés au collège Mayo, à Ajmer, dans le nord de l'Inde, un des cinq établissements fondés à la fin du XIXe siècle à l'intention des jeunes nobles Portant le nom d'un des vice-rois, le collège Mayo avait été fondé par le colonel Watter, représentant politique anglais dans l'État rajput de Bharatpur. Il avait toujours désiré voir « les fils de l'aristocratie indienne » bénéficier d'un « Eton de l'Inde ». Mais il n'était guère facile de transplanter dans ce pays la conception anglaise de ce que doit être une école, et pour les premiers maîtres, la tâche fut sans doute ardue. Officiellement, chaque élève ne pouvait disposer que de trois serviteurs, à l'exclusion des palefreniers. Mais dès le début, cette règle ne fut pas respectée et nombre d'élèves vivaient dans des maisons particulières, servis par de nombreux domestiques, et possédaient des écuries de plusieurs douzaines de chevaux. On était bien loin de la vie rigoureuse et des dortoirs communs des écoles anglaises.

Un autre problème irritait les responsables du collège Mayo : c'était celui du retour des élèves à l'issue des vacances. Certains restaient absents pendant une année scolaire entière. Mais si les autorités s'étaient au début trouvées dans l'incapacité d'exercer la discipline souhaitable dans un établissement calqué sur le modèle anglais, les choses avaient bien changé lorsque Jai commença à le fréquenter. Les parades matinales et le sport étaient obligatoires. Le port du turban était exigé dans toutes les classes, et les *achkans*, ces longues jaquettes indiennes, devaient être boutonnées jusqu'au cou, sauf pendant la semaine des examens. Néanmoins, comme à tous les maharajahs et à leurs héritiers, on lui permit d'occuper une maison à part, avec plusieurs domestiques, et ses tuteurs indien et anglais. Le collège Mayo s'était acquis une réputation dans le sport et ce fut là que Jai commença à s'adonner vraiment au polo. Son tuteur indien, Donkal Singh, était un des meilleurs joueurs du pays, de sorte qu'il eut la chance de bénéficier dès le début d'un entraînement hors classe.

Avant sa mort, le maharajah Sawai Madho Singh avait pris toutes les mesures pour que Jai épousât plus tard deux princesses de la maison de l'État rajput voisin de Jodhpur. Le Rajputana n'est pas sans rappeler l'Écosse et ses clans ; le souverain de Jaipur était chef du clan Rajput Kachwaba, les chefs des autres clans étaient les souverains de Jodhpur, Udaïpur, Jaisalmer, etc. De sorte que les fiançailles de Jai avec les princesses du Jodhpur étaient, dynastiquement parlant, tout à fait appropriées.

Peu après le début de ses études à Mayo, Jai fut marié pour la première fois. C'était en 1923 et il avait douze ans. Sa fiancée était la sœur du maharajah de Jodhpur, et elle était bien plus âgée que lui ; mais on n'avait pu jusque-là lui trouver un prétendant d'un rang suffisamment élevé, de sorte que cette alliance avec la Maison royale de Jaipur avait été décidée. Jai et sa suite se rendirent au grand fort de Jodhpur pour le mariage. Ce fut une manifestation éclatante : tous les nobles parurent en vêtements de cérémonie, et des processions d'éléphants, de chevaux et de chameaux parcoururent les rues de la ville. Une petite spectatrice de cinq ans observait tout cela avec un grand intérêt : la nièce de la mariée, qui avait été aussi fiancée à Jai et qui deviendrait un jour sa seconde épouse. Bien des années plus tard, elle me raconta qu'on lui désigna Jai comme son futur mari le jour même de ce premier mariage, et que ses cousins la taquinèrent sans répit à ce propos, bien qu'elle ne comprît pas très clairement le sens de tout cela.

Après la cérémonie, l'épouse de Jai l'accompagna à Jaipur et fut installée au palais dans les appartements du zénana. Jai lui-même continua à vivre à Rambagh. Pendant les quelques années qui suivirent, lorsqu'il se rendait au palais pour présenter ses respects aux veuves de Madho Singh, on l'emmenait aussi voir sa propre femme. En juin 1929 naquit leur premier enfant, une fille, suivie deux ans plus tard par un fils dont la venue suscita une joie immense. C'était, depuis deux générations, le premier héritier mâle né à un maharajah régnant et la quantité de champagne qui coula pour célébrer l'événement fut telle que l'enfant fut surnommé « Bubbles » par sa nurse anglaise. Sa famille et ses amis l'appellent toujours de cette façon et son vrai nom, Bhawani Singh, ne sert que dans les occasions solennelles. Sa sœur, Prenn Kumari, reçut également un surnom de sa gouvernante, et elle est restée « Mickey » pour la plupart des gens.

En 1932, peu après son séjour à « Woodlands » pour la saison de polo, Jai épousa sa seconde femme. A Cooch Behar, nous étions tous dévorés de curiosité à son égard. C'est à ce moment-là que je tuai ma première panthère. Au reçu du télégramme lui annonçant la nouvelle, Ma avait dû en faire part à Jai, car, chose presque aussi grisante que mon succès lui-même, je reçus de lui une dépêche de félicitations. Je saisis cette occasion pour lui demander en le remerciant, de nous envoyer des photos de son mariage et de sa nouvelle épouse. Il ne le fit bien sûr jamais, mais Ma l'ayant rencontrée peu après, nous la décrivit, petite et jolie, très vive et gaie, et je l'écoutai avec un intérêt passionné.

Plus tard, au cours de ce même hiver, et lorsque Jai fut revenu en Inde après une tournée triomphale de son équipe de polo en Angleterre, le moment vint d'un de nos séjours périodiques à Baroda, et, en chemin, Ma projetait de passer voir Indrajit au collège Mayo. Ajmer se trouvant à proximité de Jaipur, elle décida de rendre également visite à Jai. Ce projet nous remplit d'enthousiasme, bien que Ma eût reçu une lettre pressante d'Indrajit la suppliant de ne pas nous amener à Mayo, car les sœurs de presque tous ses camarades étaient dans le purdah et ne venaient jamais. Nous arrivâmes à Jaipur le matin de bonne heure. Jai nous attendait à la gare, superbe dans son uniforme, flanqué d'ADC aux tenues impeccables et de son secrétaire militaire. Nous traversâmes lentement la ville pour nous rendre au palais. A cette heure matinale, ses tons pastels créaient une extraordinaire atmosphère de conte de fées.

La ville est située dans une plaine, entourée de collines brunes et dénudées, sur lesquelles serpentent encore d'anciennes murailles et fortifications. Je n'avais pas encore vu une ville aussi belle – c'était une forêt de tours et de dômes, de treillages et de vérandas, aux murs colorés du rose des fleurs de laurier. Dans les rues larges et bien dessinées, on voyait les femmes vêtues de jupes, de corsages et de châles, au lieu de saris, et tous les hommes arboraient des turbans aux couleurs somptueuses – rouge, magenta, jaune jonquille, et un certain rose indescriptible, à la fois pâle et violent, qui se détachait sur le paysage désertique et le ciel bleu. Je fus très frappée du contraste avec Cooch Behar – la langue, le climat, le paysage, tout était différent. A Jaipur, on parle le jharshahi (qui est un dialecte local du Rajasthan), tandis qu'à la cour on parlait l'ourdou, dans lequel figurent nombre de vocables persans. L'air était ici sec et vif, alors qu'à Cooch Behar il est chaud et humide. De tous côtés, on apercevait de magnifiques enfilades de bâtiments construits en grès. A Cooch Behar, où sévissaient tremblements de terre et inondations, on construisait en bambou et en chaume dans le but de faire face aux besoins essentiels, tandis qu'à Jaipur avaient été construits certains des plus beaux palais et temples en pierre de toute l'Inde.

Le palais qu'occupait Jai, Rambagh, était à cinq minutes de la ville, à l'extérieur des anciennes murailles. Il n'y avait eu à l'origine qu'une série de pavillons entourés de jardins et de bassins, où les dames du zénana venaient, accompagnées de leurs servantes, faire des pique-niques, se promener dans la fraîcheur du soir et échapper, ne fût-ce que momentanément, à la claustration du palais de la ville Le père adoptif de Jai en fit d'abord un rendez-vous de chasse puis il ajouta aux pavillons des chambres, des salons et tout ce qui était indispensable pour recevoir des maharajahs et les hôtes de marque. Pendant qu'il se trouvait à Woolwidh Jai fit agrandir Rambagh, en conservant le style des constructions de la cité de Jaipur, avec des arcades dentelées, des vérandas et des coupoles disposées autour de patios, mais de couleur blanche et non rose comme en ville. Il entendait y établir sa résidence officielle, plutôt qu'au palais de la ville. Tout avait été modernisé et mis au goût du jour. Les domestiques portaient de larges ceintures dorées et des turbans artistiquement noués en un spectaculaire éventail de tissu amidonné d'un côté de la tête, tandis que les ADC étaient en jodhpurs et jaquettes boutonnées ou en uniformes militaires. Les neuf entrées du palais étaient contrôlées par la garde personnelle de Jai.

Dans la journée, il nous emmena visiter Amber, l'ancienne capitale située à dix kilomètres de Jaipur, dans les montagnes dominant la ville au nord. Nous parcourûmes en tous sens les ruines désertes. Les bâtiments avaient été conçus pour loger une cour très nombreuse, et étaient entièrement entourés par les murs de la forteresse. C'était un souvenir du passé guerrier des Rajputs, et Jai nous précisa que, lorsque ses ancêtres arrivèrent à Jaipur, ils conquirent le fort qui appartenait à une tribu locale. On arrivait à discerner parmi la complexité des constructions, l'extrême simplicité des vestiges les plus anciens, qui avaient fait place, à mesure que les rois d'Amber connaissaient une sécurité plus grande, au luxe des parties datant de la période moghole, décorées de peintures et de miroirs.

Dans l'après-midi, je me rendis, en compagnie de Ma et de Menaka au zénana, où les maharanis douanières, les épouses et les sœurs de Jai vivaient dans le purdah, et où je fis leur connaissance. Nous fûmes introduites dans le salon de la plus jeune des deux maharanis. Ma me l'avait décrite avec exactitude – elle était vraiment très petite et fort jolie. Mais je ne sais pourquoi je ne m'attendais pas à la voir fardée, avec des cheveux courts et parlant couramment l'anglais. Pas plus que je n'avais imaginé que ses appartements seraient meublés avec un tel raffinement dans le style contemporain. On aurait pu se croire n'importe où en Angleterre, en Europe ou à Calcutta. Seules les cours intérieures et les écrans d'arbres dans les jardins du zénana nous rappelaient le lieu où nous étions.

Ce fut toutefois l'aînée des maharanis qui s'avança pour accueillir Ma et se faire ensuite présenter tous les membres de notre groupe. Elle était petite, plus âgée et pleine de dignité. Elle ne se fardait pas et n'affectait aucune prétention au modernisme, mais ses manières étaient absolument royales. Elle s'assit auprès de Ma et s'entretint presque exclusivement avec elle. La plus jeune des maharanis était toute vivacité, gaieté et bavardages – commandant du thé, des boissons fraîches et tout ce dont nous pouvions avoir envie, et agissant plus ou moins en hôtesse. Je me sentais très jeune et empruntée, et tandis que les groupes se formaient sur les sofas, je vis avec soulagement que les deux maharanis ne s'occupaient pratiquement que de Ma et d'Ila, nous laissant, Menaka et moi, en compagnie des jeunes princesses de Panna, les nièces de Jai, dont l'âge correspondait mieux au nôtre.

L'après-midi suivant, il y eut en notre honneur une garden-party encore plus solennelle. Des épouses de fonctionnaires, Indiennes ou Anglaises, avaient été invitées, de même que de nombreuses femmes de la noblesse. Des rafraîchissements furent servis, au son d'un orchestre. Il y avait un court de badminton, où je fis une agréable partie avec les plus jeunes. Jai fit une apparition, et les gouvernantes anglaises amenèrent ses enfants. J'aurai toujours à la mémoire le spectacle de Jai s'amusant avec Bubbles, le lançant en l'air, lui enlevant son chapeau – un de ces chapeaux ronds retenus par un élastique passant sous le menton, comme en portaient alors les enfants – qu'il faisait danser en l'air juste hors de portée de l'enfant. Il s'entretint avec un petit nombre d'invitées, mais se retira bientôt, et quoique la réception fût charmante et merveilleusement organisée, elle perdit pour moi dès cet instant une partie de son éclat.

Le deuxième jour, Jai demanda à Ma s'il pouvait m'emmener faire une promenade à cheval, et elle y consentit. Hors des murs, il n'y avait plus d'autres bâtiments que les palais – et c'était merveilleux d'y faire du cheval ; on pouvait galoper pendant des kilomètres. On voyait partout des antilopes et des paons, la chasse étant interdite dans les environs de la ville, qui étaient la réserve du maharajah. Jai m'impressionnait beaucoup et j'étais très intimidée. Lui, comme toujours, était parfaitement à l'aise. Il voulait savoir si je montais bien, et plusieurs fois corrigea mon assiette et la position de mes mains. Lorsque nous fûmes de retour, il dit à Ma que j'étais assez bonne cavalière, mais que je n'avais pas prêté la moindre attention aux quelques conseils qu'il m'avait donnés. Ma me demanda plus tard pourquoi je n'en avais pas tenu compte, je lui répondis à contre-cœur : « Je ferai ce qu'il m'a dit, mais pas devant lui. »

J'avais quatorze ans à ce moment-là. Quoique perdue dans mes fantasmes, une chose cependant me devenait claire : j'étais amoureuse de Jai. Et la situation n'offrait pas le moindre espoir.

MES FIANCAILLES

Peu de temps après ce séjour à Jaipur, Ma m'informa que Jai lui avait dit qu'il voulait m'épouser lorsque je serais devenue adulte, et qu'elle lui avait répondu : « Qu'est-ce que c'est que cette niaiserie sentimentale ? »

Je ne pouvais arriver à me persuader qu'un homme aussi éloigné de moi, un héros à la vie fascinante et si bien remplie, pût éprouver un sentiment sérieux à mon égard. Mais pourquoi aurait-il parlé ainsi s'il n'en pensait rien ? Plus je m'interrogeais, plus cela me paraissait incroyable. Je flattais mon inclination en me jetant sur tout ce qui se publiait à son sujet – et il figurait souvent dans les journaux. Lorsqu'on parlait de lui, j'écoutais avec un intérêt passionné. Toutes les tenues qu'il portait me semblaient parfaites. Tout ce qu'il disait était à enregistrer. J'aimais sa façon de parler. Bref, j'aimais tout en lui.

Je faisais des choses d'un sentimentalisme absurde. J'avais remarqué, par exemple, qu'il se bandait toujours le poignet pour jouer au polo. Un jour, je retrouvai un de ces bandages, qu'il avait jeté. C'était la seule chose venant de lui en ma possession. J'arrachai quelques fils de ce bandage et les enfermai dans un médaillon, que je portai toujours sur moi. Je possède toujours ce médaillon avec les brins de bandage.

Au cours des six années suivantes, nous vîmes Jai très souvent. Il venait chaque hiver à Calcutta pour la saison, et Ma le voyait souvent à Delhi, où avaient lieu en février et mars les concours hippiques et les matchs de polo auxquels assistaient beaucoup de nos amis. Ma nous racontait ses faits et gestes, et les femmes de chambre, qui l'adoraient parce qu'il riait et plaisantait avec elles, me rapportaient parfois des choses qu'il avait dites, comme : « N'a-t-elle donc aucune féminité ? » Mais lorsque nous nous rencontrions, il me traitait seulement en amie très proche, et c'était bien suffisant pour faire battre mon cœur.

Bhaiya était à ce moment-là rentré de Cambridge où il n'avait fait qu'une seule année d'études. Il trouvait amer de ne pouvoir les poursuivre, mais le vice-roi, Lord Wellington, était sur le point de quitter l'Inde, et il souhaitait, avant de partir, conférer à Bhaiya ses pouvoirs de maharajah. De sorte que notre frère rentra, à dix-neuf ans afin de subir plusieurs années de formation administrative en attendant sa majorité. Pour Menaka et moi, c'était merveilleux qu'il fût de nouveau à Cooch Behar. Si Jai était à mes yeux un héros, Bhaiya en était un autre. En fait, ils avaient tous deux beaucoup de points communs, et s'entendaient à merveille. Je vouais un culte à Bhaiya, qui était si beau, si sportif, et qui excellait dans tous les domaines. En même temps, il était doux et affectueux, drôle et espiègle, et trouvait pour les dignitaires des surnoms qui nous faisaient rire aux éclats. L'amusement semblait surgir spontanément autour de lui. Pourtant, quand il le voulait, il nous captivait par la quantité surprenante d'événements historiques bizarres et d'histoires étranges qu'il racontait.

Lorsque j'eus quinze ans, Ma se dit que nous ne connaissions pas assez le bengali (à Cooch Behar, nous utilisions un dialecte), aussi nous envoya-t-elle, Ila, Baby et moi, à Shantiniketan, à l'école dirigée par le poète et prix Nobel Rabindranath Tagore. Shantiniketan se trouve aux environs de Calcutta, et passait pour être une institution très moderne tout en dispensant le meilleur de la culture indienne traditionnelle. Indira Nehru venait d'y faire des études. Les classes avaient lieu dehors, à l'ombre des arbres, plutôt qu'à l'intérieur. Ila s'inscrivit dans la section des arts. Quant à moi, je poursuivis mes études secondaires, que je n'avais pas encore achevées. Un ADC, avec sa femme et ses enfants, et une servante, nous accompagnaient.

Au début, les autres élèves nous traitaient en princesses, s'adressant à nous par la formule cérémonieuse bengali *apui,* au lieu du plus familier *tumi* la distinction est sensiblement la même qu'entre le vous et le tu en français). Fort heureusement, l'organisation de ma vie à Shantiniketan ne permit pas à ce formalisme de se prolonger longtemps, car je couchais en dortoir avec les autres élèves, tandis qu'Ila disposait de sa chambre personnelle.

Rabindranath Tagore, que nous appelions *gurudev* (maître respecté), en imposait à tous, avec sa robe safran et sa longue barbe blanche. Il n'enseignait plus, mais nous le voyions assez souvent. Il vivait dans une charmante petite maison où il écrivait et peignait, accrochant des œuvres à un arbre du campus pour les exposer. Il ne paraissait régulièrement qu'aux prières publiques de chaque semaine mais il était toujours accessible, et il paraissait informé jusqu'au moindre détail de la vie de chaque étudiant. Chaque fois que l'envie m'en prenait, j'enfourchais ma bicyclette pour aller le voir ; un jour, à ma grande confusion, il me demanda si mon écriture s'était améliorée – j'écrivais le « s » bengali à l'envers, et il ne parvenait pas à me corriger de ce défaut. Il nous adressa aussi un message, à Ila et à moi-même, nous conseillant de cesser de pratiquer le Shiv Puja, avec ses jeûnes et ses prières, que Ma s'était toujours attachée à nous voir observer. Une autre fois, après un violent orage, il me demanda si j'avais eu peur. Comme je lui disais que non, il me rétorqua alors que c'était un très beau spectacle qu'une jeune fille effrayée par l'orage. Il me demanda aussi pourquoi j'avais abandonné la danse, ajoutant qu'il trouvait cela dommage. Je me demande dans quelle mesure il avait été au courant de l'affection croissante d'Ila pour un des étudiants, le cousin du maharajah de Tripura. Il ne se trahit en tout cas jamais, et s'il lui arriva de parler avec Ila, elle ne m'en dit jamais un mot.

Nous restâmes pendant près d'un an à Shantiniketan, au cours duquel je ne vis pas Jai ; puis, en 1935, je retournai à Cooch Behar pour passer l'équivalent du baccalauréat. Les épreuves eurent lieu à l'université de Cooch Behar et pendant toute leur durée, Bhaiya passa et repassa sous les fenêtres dans sa Bentley toute neuve en me faisant des signes d'encouragement. Je suis convaincue que cette sollicitude fraternelle joua son rôle dans ma réussite avec une mention très bien. Ma se demanda ensuite ce qu'elle allait faire de moi. Elle était décidée à m'occuper pleinement, ce qui m'empêcherait de flâner dans le palais en rêvant à Jai. Finalement, elle choisit de me faire achever ma formation dans une institution en Suisse, pendant que Ma irait suivre un cours d'art à la Sorbonne. De sorte qu'au début de 1936, nous fîmes de nouveau nos bagages pour l'Europe. Ma grand-mère de Baroda emmena Ma et Menaka avec elle en bateau, Ma et moi devant les suivre un peu plus tard en avion.

Elles venaient de s'embarquer lorsque, à une réception, quelqu'un demanda à Ma s'il était exact que sa fille aînée avait épousé un cousin du maharajah de Tripura. Ma nia énergiquement le fait, ajoutant qu'on se demandait vraiment ce que les gens allaient encore inventer. Toutefois, pour en avoir le cœur net et calmer une vague inquiétude, elle se livra à une enquête et découvrit alors qu'Ila avait effectivement épousé Romendra Kishore Dev Varma, et, qui plus est, dans un simple bureau d'État civil de Calcutta.

L'événement déchaîna un ouragan. Ma était ulcérée. Cela n'était en rien comparable, disait-elle, à son propre mariage. Elle avait au moins demandé l'autorisation de ses parents, et même si elle n'avait pas été approuvée, la cérémonie avait eu lieu ouvertement. Mais Ila s'était lancée tête baissée et avait agi avec dissimulation. Évidemment, il n'y avait plus grand-chose à faire, du moins pouvait-on gagner Paris le plus vite possible, et ramener Ila pour célébrer à Cooch Behar un mariage hindou dans les règles. Ma ne pouvait tout simplement pas se faire à une chose aussi invraisemblable que le mariage d'une princesse indienne dans un bureau municipal. La cérémonie ne lui semblait même pas valable.

A notre arrivée à Paris, Ila, l'air joyeux, nous attendait avec ma grand-mère, dont la mine était sévère. Rien ne fut dit jusqu'à notre arrivée chez mes grand-parents, avenue Van Dyck, sur le parc Monceau ; et là, elles s'enfermèrent avec Ma. J'attendais, anxieuse, dans l'entrée, espérant que les choses n'iraient pas trop mal pour Ila. A ma grande surprise, elle ressortit bientôt, le sourire aux lèvres, tandis que derrière la porte des éclats de voix violents se faisaient entendre. Je questionnai Ila qui me détailla avec complaisance la manière dont elle s'y était prise pour détourner la conversation sur le mariage de Ma ; de sorte que Ma et sa mère revivaient maintenant, minute par minute et avec fureur, leur conflit d'autrefois, et en avaient totalement oublié celui d'Ila.

Comme je lui demandais avec étonnement pourquoi elle avait choisi de faire une chose aussi extraordinaire, Ila me dit, comme si cela allait de soi, qu'elle avait été convaincue que Ma n'approuverait pas son mariage avec Romendra Kishore Dev Varma qui n'avait pas encore terminé ses études et qui vivait encore chez ses parents. Elle en avait conclu que mieux valait se marier d'abord, et solliciter la permission ensuite. A ce moment là, s'il y avait eu des éclats et qu'on leur ordonnât de renoncer à leur projet, ils auraient répondu : « Nous sommes déjà mariés, et cela ne sert plus à rien de faire des histoires. » Après cette formalité si peu orthodoxe à la municipalité, Ila était retournée tranquillement à Cooch Behar, tandis que son mari réintégrait l'université de Tripura pour y passer son examen final. Et normalement, ils n'auraient rien dit, continuant à vivre séparément jusqu'à ce que le courage de parler leur vint, ou que Romendra Kishore Dev Varma eût atteint une position qui l'autorisât à demander officiellement la main d'Ila. Les choses toutefois avaient tourné autrement.

Nous passâmes une quinzaine de jours dans l'appartement de ma grand-mère, qui était d'une élégance dont seule peut se vanter une résidence française, et Ma commença à s'occuper du mariage d'Ila et à acheter son trousseau. Puis nous nous rendîmes à Londres. Ila et Ma s'installèrent à l'hôtel *Dorchester* et poursuivirent leurs achats, tandis que je fus logée avec Menaka dans un appartement de Pont Street, sous la garde d'une baronne allemande. J'étais enchantée d'être à Londres, de faire les magasins et d'aller au cinéma ; mais ce séjour était pour moi d'autant plus séduisant que Jai se trouvait lui aussi en Angleterre à ce moment-là pour jouer avec l'équipe de polo de Sir Harold Wernher. Comme on ne pouvait m'accueillir dans l'institution suisse avant septembre, il me restait encore quatre mois, et Ma tenait absolument à ce que mon temps fût utilement employé. Lady Zia Wernher lui recommanda une école de perfectionnement appelée le Monkey Club, – club des singes – où elle venait de faire entrer sa propre fille. Ma m'y conduisit aussitôt et m'y fit inscrire.

Lors de mon premier contact avec les élèves du club, j'eus l'impression que je ne m'y sentirais jamais à l'aise. Elles me paraissaient toutes si blasées, si sûres d'elles-mêmes et si averties ; et quand la directrice m'accueillit en disant : « Vous êtes le premier singe indien que nous ayons eu ici. », cela ne contribua guère à me rassurer. Mais les choses s'améliorèrent bientôt, mes camarades se révélèrent bien plus simples et amicales qu'elles ne l'avaient paru au départ, et Gina, la fille des Wernher, connaissait Jai de sorte que je pouvais lui en parler avec naturel. Les élèves du Monkey Club jouaient au tennis à Roehampton, où se trouvait aussi un terrain de polo, et chaque fois que nous nous y rendions, j'avais l'espoir d'y apercevoir Jai. Mes camarades tentèrent de me convaincre de l'inviter à déjeuner, mais je n'en eus jamais le courage.

En mai, Ma ramena Ila pour la marier à Cooch Behar, nous laissant, Menaka et moi, à Pont Street sous la garde de la baronne et de ma grand-mère, qui occupait sa suite habituelle au *Dorchester*. De temps en temps, Jai demandait à mes duègnes la permission de me voir, mais ses tentatives furent toutes vouées à l'échec. Ma grand-mère de Baroda se montrait toujours sévère et inébranlable. Un jour, Jai nous invita aux finales de la coupe de Westchester, qui se jouaient entre l'Angleterre et les États-Unis, et se disputaient alternativement dans l'un et l'autre pays. Nous mourions d'envie d'y assister et fûmes fort déçues lorsque ma grand-mère refusa, convaincue d'avoir mis un point final à la chose. Mais Jai avec l'esprit de ressource qui le caractérisait, fit en sorte de nous faire inviter par son ami et co-équipier Hanut Singh de Jodhpur. Ma grand-mère, ne voyant cette fois aucun risque, nous permit d'accepter. Une fois arrivées, Jai et moi nous éloignâmes, bien entendu, des autres pour regarder le match ensemble.

A la fin du trimestre, je devais, avec Menaka, aller passer des vacances à Dinard, après quoi j'entrerais à l'école ménagère Brillantmont, à Lausanne. Peu de jours avant notre départ, obéissant à quelque impulsion, j'allai consulter une voyante. Elle me révéla que mon sort était inextricablement lié à celui d'un jeune homme qui était sur le point de partir en avion et qu'il importait de me mettre en rapport avec lui avant mon propre départ. Le seul jeune homme de ma connaissance susceptible de prendre l'avion était Jai. Je lui téléphonai donc sous prétexte que nous partions bientôt et voulions lui dire au revoir.

« Ne peux-tu pas venir seule ? me demanda-t-il. Je voudrais te parler. »

Il me demanda de venir au *Dorchester*, ce qui ne paraîtrait pas suspect à la baronne. Il m'y retrouva dans le hall et m'emmena faire un tour en voiture dans Hyde Park. De but en blanc, et comme si cela allait de soi, il me dit :

« Tu sais, il y a déjà longtemps que j'ai dit à Ma que je voulais t'épouser quand tu serais adulte. »

Je ne dis rien, n'osant pas imaginer ce qui suivrait.

« Tu n'as encore que seize ans, mais il me faut tout prévoir et prendre à l'avance toutes sortes de dispositions pour un événement de cet ordre ; alors je voudrais savoir si tu consens à m'épouser. »

Il ne quittait pas des yeux la route, se faufilant avec adresse au milieu de la circulation.

« Avant de faire ma demande à Ma et d'entreprendre toutes

les formalités de rigueur, j'aimerais savoir quel est ton propre sentiment. N'oublie pas que je joue au polo, que je monte à cheval et je pilote des avions. Je risque ainsi d'avoir un jour un accident épouvantable ; ceci étant, veux-tu m'épouser ? »

« Oui », dis-je immédiatement, trop émue pour ajouter quoi que ce fût.

Pour la première fois, je le vis légèrement déconcerté.

« Ne réponds pas trop vite, me dit-il, réfléchis quelque temps. Tu as encore tes études à terminer. Tu as tout le temps. Il ne faut pas dire « oui » si tu ne le penses pas vraiment. »

« Oh, mais je le pense vraiment. »

« Il faut que tu saches que si un accident m'arrivait et que je sois estropié ou quelque chose de ce genre, je ne m'attendrais pas à ce que tu maintiennes ta réponse. »

« Non, non ! rétorquai-je. Il pourrait t'arriver n'importe quoi, je voudrais toujours t'épouser. »

Avec son esprit pratique, Jai me suggéra alors d'écrire à Ma pour l'informer ; après quoi, dès son retour en Inde, il lui parlerait. En attendant, nous décidâmes de garder le secret mais d'essayer de nous arranger pour nous voir quotidiennement pendant le peu de jours qui restaient avant notre départ pour Dinard.

Ma grand-mère et la baronne jouaient avec beaucoup de conscience leur rôle de duègnes ; mais, en dépit de leur vigilance, Jai et moi réussîmes à nous voir tous les jours, généralement à l'hôtel *Berkeley*. L'intérêt que me portait Jai éclatait maintenant aux yeux de tous, et le maître d'hôtel observait notre roman avec une joie de conspirateur. Et bien plus tard, après le départ de Jai, chaque fois que je dînais avec un groupe d'amis avant d'aller à un bal, il murmurait : « Ce n'est pas la même chose quand Son Altesse n'est pas là, n'est-ce-pas ? » Un autre souvenir de cet été-là, de ses joies et de ses contrariétés, est celui de la cabine téléphonique de Pont Street d'où j'allais appeler Jai. A la maison, la baronne écoutait toujours à l'autre appareil : un petit déclic la trahissait.

Jaï me disait :

« Peux-tu sortir cet après-midi ou ce soir ? »

Et je répondais :

« Oui, je vais m'arranger. Viens me prendre à 6 heures. »

Je rentrais ensuite, déclarant du ton le plus naturel que j'irais au cinéma le soir avec une de mes amies.

Derrière Pont Street se trouve un square nommé Wilton Crescent. Jaï garait là sa Bentley. Je partais habillée comme pour une sortie quelconque, gagnais à pied Wilton Crescent, montais dans la Bentley, et nous partions. Un soir, il oublia le secret de nos sorties, et me déposa devant ma porte. Menaka, qui voyait toujours tout, nous avait aperçus d'une fenêtre à l'étage, et elle m'accueillit – hors de portée d'oreille de la baronne – en me demandant :

« Depuis quand tes amies ont-elles de grosses Bentley ? » Je suppliai Jaï de se montrer plus prudent à l'avenir.

Entre les matchs de polo et les mondanités, son emploi du temps était très chargé et il lui était presque aussi difficile qu'à moi de se libérer. Parfois, nous nous bornions à un repas pris en hâte au *Berkeley Buttery,* parfois nous nous donnions rendez-vous à la banque de chez Harrods, qui n'était pas loin de Pont Street. Nous jouions alors ceux qui ne se connaissent pas. Il sortait le premier, je le suivais, et nous n'échangions pas une parole avant d'être dans la voiture. Jaï, à la longue, m'intimidait moins, mais il m'impressionnait toujours un peu. Nous riions beaucoup, et nous avions nos petites plaisanteries intimes ; et puis, les amoureux ont toujours mille choses à se dire. On parle sans arrêt de soi-même, et l'on écoute, ensorcelé, les plus infimes détails de la vie ou des opinions de l'autre.

Parfois, Menaka, Bébé ou Indrajit – qui faisaient tous partie de la conspiration – et moi déclarions que nous allions au cinéma. Nous y retrouvions Jaï ; lui et moi partions ensemble, tandis que les autres voyaient le film. Nous venions les retrouver à la fin de la séance. Ils étaient vraiment très chics, et sur le chemin du retour, ils me racontèrent minutieusement l'intrigue et tous les détails du film qu'il importait de connaître.

Rétrospectivement, je vois que tout cela était bien plus amusant que ne l'aurait été une cour officiellement permise. Il fallait s'appliquer à être plus malins que nos aînés, organiser des rencontres secrètes, s'arranger pour expédier des lettres à l'insu des ADC, des gouvernantes ou des employés habituellement chargés de cet office. Et de temps en temps, il y avait la liberté fantastique d'une sortie à la campagne avec Jai, d'un dîner à Bray, ou d'une promenade en bateau sur la Tamise. Nous échangeâmes deux bagues en or, avec nos noms gravés à l'intérieur pour sceller notre entente. J'avais économisé tout mon argent de poche pour pouvoir faire face à cet achat.

Il était facile d'être pleine de courage en présence de Jai ; mais lorsque je me retrouvai seule, devant écrire à Ma comme je l'avais promis, je fus absolument incapable de rédiger une lettre aussi terriblement contraire aux usages. Cela équivalait à dévoiler toutes les ruses dont nous nous étions rendus coupables pour nous rencontrer et passer des moments seuls ensemble, et tous les mensonges que j'avais proférés. D'ailleurs ce n'était pas l'affaire d'une jeune fille de décider elle-même de ses fiançailles. Et de jour en jour, je remettais cette lettre au lendemain.

Nos vacances à Dinard prirent fin. J'étais déjà à Lausanne et je me demandais toujours comment tourner ma lettre, et quelle bombe je recevrais en retour. Puis je reçus avec consternation un câble de Jai disant : NE COMPRENDS PAS POURQUOI TU N'AS PAS ÉCRIT A MA. QU'Y A-T-IL ?

Il avait parlé à Ma, qui lui avait dit n'avoir rien appris de moi. J'étais sûre qu'il devait me soupçonner d'avoir changé d'avis. Cela me plongeait dans le désespoir et je n'avais aucune idée de ce que je devais faire.

Le jour même, me promenant avec les élèves de Brillantmont, je m'entendis soudain héler. Avec surprise, je vis le valet indien de mon grand-père de Baroda. Celui-ci, me dit-il, était à Lausanne, à l'hôtel *Beau Rivage*. J'allai le voir, bien sûr, dès que cela fut possible, et à ma grande joie, il y avait dans sa suite un vieil et très cher ami, le Dr Chandra Chud. J'avouai tout à ce dernier, mon désespoir et celui de Jai, et le désespoir plus grand encore dans lequel me plongeait le sien ; c'était un déballage incohérent qui, si je me souviens bien, devait donner à peu près ceci :

> « Je suis dans une situation impossible et je ne sais pas quoi faire, et le maharajah de Jaipur m'a demandé de l'épouser et j'ai dit oui, et je devais écrire à ma mère et je ne l'ai pas fait, et je ne sais pas quoi lui dire, et je me fais énormément de souci, et maintenant il m'a envoyé un télégramme, et je ne sais pas s'il est peiné ou fâché et il croit que je ne désire pas vraiment l'épouser et au nom du Ciel ne dites rien à mon grand-père. »

Le Dr Chandra Chud m'écouta avec une patience méritoire puis, avec quelques paroles réconfortantes, il m'aida à rédiger un câble pour Jai : Vous m'avez mal comprise lettre suit. C'était tout simple ; mais, seule, je n'aurais su m'exprimer aussi rondement. Je n'avais que mes candides dix-sept ans et j'étais encore très impressionnée par cet homme du monde qu'était Jai, et toujours vaguement sceptique quant à ses intentions. Je ne pouvais même pas dire « Jai » en parlant de lui et utilisais toujours « le maharajah de Jaipur » ou « Son Altesse ».

Le Dr Chandra Chud m'aida aussi à rédiger le brouillon d'une lettre pour Ma disant notamment : « Je crois que le maharajah de Jaipur a dû te parler. J'espère que tu ne nous en veux pas d'avoir décidé cela sans t'en avoir d'abord référé. Lorsque Son Altesse me demanda de but en blanc de l'épouser, je ne voyais pas ce qu'il fallait faire, aussi ai-je accepté. »

A Jai j'écrivis : « Je sais bien que j'aurais dû écrire à Ma plus tôt, mais le courage m'a manqué, et d'ailleurs je ne savais pas quoi dire. Mais c'est fait maintenant, et j'espère que tu ne m'en veux pas. Je ne voudrais pas que tu penses que je ne souhaite pas t'épouser, car ce serait faux. »

Soulagée à l'extrême, je confiai au Dr Chandra Chud les trois messages pour éviter qu'ils passent par les mains des autorités de mon école. Ma, restant sur sa position d'expectative, répondit que nous devions attendre et voir ce que seraient nos sentiments dans un an ou deux.

A Brillantmont, j'étais tout à fait heureuse : le ski et les autres sports me plaisaient beaucoup. J'écrivais d'innombrables lettres à Jai et attendais avec impatience le courrier qui m'apportait ses réponses.

Cet hiver-là, il eut un accident au cours d'une partie de polo et se blessa sérieusement le dos. On l'avait soigné à Vienne, et après deux semaines de convalescence, il vint me voir à Lausanne. J'étais naturellement éperdue de joie de le revoir ; mais de ce moment datèrent mes angoisses lors de ses matchs de polo – angoisses d'autant plus grandes que je le savais passionné pour ce sport.

Les élèves de Brillantmont n'étaient autorisées à sortir qu'avec des membres de leur famille. J'expliquai à la directrice que Jai était mon cousin. Je tremblais d'inquiétude en attendant son arrivée, craignant d'être démasquée et qu'il me soit interdit de sortir avec lui. Après une éternité, il arriva enfin. La moitié de l'école était pendue aux fenêtres pour le voir. Nous passâmes la journée ensemble, et le soir, Jai m'emmena dîner au *Palace Hotel.* Nous étions tellement absorbés l'un par l'autre qu'il faillit manquer son train et que je réintégrai l'école à 10 heures du soir au lieu de 8. Peu de temps après, les carnets mondains des hebdomadaires publièrent des photographies des enfants de Jai, en nommant leurs parents. Je fus convoquée au bureau de la directrice qui me demanda quel était mon degré de parenté avec ces enfants. Je répondis froidement que c'étaient les enfants de mon cousin, et me sentis très fière d'être capable de mentir sans perdre la face. La directrice ne dit rien, mais quelque chose – peut-être mon sang-froid exagéré – avait dû lui mettre la puce à l'oreille, car à partir de ce moment-là, je constatai que toutes mes lettres m'étaient remises ouvertes.

J'étais encore à Brillantmont lorsque Edouard VIII fit son discours d'abdication, expliquant qu'il se retirait pour la femme qu'il aimait. Je l'écoutai les larmes aux yeux, car Ma avait souvent parlé de lui comme d'un ami cher.

George VI fut couronné au cours de l'été suivant, et à Brillantmont, toutes les élèves originaires de pays du Commonwealth eurent douze jours de congé pour célébrer l'événement. De nombreux princes indiens étaient venus à Londres pour le couronnement, et je rejoignis Ma, avec Bhaiya et Indrajit, dans la maison qu'elle avait louée à Connaught Square pour assister à toutes les fêtes et réceptions qui accompagneraient cet événement royal. Au milieu de tous les préparatifs, Ma s'aperçut qu'on nous avait attribué à l'abbaye de Westminster des places situées derrière un pilier. Fidèle à elle-même, elle renonça à assister à la cérémonie. Nous allâmes au *Dorchester*, et avec mes cousins de Baroda, suivîmes les événements à la radio et regardâmes la procession depuis les fenêtres de l'hôtel qui donnaient sur le parc. Nous apprîmes par la suite que l'appel des voitures qui devaient revenir chercher les personnalités à l'issue de la cérémonie avait fait fiasco. On vit les ducs et les duchesses, en vêtements de cour et hermine, courir sous le crachin dans Whitehall, à la recherche de taxis. Un dignitaire anglais dont la voiture était parvenue à atteindre, à travers la cohue, les marches de l'abbaye, avait reconduit mes parents de Baroda. Ma grand-mère ne put se retenir d'observer que pareille confusion ne se serait jamais vue dans un État indien où les choses auraient été bien mieux organisées.

Cette période aurait pu m'être pénible et difficile. Je pouvais rarement être seule avec Jai. Sa seconde épouse ainsi que ses enfants, étaient avec lui à Londres. Elle était bien plus libre qu'en Inde, et nous rendait parfois des visites amicales et sans protocole à Connaught Square. Indrajit devint son favori. Ils allaient souvent au théâtre ou au cinéma ensemble. Ses parents du Jodhpur qui étaient à Londres lui tenaient également compagnie. J'aurais pu me trouver dans une situation fort embarrassante, mais Jai, avec son tact habituel, sut prendre en main la situation.

L'attitude de Ma me rendait perplexe, et je compris plus tard que non seulement elle éprouvait des sentiments mélangés à l'égard de nos projets, mais que des parents et amis qui avaient entendu des rumeurs à ce propos faisaient pression sur elle. D'une part, Ma adorait Jai et aurait aimé l'avoir pour gendre. Mais de l'autre, elle reculait devant la perspective de me voir au rang de troisième épouse. En outre elle pensait que la seconde femme de Jai pour qui elle avait de l'affection, en éprouverait de la peine.

Rares étaient ceux qui envisageaient pour nous un avenir heureux, et à mesure que la nouvelle se répandait, les uns et les autres venaient avertir Ma que les plus grandes difficultés m'attendaient en tant que troisième maharani. Au début, Ma avait pu ne voir dans toute cette affaire qu'une passade d'adolescente en ce qui me concernait, et une marque d'affection d'un très bon ami de la famille de la part de Jai. Mais ensuite, quand il devint clair que c'était sérieux, elle fut bien obligée d'écouter ce qu'on en disait. Je risquais d'être condamnée au purdah pour le restant de mes jours, et Jai pourrait encore se marier une fois de plus. Jai assura Ma qu'il n'avait aucune intention de me soumettre au purdah, et qu'il souhaitait au contraire trouver en moi une compagne et une hôtesse pour ses réceptions. Mais malgré toute la confiance qu'elle avait en lui elle ne pouvait faire taire ses funestes pressentiments. Elle aurait préféré, pour tout dire, me voir épouser un célibataire. Elle choisit donc de rester dans l'expectative, sans favoriser nos rencontres, mais sans les interdire expressément non plus, et m'engagea dans toutes sortes d'occupations, en espérant que le temps et la séparation feraient leur œuvre et que je m'éprendrais d'un autre.

Toutefois, lorsque je rejoignis Ma à Cannes après la fin du trimestre, Jai s'y trouvait lui aussi pour quelques jours. Nous nous levions tôt tous les matins, avant le réveil de Ma, et allions prendre un bain. Nous passions nos journées ensemble, mais avec tout un groupe d'amis. Menaka et moi étions considérées comme trop jeunes encore pour être très souvent invitées aux réceptions et aux soirées du casino qui faisaient la trame de l'emploi du temps de Ma et de Jai. Nous étions généralement reléguées à la maison, jouant aux boules avec la femme de chambre de Ma et le chauffeur de Jai.

Notre première querelle eut lieu à Cannes, précisément. Un jour, en entrant dans l'eau, Jai enleva la bague que je lui avais donnée à Londres, et la tendit à Menaka pour qu'elle la lui garde. Je fus violemment saisie de jalousie et lui arrachant la bague des mains, je la jetai dans l'eau. Jai me prit par les épaules et m'emmena jusqu'au bout de la jetée, m'expliquant avec douceur qu'il n'avait eu aucune intention blessante. Mes sentiments s'apaisaient quand brusquement, il me fit basculer dans l'eau tout habillée.

J'en émergeai furibonde, et pour me venger jetai ses chaussures à la mer. Je fus en retard pour le déjeuner, où j'arrivai en short, les cheveux trempés, et bouillonnant de rage. Menaka qui était à cette âge très collet-monté, était atterrée. Mais si j'avais espéré trouver chez Jai une égale fureur, je fus déçue. Son unique commentaire, proféré d'un ton enjoué et exaspérant, fut que ses chaussures qui avaient une pointure de trop, avaient rétréci grâce au bain et qu'elles lui allaient parfaitement bien maintenant. Nos disputes toutefois étaient rares, et nous trouvions nos séparations de plus en plus pénibles. Lorsqu'il quitta Cannes, je courus à côté du train jusqu'au bout du quai. Il se rendait à Biarritz, d'où il me téléphona chaque jour. Ses appels venaient toujours le soir, et comme nous ne voulions pas qu'ils fussent écoutés, je passais des heures à attendre, assise sur le plancher de la cabine téléphonique du hall, afin d'échapper aux indiscrétions.

A l'automne, Jai retourna en Inde, tandis que Menaka la baronne et moi occupions un nouvel appartement, Grosvenor Place, à Londres. Je m'inscrivis alors au London College of Secretaries. C'était l'idée de Jai. Il craignait que si je retournais en Inde, je ne me trouve subitement devant des fiançailles que ma famille aurait conclues avec un homme que je n'aurais jamais vu, et que je sois alors hors d'état de résister aux pressions familiales. D'autre part, il ne souhaitait pas non plus que je fasse à Londres mes débuts dans le monde, de crainte de me voir participer à trop de réceptions où je risquerais de rencontrer d'autres prétendants.

J'assistai malgré tout à de nombreuses réceptions. Beaucoup de mes amies anglaises faisaient leurs débuts cette année-là, et force bals et réceptions étaient organisés en leur honneur. Indrajit était en ville, ainsi que mes cousins de Baroda qui venaient souvent de Cambridge où ils étaient étudiants. Et mes oncles Victor et Dhairyashil de Baroda me faisaient souvent participer à leur vie mondaine. J'assistais aux matchs de cricket à Lord's, ou au gymkhana indien de Great West Road, et le soir, on allait au restaurant, au cabaret, ou à un des innombrables cocktails, bals ou dîners donnés en l'honneur de nos amies.

Je menais en quelque sorte une double vie. Dans la journée, j'étais pendant six heures Miss Devi, qui étudiait la sténo, la dactylo, la comptabilité, la tenue des registres, la correspondance commerciale et autres choses utiles en vue d'obtenir une situation, et je fus dans un grand embarras le jour où l'on m'interrogea sur ce que je souhaitais devenir : secrétaire d'un médecin, d'un homme politique ou d'un artiste ? Selon ma réponse, l'école, outre les cours généraux, me ferait suivre une préparation spécialisée. Réfléchissant à toute allure pour trouver une réponse à ces questions bien intentionnées, je répondis que je ne cherchais pas vraiment à trouver une situation en Angleterre, ajoutant : « En Inde, ma mère a beaucoup de travail sur le plan social, et c'est pour cela que je suis les cours – pour me permettre de l'aider. » Tout en disant cela, j'imaginais Ma me morigénant : « Mais que diable fais-tu là, à travailler toute la journée ? »

Les autres élèves faisaient toutes preuve du plus grand sérieux. La plupart d'entre elles étaient issues d'un milieu ouvrier et elles m'intéressaient vivement. Aucune ne connaissait mon identité, jusqu'au jour où parut dans la presse une photo de moi prise à une réception. Elles commencèrent alors à me poser des questions : « Es-tu vraiment princesse ? » Mais heureusement, cela ne changea rien à nos déjeuners, ni à nos échanges de vues sur le genre d'avenir que nous espérions. J'étais vêtue à l'occidentale, je prenais le bus et le métro, et, en toute honnêteté, j'aimais cette activité concrète, j'aimais travailler avec sérieux et régularité dans cette sorte d'école, en compagnie de filles d'un milieu qui m'était totalement inconnu. J'aimais cette atmosphère proche de la vie quotidienne ordinaire, dans laquelle nous travaillions. De temps en temps, l'une ou l'autre m'invitait à prendre une tasse de thé. J'étais embarrassée, et j'imitais ma compagne, ayant l'œil à la dépense et cherchant sur la carte du *Lyon's Corner House* ce qu'on pouvait commander de moins cher. Je n'eus jamais le courage d'inviter aucune d'entre elles à la maison, craignant de ne pas savoir minimiser l'effet de notre appartement de Grosvenor Square ou de la suite occupée par ma grand-mère au *Dorchester*.

Au cours, il me fallait fournir un effort maximum pour ne pas être distancée, et je me précipitais avec les autres au kiosque pour acheter le *Pitman's Journal*, lecture obligatoire pour les secrétaires. Souvent, quelque obligation me servait d'excuse pour manquer la dernière heure de cours consacrée aux impôts, ce dont je me mords les doigts encore aujourd'hui. J'étais fière d'être bonne en sténo – je suis toujours capable de prendre sous dictée – et pendant la guerre, cette compétence me permettait de noter les nouvelles données par la radio afin de les lire ensuite à Jai. Après notre mariage, je pus constater l'utilité de mes capacités en dactylographie et en comptabilité. Ma correspondance officielle et mes comptes étaient toujours impeccables. Dans l'ensemble, bien que Jai m'ait beaucoup manqué, cet hiver fut heureux. Le point culminant en fut nos vacances d'hiver à Engelberg avec mes cousins.

Au mois de juin suivant, Ma et mes deux frères étaient en Europe, et Menaka et moi fîmes avec eux un voyage qui nous conduisit dans des pays et des villes où je n'étais jamais allée auparavant : Carlsbad, Prague, Vienne et Budapest. Partout, nous avions des conversations angoissées avec les gens que nous rencontrions, à propos d'Hitler et des nazis, de l'Anschluss, de l'avenir de l'Europe et des menaces de guerre. Mais en dépit des nouvelles de mauvais augure qui paraissaient dans la presse, de l'atmosphère crispée qui régnait dans les réceptions, et du sentiment que le dénouement était imminent, il me reste de cette période un souvenir radieux, car Jai nous rejoignit à Budapest.

La ville était au sommet de sa beauté, toute parsemée de fleurs. Pendant les soirées, on entendait le chant délicieux des cithares à la fois plaintif et gai. Il y eut un grand championnat de tennis auquel nous assistâmes. J'en ai conservé les photos. Jai était assis à côté de moi. Nous avions l'air très jeunes tous les deux et très heureux. Nous allions également nager, et voir des chevaux et des concours hippiques, ce dont nous raffolions tous. Nous faisions des sorties dans la campagne, nous arrêtant dans des auberges ou des restaurants noyés dans les fleurs et où la musique tzigane créait une ambiance de fête. Nous buvions les vins locaux et faisions des promenades tardives pendant les longues et douces soirées de l'été européen. Je connus un seul moment d'émoi : un soir, les garçons prièrent l'orchestre de jouer la valse de la *Veuve Joyeuse*. Ils me dirent alors, comme si c'était une chose amusante, qu'il y aurait bientôt la guerre, qu'ils seraient tous tués, et que la Veuve Joyeuse, ce serait moi.

Tous ces souvenirs n'ont rien d'exceptionnel. Mais ils font revivre une période au charme véritablement magique, sans doute parce que j'étais entourée de tous ceux qui m'étaient le plus chers, parce que j'étais jeune et amoureuse, et que Jai était continuellement à mes côtés. Mais en dépit de la lumière rose que mon bonheur répandait sur toutes choses, il était difficile, à la fin de l'été 1939, de rester longtemps sourd aux rumeurs de guerre, et Ma sentit bientôt que l'heure était venue de retourner à Londres. Malgré ses appréhensions, je ne pense pas qu'elle – ni en fait aucun d'entre nous – ait pu prévoir les conséquences qu'aurait la guerre sur nos vies personnelles. Il y avait toutes raisons de pressentir l'imminence de la catastrophe en Europe, et peut-être une obscure prémonition nous avertissait-elle des changements irrémédiables qu'elle apporterait dans nos propres existences. Mais nous n'aurions jamais imaginé que le conflit deviendrait mondial, et que des transformations si totales en résulteraient jusqu'en Inde.

Lorsque nous arrivâmes à Londres au milieu de septembre, mon grand-père de Baroda s'y trouvait, gravement malade. Sa seule exigence, dans son état désespéré, était de repartir pour Baroda, quelles qu'en fussent les conséquences. Ma et ma grand-mère affrétèrent donc un avion et rentrèrent avec lui en Inde. Peu de temps après, Menaka et moi reçûmes la triste nouvelle de sa mort.

Quelques semaines plus tard, je m'embarquai avec Menaka pour l'Inde. Quand le bateau accosta à Bombay, Ma était sur le quai et avec une joie inexprimable, je vis Jai à ses côtés. Le soir de ce même jour, un premier détail vint me rappeler que nous étions maintenant en Inde. J'étais sur le point de me rendre à l'annexe du personnel de Jaya Mahal, le palais de Baroda à Bombay, où nous résidions, quand Ma m'arrêta, me disant que cela ne se faisait pas pour une jeune fille de sortir sans être accompagnée. Au cours de nos deux années d'absence, j'avais pratiquement oublié les règles qui régissaient notre existence. Bien que nous fussions plus libres que la plupart des princesses indiennes, et que nous ne fussions pas confinées dans le purdah, il ne pouvait ici être question de se rendre au cinéma ou au restaurant sans être accompagnée, et même pour une simple course dans les magasins, il était impératif d'emmener un ADC ou une gouvernante. En m'entendant rappeler toutes ces restrictions, une bouffée de nostalgie aiguë m'envahit, au souvenir de l'existence si libre de Londres – des autobus et du métro, et du plaisir de n'être qu'une simple unité dans la foule pressée des heures de pointe.

Plus tard dans la soirée, au moment où je commençais à broyer du noir, Ma nous dit de mettre nos plus jolis saris car Jai passait nous prendre pour nous emmener au Club Willington. Je cessai de rêver et passai en revue ma garde-robe pour en extraire le sari le plus seyant. Depuis que j'étais adulte, je n'étais jamais allée au Club Willington. Je n'en gardais que des souvenirs d'enfant, quand j'y avais assisté à des parties de polo. Aussi le fait d'y retourner maintenant, et avec Jai, m'inspirait-il un souci inhabituel de ma toilette.

Le Willington tenait une place à part dans la vie de Bombay. C'était le premier club vraiment élégant à avoir ouvert ses portes aux Indiens, et où l'élite des deux sociétés se mêlait sans obstacle. Il possédait de remarquables installations sportives et un merveilleux parc aux pelouses bordées fleurs tropicales à l'éclat flamboyant qui était éclairé le soir par des projecteurs. Dans la journée, les gens se retrouvaient pour l'apéritif au bar à la mode, le *Bar du Port* de l'hôtel *Taj Mahal* ; mais le soir, toute la société élégante se réunissait au Willington, où l'on allait s'asseoir sur les pelouses dans des fauteuils de rotin. On savait qu'on y retrouverait tous ses amis et qu'il faudrait bientôt, au fur et à mesure des arrivées, déplacer les tables pour élargir les groupes. Les serveurs en longues tuniques blanches, ceinturés et enturbannés de vert, glissaient entre les tables, servant les boissons et de délicieux hors-d'œuvre épicés et piquants.

Dès que nous fûmes arrivés, les nombreux amis de Ma et de Jai vinrent nous saluer, s'installant pour bavarder et prendre un verre. Notre cercle s'élargissait sans arrêt : les femmes en saris ravissants, les hommes en achkan ou en smoking, prêts à aller dîner en ville, tandis que d'autres arrivaient en tenue de sport, après un dernier parcours de golf ou une partie de tennis. Mon plaisir s'augmentait d'une touche de complot, car, à mesure que le cercle s'agrandissait, Jai et moi devions opérer de savantes manœuvres pour rester côte à côte.

Le séjour à Bombay fut de courte durée, et bientôt Ma

nous embarqua tous pour Calcutta où la saison était sur le point de commencer. Je partis joyeusement car je savais que Jai nous y rejoindrait sans tarder. Nous nous installâmes dans le confort familier de « Woodlands » et nous préparâmes à affronter la saison. Lord Linlithgow, qui venait tout juste de remplacer Lord Willington comme vice-roi, arriva à ce moment-là, avec sa famille, pour l'habituel séjour de deux semaines à Calcutta.

La saison me parut cet hiver-là la plus fabuleuse que j'eusse jamais connue. Pour la première fois, j'étais traitée à « Woodlands » en adulte, et sans jouir de toutes les libertés accordées à d'autres filles de mon âge – ce qui m'irritait particulièrement lorsque je voyais sourire mes frères, le soir – il y avait de nombreuses réceptions auxquelles j'assistais, dûment chaperonnée par Ma. Comme toujours, la cause essentielle de mon bonheur était que Jai résidait chez nous, et que je le voyais constamment, pratiquement à chaque repas. La plupart du temps, nous étions entourés, mais nous parvenions de temps à autre à nous esquiver, et Jai me laissait parfois conduire sa voiture. Et bien entendu, nous montions à cheval ensemble, tôt le matin.

Jai, Bhaiya et Indrajit, très demandés, sortaient souvent ensemble. En jaquettes de soie et pantalons serrés, et avec leurs turbans, ils avaient beaucoup d'allure. Grands tous les trois, élancés et bien faits, on les prenait souvent pour des frères.

A eux trois, ils mirent plus d'animation que jamais à « Woodlands ». Ma n'était plus la seule maintenant à recevoir des invités, mes frères et sœurs avaient aussi les leurs. « Woodlands » était le point de ralliement des sportifs. Bhaiya, qui jouait dans les championnats de tennis de l'Inde orientale, invita ses concurrents. Il organisa aussi des matchs de cricket dans le jardin, conviant l'équipe du vice-roi et le Middlesex Cricket Club, entre autres, à venir jouer. Parmi les amis de Bhaiya et d'Indrajit, beaucoup étaient officiers de cavalerie dans l'armée des Indes. Ils venaient à Calcutta pour le polo et logeaient dans des tentes qu'on dressait dans le parc. L'un d'eux eut la frayeur de sa vie quand, regagnant la sienne après une soirée prolongée, il se trouva face à face avec un éléphant énorme, apparemment prêt à charger. Le lendemain, il se demandait s'il avait eu une hallucination ou s'il avait réellement échappé à un terrible danger. Nous ne le rassurâmes jamais, bien que nous sachions parfaitement à quoi nous en tenir : il s'agissait d'une bête qu'on avait fait venir de Cooch Behar pour l'expédier à Baroda en cadeau pour le jubilé de diamant de mon grand-père. Ses défenses avaient été serties de diamants, et on l'avait rebaptisé Hira Prashad « offrande de diamant ». Lors de son embarquement, la grue qui le chargeait cassa. Il se brisa une patte en tombant sur le quai, et il fut impossible de l'expédier. On l'installa donc à « Woodlands » dans un quartier spécial, en attendant qu'il guérisse.

Il n'y avait que la route à traverser pour être à « Belvédère », la résidence officielle du vice-roi. Bhaiya et moi y étions souvent invités pour une partie de tennis, ce qui me mit un jour dans un grand embarras : personne ne m'avait dit, en effet, que le vice-roi ne changeait jamais de côté lorsque c'était au tour de son partenaire de servir. Je me souviens d'être restée tout hésitante sur la ligne de fond en me demandant s'il allait finalement passer de l'autre côté ou s'il fallait que je serve quand même. Il se retourna alors, disant : « Eh bien, Ayesha, qu'est-ce que vous faites ? Vous y allez ? » Bhaiya, qui connaissait cette habitude du vice-roi, était secoué d'un rire muet.

Nous fûmes un jour conviés tous les deux à un dîner intime donné par la fille du vice-roi Lady Joan. C'était la première fois que je dînais chez le vice-roi, et rien ne m'avait préparée à ce moment où les dames se retirent à la fin du dîner. La vice-reine prit la tête de la procession, faisant en sortant une profonde révérence devant son époux. Les autres suivirent deux par deux, plongeant chacune jusqu'à terre avec le plus grand naturel. J'étais paniquée, ne sachant que faire – je n'avais jamais fait de révérence, et je craignais de me couvrir de ridicule en me livrant pour la première fois à cet exercice. Finalement, lorsque vint mon tour, je joignis les mains en *namaskar,* espérant que le vice-roi y verrait une marque suffisante de respect.

Les réceptions, le tennis, l'équitation, les matchs de polo, la découverte de la vie d'adulte – c'était tout cela, ma vie à Calcutta, et je jouissais de chaque minute. Mais, tout de même, lorsque vint le moment de regagner Cooch Behar, je crois que nous éprouvions comme d'habitude ce sentiment agréable de retour au foyer. Partout, que ce fût en Europe ou en Inde, il y avait mille choses pour nous distraire ou nous intéresser.

Mais c'était Cooch Behar que nous aimions par-dessus tout, et j'y trouvai les choses, cette fois-là, plus passionnantes que jamais.

Ma n'exerçait plus la régence, car Bhaiya avait atteint sa majorité, et elle passait beaucoup de temps à Delhi, et plus encore à Bombay, auprès de ma grand-mère. Pendant son absence, c'était moi qui jouais au palais le rôle de l'hôtesse. J'étais enthousiasmée de recevoir avec Bhaiya, de faire des projets, de discuter des sorties que nous pourrions organiser. J'assistais à ses entretiens avec les fonctionnaires et les conseillers, avançant parfois des idées. Il m'écoutait toujours jusqu'au bout en souriant, et me plaisantait au sujet des plus folles et irréalisables d'entre elles.

Le soir, après m'être baignée et habillée, au lieu de me rendre à l'appartement de Ma comme lorsque j'étais enfant, j'allais chez Bhaiya, même lorsque Ma était présente. J'attendais qu'il fût prêt, puis l'accompagnais au salon, en me tenant derrière lui. En fait, je suivais Bhaiya partout où c'était possible, à tel point qu'Ila m'avait surnommée « ombre ». Aussi grisante qu'ait été la saison de Calcutta, je me rendais compte qu'en fait je préférais la vie sportive et quasi campagnarde dépourvue de cérémonie et de contrainte que nous menions à Cooch Behar, aux mondanités des grandes villes.

Mais cette vie comportait parfois des moments d'angoisse. Je me trouvai un jour amenée par hasard à prendre la direction d'une chasse. On avait signalé un tigre qui dévorait le bétail d'un village voisin, et Bhaiya, avec un ami anglais, Sir Robert Throckmorton, décida d'aller l'abattre. Ils veillèrent toute la nuit sur un *machan,* sorte de petite plate-forme juchée sur un arbre ; mais ils ne purent que blesser la bête. Bhaiya devait assister le lendemain à une session de la Chambre des Princes, qui rassemblait une fois l'an à Delhi les souverains des différents États, afin de discuter de leurs problèmes respectifs, de consulter le vice-roi et de l'informer de la situation dans leurs États. Il était hors de question qu'il manquât cette importante réunion ; il fallut donc nous débrouiller seuls face à un tigre mangeur d'hommes, terriblement dangereux et blessé de surcroît. Sir Robert, Bew et moi, accompagnés de l'ADC responsable des chasses, du chef des chasseurs et d'un autre chasseur expérimenté, partîmes pour le traquer. Nous prîmes deux éléphants à howdah, Bébé et l'ADC montés sur l'un d'eux, Sir Robert et moi sur l'autre, ainsi que huit éléphants d'accompagnement, et nous nous dirigeâmes avec mille précautions vers l'endroit de la jungle où le fauve avait été repéré.

Nous avancions en ligne de front, légèrement espacés, un des deux fusils à chaque extrémité de la ligne, dans le plus grand silence : la tension montait à chaque pas de nos montures. Puis, tout à coup, les éléphants éventèrent le tigre, et se mirent à barrir. Avec un rugissement formidable, ce dernier se rua hors des broussailles et attaqua l'éléphant le plus proche, celui monté par le chef des chasseurs. L'éléphant fit volte-face, jetant à terre son cavalier, et s'enfuit dans la jungle avec le mahout qui s'efforçait désespérément de le calmer. Le tigre se rabattit alors dans la forêt, nous laissant dans une angoissante incertitude quant à l'endroit où le chasseur était tombé et quant à son sort. L'horrible silence dura près d'une demi-heure, personne n'osant bouger. Puis le tigre chargea de nouveau, cette fois en direction de l'éléphant que montaient Bébé et l'ADC, qui fit un écart et s'enfuit dans la jungle avec ses passagers, me laissant très inquiète et responsable pour la première fois de la chasse. A mon intense soulagement, Sir Robert abattit le tigre à sa troisième charge ; quant au chasseur, il n'était pas gravement blessé, et la journée se termina avec tous les villageois joyeusement rassemblés autour de la dépouille du tigre qui avait causé tant de dégâts.

En avril 1939, Ma loua une maison au Cachemire, où Menaka et moi la rejoignîmes. Avec son énergie coutumière, elle entreprit d'en refaire toute la décoration, bien qu'elle ne l'eût retenue que pour huit mois. Il semblait qu'elle fût douée d'un sixième sens qui lui faisait découvrir les plus beaux tapis et ornements, et trouver les meilleurs magasins et artisans. Rien de ce qu'elle trouva ne lui donnant satisfaction, elle commanda pour sa chambre un mobilier de noyer finement sculpté, des coussins brodés, et un grand tapis de laine blanche. L'été passa agréablement, avec des matchs de polo et de tennis, des promenades à cheval, des pique-niques, loin dans l'Himalaya, et des visites d'amis. Bhaiya, qui était à ce moment-là au septième régiment de cavalerie légère, profita, à notre grande joie, d'une permission pour venir prendre part aux championnats de polo. Indrajit, qui était alors à l'Académie militaire à Dehra Dun, vint jouer aussi. Ila, déjà mère d'un petit garçon et d'une fillette, vint occuper la maison flottante que ma mère avait louée pour elle. Ma grand-mère avait également loué une maison à Srinagar, la capitale du Cachemire, où elle était installée avec sept de nos cousins de Baroda. Notre cercle s'élargit encore avec l'arrivée du Nawab de Pautaudi, joueur de cricket célèbre, venu en voyage de noces avec son épouse, la princesse de Bhopal ; il organisa force matchs de cricket et de hockey, auxquels tous participèrent avec enthousiasme.

Le Cachemire est d'une indescriptible beauté, et nous allions souvent pique-niquer dans les merveilleux jardins de Shalimar et de Nishat Bagh, où l'on se rendait dans de charmants petits bateaux en forme de gondoles (*shikara*) affublés de noms ridicules comme – « douce lune de miel » ou « nid d'amoureux ». Et lorsque vint septembre, Jai arriva en visite officielle au palais du maharajah du Cachemire et s'installa ensuite chez nous. Dès ce moment, je vécus au septième ciel ; tous les matins nous nous promenions à cheval, et avec Bébé et Menaka comme chaperons, nous allions chasser l'ours, ou bien faire des pique-niques, ou des promenades en *shikara*. Ce fut la dernière période idyllique de mon adolescence.

Jai ne resta qu'un temps très bref, la menace de conflit le rappelant à ses devoirs militaires à Jaipur, où il lui fallait veiller à l'entraînement de ses troupes et préparer son État pour la guerre. Peu de temps après, j'étais assise sur la berge de la rivière en face du club de Srinagar où je venais de disputer une partie de tennis, lorsque j'appris que la guerre avait été déclarée en Europe. On s'y attendait, mais ce fut tout de même un choc. La conséquence immédiate fut que tous les officiers en permission rejoignirent immédiatement leurs régiments, et nous nous retrouvâmes dans un Srinagar désert, où flottait encore l'atmosphère d'un été insouciant.

Mais je ne fus totalement dégrisée que le jour où, rentrant du golf un après-midi de novembre, je trouvai un message urgent m'informant que l'avion de Jai s'était écrasé. Il était gravement atteint et n'avait pas repris connaissance. Je crus que mon cœur s'arrêtait. Dans les romans sentimentaux, j'avais souvent lu qu'aux moments d'intense émotion, le cœur de l'héroïne cessait de battre ; mais je ne me serais jamais attendue à éprouver moi aussi ce genre de réaction. Je compris alors pour la première fois à quel point j'aimais Jai. Je ne pus trouver le sommeil cette nuit-là. J'étais horriblement malheureuse et incapable de penser à autre chose qu'à Jai et à mon impatience d'être auprès de lui. Ma se montra compatissante, mais me laissa clairement entendre qu'il était hors de question pour une jeune fille d'aller toute seule à Bombay. Le lendemain, un télégramme nous apprit que Jai était, dans l'immédiat, hors de danger, bien qu'il fût sérieusement touché.

Défaillant de soulagement, j'appris les circonstances de l'accident. Alors que l'avion tournait au-dessus de Bombay, un vautour s'était jeté sur une des ailes. Le pilote ne mesura pas l'étendue des dégâts et n'en tint pas compte lors de sa manœuvre d'approche de l'aéroport de Bombay. L'avion, subitement, tomba comme une pierre, d'une altitude de cent cinquante mètres. Le pilote était mort sur le coup, et l'on avait tiré Jai des débris de l'appareil, évanoui et les chevilles cassées. Je fus encore plus rassurée d'apprendre que le gouverneur de Bombay, Sir Roger Lumley, avait donné des instructions pour que, de l'hôpital où il avait été transporté, Jai fût ramené au palais du Gouvernement, où une équipe de médecins et d'infirmières surveilleraient sa convalescence.

La santé de Jai continua à m'obséder après que nous eûmes quitté le Cachemire pour La Nouvelle-Delhi, et même après qu'il fût suffisamment remis pour pouvoir regagner Jaipur. Ma était allée le voir, et j'attendais avec impatience une lettre ou un télégramme. Au lieu de cela, Ma me téléphona, me disant que Jai voulait me voir et qu'il envoyait une voiture pour me chercher. Je me tourmentai beaucoup pendant le voyage, me demandant dans quel état j'allais le trouver. Il marchait avec des béquilles, mais son moral était au plus haut. Je ne restai que deux jours – il n'eût pas été convenable de prolonger mon séjour – mais cela me suffit pour constater qu'il était en bonne voie de guérison et plus optimiste que jamais. En nous quittant, nous nous engageâmes à nous écrire tous les jours – et nous le fîmes – jusqu'au moment où il viendrait nous rejoindre à Calcutta pour le polo, au seul titre de spectateur, cette fois. Son incapacité provisoire avait pour moi des avantages : il fallait l'aider à se déplacer et, à ma grande fierté, j'eus la permission de lui servir de chauffeur et de le promener dans son cabriolet de sport tout neuf.

Avant de quitter Calcutta, Jai voulait avoir un entretien sérieux avec Ma au sujet de notre avenir. J'y assistai en témoin silencieux. Jai soutenait que, bien que les deux années imposées ne fussent pas complètement écoulées, la guerre avait mûri la situation, et il convainquit Ma que notre mariage était une chose inévitable. Je crois que Ma était de son côté arrivée à cette même conclusion. Elle déclara simplement que c'était entendu, que le mariage aurait lieu avant un an. Mais dans mon for intérieur, je n'étais pas tout à fait sûre de sa bonne foi et je pense que Jai devait partager mes doutes. Il m'offrit une magnifique bague de diamant, me disant qu'il ne fallait pas qu'on sache de qui je la tenais, mais qu'il me fallait la porter tout le temps.

Cela me fit rire, et je lui dis qu'aucune personne sensée n'irait imaginer que j'avais acheté moi-même une telle bague. Il se mit à rire aussi, et nous décidâmes que je me bornerais à la porter la nuit pour dormir. Je savais que Ma aurait été contrariée de savoir que j'avais accepté un bijou d'une telle valeur ; quant à moi les bijoux ne m'intéressaient guère à ce moment-là, et n'importe quelle babiole venant de Jai m'aurait ravie tout autant. J'éprouvai même un plaisir particulier à la dissimuler, et à ne l'admirer à mon doigt que lorsque j'étais seule.

Plus tard, pendant le séjour annuel de Ma à Delhi, Jai se rendit après d'elle afin de la convaincre que notre mariage ne pouvait pas attendre jusqu'à l'année suivante. Il souhaitait qu'il fût célébré le plus tôt possible. En mars 1940, quelques mois avant l'anniversaire de mes vingt et un ans, elle nous donna son accord et sa bénédiction, mais le secret devait être gardé jusqu'à ce que la famille de Jai eût été informée, et qu'il fût venu à Cooch Behar pour la cérémonie des fiançailles. On consulta finalement les pandits, ces prêtres et lettrés brahmanes, qui déterminèrent la date favorable pour le mariage : c'était le 17 avril.

DEUXIÈME PARTIE

MARIAGE INDIEN, LUNE DE MIEL EUROPÉENNE

La nouvelle de mes fiançailles fit naître dans le cercle familial beaucoup de commérages et de prédictions sinistres, en même temps qu'une réelle sollicitude. A la fierté suscitée par mon alliance avec le prestigieux maharajah de Jaipur se mêlait le souci de me voir assumer le statut de troisième épouse.

Ila déclara que je faisais preuve d'une telle absence de caractère en face de Jai qu'elle voyait mal comment je viendrais à bout de sa tendance au flirt. Indrajit exprima gaiement ses regrets que Jai, son héros, se soit abaissé à une alliance avec « le manche à balai ». Ma prédit d'un air morose que je ne serais jamais que « la dernière arrivée dans la nursery de Jaipur ».

Bhaiya, plus préoccupé encore que les autres, me fit monter dans sa chambre pour me parler en particulier. Après un préambule long et maladroit, il en vint au fait : il me fallait accepter le fait que Jai était séduisant et que les femmes l'attiraient, et je devais me garder d'en éprouver du ressentiment et de lui faire des scènes de jalousie.

Il s'efforça, prenant son propre exemple, de me faire comprendre la situation : « Tu sais que j'ai beaucoup d'amies – cela ne représente rien de sérieux – mais les hommes sont souvent comme cela. Jai aime aussi les femmes. Ce n'est pas parce qu'il t'épouse qu'il faut t'attendre à ce qu'il renonce à toutes ses amies. »

Je me souviens de mon indignation : « Mais si. S'il m'épouse, après tout, quel besoin aura-t-il de toutes les autres ? »

« Écoute, reprit Bhaiya patiemment, c'est la guerre. Jai et moi pouvons être envoyés n'importe où. Quand je suis dans un endroit que je ne connais pas et que je rencontre des filles, j'aime sortir avec elles. Jai ne va pas cesser d'aimer les filles et de sortir avec elles, simplement parce qu'il t'aura épousée. Vraiment, il ne faut pas que tu y fasses attention. »

« Mais si justement, j'y ferai attention. »

« Non, il ne le faut pas. Ce ne sera pas du tout avec l'intention de te faire de la peine. »

« Je n'en crois pas un mot. Si je suis sa femme, pourquoi aurait-il besoin d'autres amies ? »

« Mais enfin, écoute, Ayesha. Je ne suis pas mauvais, non ? Je ne ferais pas sciemment de mal à quelqu'un ? »

« Non, bien sûr. »

« Mais tu comprends bien que, même marié, je continuerais à avoir des amies ? »

« Ce n'est pas la même chose », répondis-je, sachant par intuition fraternelle que Bhaiya ne changerait jamais d'habitudes, mais refusant d'admettre que Jai pût être comme lui.

Exaspéré, Bhaiya haussa le ton : « Mais il faut tout de même que tu te rendes compte que Jai aussi est un homme. Il a un tas d'amies. C'est une chose qui ne compte absolument pas ! »

« Alors, pourquoi est-ce que moi aussi je ne serais pas comme cela ? » rétorquai-je avec rancune, tout en sachant que j'étais bien trop amoureuse de Jai pour pouvoir envisager le moindre flirt avec un autre.

« Ah non, non, non ! Bhaiya semblait presque choqué. Pour les filles c'est différent. »

« Oui parfaitement c'est différent, entonnai-je avec conviction. Moi quand Jai sera absent, je me languirai de lui je resterai probablement là à broyer du noir. »

« Oui mais les hommes ne sont pas comme cela. Je t'en supplie, fais un effort pour comprendre. Jai peut t'aimer et vouloir t'épouser ; cela n'a rien à voir avec le fait que d'autres filles peuvent l'attirer. Les hommes sont comme cela. Cela n'a aucune importance. »

« Pour moi, cela en aurait beaucoup. Je le supporterais très mal ! » répondis-je.

Bhaiya soupira, et reprit son sermon depuis le début. Jai, m'expliqua-t-il, était d'un naturel chaleureux et démonstratif. Il ne pouvait s'en cacher, et – il faut l'admettre – c'est vrai qu'il aimait les femmes ; il était attiré par elles, comme elles par lui. Je continuai à soutenir qu'après notre mariage, cela changerait ; il m'aimait, et rien ne l'amènerait à m'être infidèle, quel que soit le nombre de femmes qui se jetteraient à sa tête. Bhaiya conclut, d'une voix désespérée : « Ne viens surtout pas me dire après que je ne t'ai pas prévenue. »

Mais malgré tout, en dépit de mes protestations, j'avais conscience obscurément que Bhaiya avait dit vrai. Et en fait, après notre mariage, il y eut entre nous des querelles explosives à propos d'une habitude qu'il avait de dire négligemment « Bonjour, beauté » ou « Comment va mon ensorceleuse ? » à des femmes que nous connaissions et qu'il embrassait sur la joue. Je finissais toujours pas dire avec dépit : « Il n'y a rien à faire. Je ne peux vraiment pas comprendre. »

En raison de la guerre, Jai dut repartir pour Jaipur immédiatement après nos fiançailles, tandis que nous retournions à Calcutta. Tôt le lendemain matin, lorsque Ma vint me réveiller pour sortir à cheval – nous faisions toujours une promenade à l'aube, sur le terrain de course, quittant « Woodlands » avant le lever du jour – elle me trouva affligée d'un mal de gorge douloureux et d'une température élevée. Le docteur, convoqué, diagnostiqua une diphtérie. Nous étions juste à un mois de mon mariage.

Pendant tout la durée de ma convalescence, Jai m'écrivit des lettres où perçait l'impatience. Il ne voulait pas tenir compte de l'avis du docteur qui pensait que mieux valait attendre quelques mois avant de nous marier, en raison de la longue convalescence que nécessite la diphtérie. Il était décidé à ce que le mariage eût lieu le 17 avril, la date choisie par les astrologues. Lorsque Ma lui expliqua que j'étais très affaiblie et qu'il ne fallait pas que mon cœur se fatigue, mais au contraire que je me repose énormément, J'ai répliqua qu'il n'était pas un sauvage ; il prendrait soin de moi et m'éviterait la moindre fatigue. Et, comme d'habitude, ce fut lui qui l'emporta.

Les préparatifs du mariage commencèrent aussitôt. Ma, sachant qu'il était peu vraisemblable que nous retournions en Europe avant un certain temps, y avait, avec sa remarquable prévoyance, déjà acheté une bonne partie de mon trousseau. Elle avait commandé draps et serviettes à Florence et en Tchécoslovaquie, des chaussures et des sacs assortis chez Ferragamo à Florence, des chemises de nuit en mousseline de soie à Paris, et une foule d'autres choses encore. Mais, ce qui était bien dans sa ligne, personne n'avait la moindre idée de l'endroit où ce trousseau pouvait se trouver. Finalement, on le découvrit au *Ritz* à Paris et il finit par arriver une semaine environ avant le mariage.

On dut acheter le reste de mon trousseau à Calcutta. Je me trouvais à cet âge où je ne m'intéressais qu'aux vêtements de sport. Les seuls endroits où je consentisse à me rendre étaient deux magasins anglais où je pouvais commander des pantalons et des chemises de tennis. Ma parvint finalement à me persuader de commander quelques saris, mais cela se termina mal. Je me rendis dans une boutique dont je connaissais le propriétaire depuis toujours. Tandis que je faisais mon choix à toute allure et n'importe comment, son visage ne cessait de s'allonger. A peine étais-je partie qu'il téléphonait à Ma, la priant de venir voir ce que j'avais retenu. Elle arriva sans préventions, mais lorsqu'elle vit ce que j'avais mis de côté, elle ne put se contenir. « C'est hideux, absolument hideux ! », s'exclamait-elle devant chacun des saris que j'avais sélectionnés. Elle quitta le magasin d'un air impérieux, observant que l'unique avantage des saris que j'avais choisis était que leurs couleurs éclatantes et criardes pourraient leur valoir un certain succès au Rajputana, où le regard naïf des gens du peuple pourrait y trouver plaisir. Mais pour elle et sa fille, il ne pouvait en être question. Elle s'employa à faire elle-même les achats et lorsqu'elle en eut terminé, je me trouvais à la tête de plus de deux cents saris de toute espèce, en mousseline unie ou imprimée, avec ou sans bordures, d'autres brodés d'or, et certains simplement en soie épaisse. Chacun était superbe et au cours des années qui suivirent, j'eus l'occasion de me féliciter de ces choix. Mon sari de noces était en épaisse soie rouge de Bénarès, brochée de fil d'or : le rouge est la couleur traditionnelle pour une mariée hindoue.

D'autres préparatifs se faisaient pendant ce temps à Cooch Behar. Il y eut moins de parents et d'amis invités que nous l'eussions aimé, car beaucoup de trains avaient été réquisitionnés pour la guerre. On ne pouvait guère s'attendre à ce que nos invités voyagent parmi la foule qui s'entassait dans les wagons restant à la disposition des civils. Deux cents personnes environ étaient attendues – ce qui était peu selon les normes des maisons princières – qui arriveraient accompagnées de leurs domestiques. Il faudrait les loger et les nourrir pendant une semaine au moins. Comme le palais et les trois maisons d'hôtes ne suffisaient pas pour les accueillir toutes, on dressa des tentes luxueusement aménagées et l'on transforma en dortoirs des écoles et bâtiments publics de la ville pour loger les différents personnels.

Jai devait arriver à Cooch Behar avec une suite d'une quarantaine de nobles, chacun accompagné de sa domesticité. Il fallait donc organiser la restauration sur une très vaste échelle. Outre les hôtes du palais, tous les dignitaires de la ville seraient conviés à certains repas, et il fallait en outre préparer les mets spéciaux destinés aux Brahmanes, aux pauvres et aux prisonniers, ainsi qu'aux gardes et au personnel du palais.

Toute la ville de Cooch Behar prit un air de fête. On illumina tous les bâtiments publics et la plupart des demeures privées. On érigea des arcs triomphaux dans les rues par lesquelles le fiancé allait passer. Un feu d'artifice avait été prévu pour divertir les citadins et les campagnards qui accourraient à la ville, suivi, deux jours plus tard, par un match de hockey avec Jai et Bhaiya chacun à la tête d'une équipe.

Tous les préparatifs s'achevèrent. Mes parents de Baroda arrivèrent les premiers et nous allâmes à Calcutta à leur rencontre. Au moment de nous mettre en route pour regagner Cooch Behar, un accident tragique survint. Le frère préféré de ma mère, mon oncle Dhairyashil, tomba dans un escalier, se fractura le crâne et mourut le soir même à l'hôpital. Nous étions tous effondrés. Ma plus encore que quiconque. Une profonde tristesse envahit toute la maisonnée et c'est à peine si nous avions encore le cœur de nous préparer au mariage. Nos parents de Baroda repartirent pour assister à l'incinération et observer la période de deuil. Ma ne les accompagna pas, car les femmes hindoues n'assistent pas aux obsèques. La cérémonie du mariage fut remise à plus tard et les pandits, appelés à se prononcer de nouveau sur la prochaine date favorable indiquèrent le 9 mai.

Mais ce drame, qui me touchait de si près, ne pouvait anéantir complètement mon bonheur de savoir que bientôt enfin je serais l'épouse de Jai. A mesure que la date approchait, de magnifiques présents se mirent à arriver. Une superbe Bentley noire offerte par le nawab de Bhopal m'enchanta par-dessus tout. Lorsque je la vis pour la première fois traverser la ville, je pensai qu'il l'avait amenée pour son usage personnel pendant son séjour à Cooch Behar. Quand il m'en fit officiellement présent, il me demanda avec hésitation si elle me plaisait vraiment ou si peut-être je ne préférerais pas un bijou. Je lui répondis catégoriquement qu'entre les deux je n'avais pas l'ombre d'une hésitation. Et cette voiture me permit en outre de goûter le plaisir supplémentaire de pouvoir triompher auprès d'Indrajit, qui trouvait vraiment excessif qu'une « simple fille » possédât une Bentley. Jai lui-même manifesta un intérêt excessif pour cette voiture, et j'eus la faiblesse de consentir à l'échanger contre une de même marque, bleue et plus ancienne qu'il avait à Jaipur. Je reçus deux autre cadeaux tout à fait grisants : un cabriolet Packard, offert par un membre de la noblesse de Jaipur, et une maison à Mussoorie, dans les contreforts de l'Himalaya, de ma grand-mère de Baroda. Par comparaison, tous les autres cadeaux, aussi magnifiques qu'ils fussent – c'étaient principalement des bijoux – pâlissaient. Ma proche famille m'offrit des perles et des rubis, montés à l'européenne par un bijoutier célèbre de Bombay. Je reçus aussi un anneau de nez monté en clip : c'était une trouvaille ingénieuse ; les femmes sont en effet censées porter cet anneau après leur mariage, mais je n'avais pas la narine percée pour en porter un du modèle habituel. Jai ne m'offrit le collier de diamants qu'il ne me destinait qu'après notre mariage.

Trois jours avant la cérémonie, je dus me soumettre à tous les préparatifs traditionnels. Je me baignai dans des huiles parfumées, et frottai ma peau pour l'assouplir avec de la pâte de turméric. J'accomplis toutes les dévotions et les prières prescrites, et fis un jeûne pendant les dernières vingt-quatre heures. Bhaiya, qui, en tant qu'aîné des hommes de la famille, avait pour rôle de me donner en mariage, était tenu de jeûner également. Tendue et incapable de dormir, je passai la nuit précédant la cérémonie à parler avec Menaka et Bébé.

Jai devait arriver le matin, et occupa avec sa suite une des maisons d'hôtes. J'entendis les dix-neuf coups de canon tirés par la base militaire de Cooch Behar, signe qu'il était arrivé. Et j'éprouvai enfin la certitude qu'après toutes ces années d'attente, le moment était vraiment venu où j'allais épouser mon bien-aimé.

Peu de temps après son arrivée, on apporta en procession au palais les cadeaux habituels du fiancé à la future épouse, qui furent disposés cérémonieusement dans la salle du durbar. Ils comprenaient des bijoux et ornements rajputs traditionnels pour la mariée, les dix ou douze tenues rajputes complètes qu'impose également la coutume, et d'innombrables plateaux de fruits et de raisins secs, de noix, ainsi que d'autres aliments propices.

Puis on plaça différents objets sur mes genoux, coutume

particulière au Cooch Behar (j'étais censée les tenir en mains jusqu'à la fin de la cérémonie). Il y avait une conque sertie d'argent, un petit miroir d'argent – la poignée de riz mélangé de cette poudre rouge aux vertus propices que nous appelons *kumkum,* emballée dans une feuille de bananier – toutes ces choses étaient des symboles de bonne chance, de longévité pour mon époux et de fécondité pour moi. Ainsi chargée, j'allai réciter les prières spéciales des mariées et faire des offrandes à ce dieu de l'universelle bienveillance, Ganesha à la tête d'éléphant ; après quoi je m'installai pour une attente qui allait me sembler interminable.

J'appris, plus tard, que Jai avait téléphoné à Ma, lui demandant s'il pouvait venir prendre l'apéritif avant le déjeuner, et que Ma avait répondu : « Mais vous n'y pensez pas ! Avez-vous oublié que c'est votre mariage ? Personne d'entre nous ne doit vous voir avant la cérémonie ! »

Pendant les jours précédents, le palais avait bourdonné d'activité tandis qu'on sortait tout le décor traditionnel des noces et qu'on rassemblait tout le nécessaire imposé par la coutume. Sous l'œil exigeant de Ma, il y eut des répétitions, auxquelles j'avais assisté, en sorte que je savais exactement comment se déroulerait la lente succession des cérémonies. Il y aurait de la musique depuis l'aube. Le soir, lors de la consécration du mariage, on entendrait le son grave et pénétrant des conques, la musique plus légère et plus gaie de ces instruments de roseau qu'on appelle *shenai,* ponctués par le rythme des tambours.

Je subis l'épreuve difficilement supportable d'être habillée et ornée de bijoux. J'ai horreur qu'on soit aux petits soins pour ma personne, mais je me forçai à rester tranquille pendant qu'on accomplissait cette partie essentielle du rituel. Parer la fiancée, en Inde, est une cérémonie en soi et un groupe de femmes mariées me préparèrent en jacassant sous le regard de mes amies qui m'encourageaient en souriant. Dans l'agitation et la confusion, mes cous-de-pied se trouvèrent teints au henné, je fus revêtue de mon sari et de mes bijoux, et l'on me passa un par un les bracelets d'ivoire des mariées rajputes. Pour finir, on me décora le front avec de la pâte de santal et je fus alors prête.

Tout à coup, on entendit le fracas des canons et l'orchestre commença à jouer. C'était le signe que la procession du marié était arrivée aux portes du palais et toutes mes compagnes s'élancèrent comme l'éclair pour assister à son entrée au palais. Me souvenant des répétitions, j'imaginai sans difficulté la splendeur du spectacle. Des « messagers » ouvraient tout d'abord la marche, suivis d'une troupe de danseuses, puis d'une procession de quarante éléphants et de nombreux chevaux ; derrière venaient les orchestres, et finalement Jai lui-même, suivi de ses invités, les nobles du Jaipur, et du reste de sa suite.

En passant le seuil, il leva son épée pour toucher le linteau pour signifier qu'il venait en tant qu'époux. Il fut alors accueilli dans la salle du durbar par les dames du palais, les membres de la famille et les épouses des nobles, des courtisans et des amis invités. Elles portaient des plateaux d'argent contenant les offrandes appropriées : du *kumkum,* du turméric, une noix de coco, des piments ainsi que des épices, et une petite lampe à huile pour représenter la flamme sacrée. Elles balançaient lentement ces plateaux devant Jai en psalmodiant des prières.

Pendant que toutes s'agitaient autour du fiancé, j'étais laissée seule dans le dressing-room me sentant trop agitée même pour m'asseoir. Finalement quelques-unes revinrent tout de même pour mettre la dernière main à ma parure et pour m'escorter jusqu'au palanquin d'argent dans lequel je devais prendre place pour que les hommes de ma famille me portent dans la cour.

Sur le fond sonore pénétrant de la musique et des psalmodies du prêtre, la cérémonie eut lieu. Auparavant, comme c'est la coutume au Cooch Behar, Jai et moi avions échangé des guirlandes de fleurs. On avait érigé le pavillon de noces, le *mandap* selon son nom traditionnel, dans la cour d'honneur, au milieu des prières et des offrandes appropriées, et mon frère aîné Bhaiya me donna en mariage. Un mariage hindou dure très longtemps et le prêtre n'en finissait pas. J'entendis Jai murmurer à Bhaiya : « Est-ce qu'on ne pourrait pas demander à ces rigolos quand cela va finir ? » Il semblait tout aussi fatigué et impatient que moi-même.

Finalement, on entendait les derniers répons, les dernières prières, et nous quittâmes le pavillon pour rejoindre la famille qui nous attendait dans les appartements. Nous devions effleurer les pieds de chacun, geste hors du commun pour Jai, car il était tenu de rendre cet hommage à tous, même à Indrajit, qu'il avait toujours fait enrager comme un jeune frère insignifiant. En faisant le geste, il lui murmura : « Pour la première et la dernière fois ! »

On nous apporta alors le *thal* traditionnel que nous devions partager ; j'en offris selon les règles la première bouchée à Jai avec les doigts, et il fit de même à son tour. Une bouteille de champagne frappé accompagna ce repas rituel. Après quoi Jai rejoignit les hommes, tandis que je restai avec Bébé et mes sœurs, Indrajit faisant de temps en temps des apparitions pour voir comment je me sentais.

Lorsqu'il me fut permis de me changer, j'avais peine à croire que quelques heures seulement s'étaient écoulées depuis que j'avais été revêtue de tous ces accoutrements. Je n'avais pas vraiment le sentiment d'être mariée, ayant si peu vu Jai. Toutefois, soulagée que tout se soit bien passé, je pouvais enfin me détendre dans l'attente du moment où Jai en aurait terminé avec son rôle dans la cérémonie, et où nous pourrions nous retrouver seuls.

Le lendemain, il y eut un grand banquet pour les hommes, agrémenté de musique et de danses, au cours duquel Jai, Bhaiya et Indrajit prononcèrent des discours. Pour nous, il y eut un dîner de femmes. Des manifestations sportives et des matchs s'étaient succédés tout au long de la journée. Les célébrations continuèrent toute la semaine ; mais Jai et moi partîmes en voyage de noces dès le troisième jour – nous avions en effet décidé d'adopter cette coutume européenne.

Le départ fut toute une affaire. Les servantes étaient toutes en larmes ; mais Menaka et Bébé plaisantaient sur le fait qu'au lieu de perdre une sœur, elles avaient acquis un frère et Ma, qui était encore sous le coup du décès de mon oncle, semblait tout à fait inconsciente du fait que je quittais la maison pour de bon. Ce mélange de pleurs et d'indifférence me mit mal à l'aise ; j'étais troublée, et moi-même proche des larmes.

Nous avions d'abord eu l'intention de nous rendre à Ceylan, que nous ne connaissions ni l'un ni l'autre ; mais finalement la difficulté de voyager en temps de guerre nous fit opter pour mon cher Ooty, cette station de montagne dans le sud de l'Inde. Indrajit qui rejoignait son régiment, nous accompagna jusqu'à Calcutta. Ce fut au cours de ce voyage que j'eus un premier contact, qui me glaça, avec le purdah. A l'arrivée à Calcutta, notre wagon fut entouré d'écrans de toile de jute. Puis une voiture s'avança, munie de rideaux séparant le chauffeur des passagers et masquant toutes les vitres à l'arrière. On me poussa du wagon jusqu'à la voiture, cachée à la vue de tous. A la requête de Jai, Indrajit m'accompagnait, et il me demanda tout bas si Jai avait l'intention de me maintenir dans cette claustration totale. Un des membres de la suite de Jaipur se trouvait sur le siège avant ; je ne pus donc que lever les épaules, un doigt sur les lèvres. Nous devions passer la nuit à « Woodlands », et là aussi dès notre arrivée, les gens de Jaipur écartèrent tous les domestiques du sexe masculin, que je connaissais presque tous depuis toujours. Le lendemain, avec le départ d'Indrajit, je me sentis abandonnée par mon ultime allié et ne pus retenir mes larmes. Jai, avec sa bonne humeur habituelle, se borna à observer qu'il avait cru comprendre que je l'avais volontairement épousé.

Mais, le lendemain, à notre départ pour Madras, j'avais recouvré mes esprits, tout en sachant que cette brève expérience du purdah n'était que la première des nombreuses situations déplaisantes qui m'attendaient. Jai continuait à m'inspirer une crainte respectueuse, et j'avais un souci désespéré de me conduire dans les règles, tout en étant souvent incertaine de ce qu'exigeait l'étiquette. Par exemple, lorsque les neveux de Jai vinrent nous rendre visite dans notre compartiment, j'hésitai, me demandant s'il serait inconvenant de leur parler, ou si le silence serait au contraire jugé grossier.

Dès que nous arrivâmes à Ooty, tout devint aisé et facile. Nous occupions l'annexe de la grande maison de la famille de Jodhpur, celle des deux premières épouses de Jai. Quelques-uns des jeunes enfants de Jodhpur logeaient dans la maison principale, et ils venaient goûter avec nous. Nous faisions des parties de tennis avec le personnel, dans une atmosphère amicale et naturelle. Étant toujours en convalescence, je me promenais moins que d'habitude à cheval ; mais de temps en temps nous suivions une chasse, et faisions de nombreux pique-niques, dont Jai était très féru. Nous avons pendant ce mois visité tous les sites remarquables de la région. Certains de nos amis se trouvaient aussi à Ooty, et nous nous recevions mutuellement, sans cérémonie, pour l'apéritif ou pour dîner. Lorsqu'il y avait un dîner ou une réception officielle à l'hôtel du gouvernement, Jai s'y rendait seul. Bien que je ne fusse pas à proprement parler tenue au purdah, Jai préférait ne pas courir le risque, aux réceptions où pouvaient se trouver des princes plus âgés aux idées plus orthodoxes, de me mettre dans la situation embarrassante d'être la seule maharani à montrer son visage en public. Il m'avertit qu'il en serait de même à Jaipur, au début, parce que je ne connaissais pas encore les gens. Mais il ajouta : « Il n'est pas question que tu restes indéfiniment dans le purdah. On attendra un an ou deux. Lorsque les gens se seront peu à peu habitués à cette idée, tu pourras le laisser tomber complètement. »

Mon vingt-et-unième anniversaire arriva pendant notre lune de miel et comme beaucoup de princes se trouvaient à Ooty, avec leurs suites, pour y passer la saison, nous les conviâmes à le fêter – du moins les plus jeunes que la non-observance du purdah ne choquerait pas. J'étais lamentablement timide, et c'était la première fois que j'étais l'hôtesse d'une réception donnée par le très célèbre et très admiré maharajah de Jaipur. Je ne voulais pas avoir l'air de me mettre en avant, et lorsque les invités prirent congé, je m'abstins de les raccompagner, manquant d'assurance pour les reconduire jusqu'à la porte.

Jai, en tout cas, n'éprouva aucune timidité pour me faire part de sa désapprobation : « Que t'arrive-t-il ? » demanda-t-il, « ta mère a des manières si parfaites. On aurait pu penser que tu en aurais pris de la graine. Pour qui diable te prends-tu à rester ainsi au salon, sans raccompagner tes invités ? »

Je n'avais rien à répondre, sinon promettre que la prochaine fois je m'y prendrais mieux. Mais ce n'était là qu'une difficulté minime, comparée à l'épreuve de fine diplomatie qui m'attendait à la fin de notre lune de miel.

Jai me laissa à Ooty pendant qu'il allait jouer au polo à Bangalore, où se trouvaient sa seconde femme et tous ses enfants. Il me dit d'attendre, et qu'il m'écrirait pour me dire s'il fallait le rejoindre ou s'il viendrait me chercher. Pendant les jours qui suivirent, je ne quittai pas l'annexe, attendant le courrier, me demandant avec mélancolie ce qui se passait à Bangalore. Je reçus bientôt une lettre rassurante où Jai me disait de venir aussitôt que possible, car je lui manquais.

Je descendis d'Ooty prodigieusement tendue au volant de ma voiture. J'allais pour la première fois depuis notre mariage revoir la seconde épouse de Jai. A mon arrivée, il était au polo et le seul membre présent de la famille était Pat, son fils de cinq ans, qui tournait en rond sur son tricycle devant la maison, en m'attendant pour voir quelle allure j'avais. Un ADC me guettait à l'intérieur et me conduisit aux appartements que je partagerai avec Jai. Je n'osai plus en sortir, et fis les cent pas en essayant de chasser de mon esprit toutes les questions qui m'agitaient quant à l'organisation de la vie quotidienne.

Au bout d'une demi-heure environ, l'ADC réapparut et

m'annonça que la seconde maharani était au salon et serait heureuse que je descende prendre le thé avec elle. Ma m'avait bien recommandé de lui toucher les pieds quand je la verrais ; mais comme cette coutume ne m'était pas familière, je me bornai à joindre les mains pour le *namaskar* traditionnel. Elle avait sans doute le trac autant que moi, mais elle engagea la conversation avec une grande pondération sur des banalités, me demandant si ma chambre était confortable et si j'aimerais l'accompagner au polo le lendemain.

La partie terminée, Jai rentra enfin, joyeux comme d'habitude et se comportant de façon si normale et naturelle que toutes les tensions se dissipèrent et que nous prîmes une boisson ensemble avant de monter nous changer pour le dîner. Bhaiya fit une apparition plus tard ; ses façons décontractées et ses agaceries fraternelles facilitèrent davantage encore les choses. Comme membre de la famille, ce qu'il était désormais, il put dîner avec nous. Au cours du repas un problème immédiat, qui était de savoir comment j'appellerais la seconde maharani, fut résolu : on se décida pour Didi, « sœur aînée ». Jai la nommait toujours Jo : de même que Jai était la première syllabe de Jaipur, son État, Jo était l'abrégé de Jodhpur. En fin de compte, elle devint pour moi Jo Didi.

Le lendemain matin, avec le petit déjeuner, les enfants firent irruption dans notre chambre. Subitement ce ne fut plus que cris, hurlements, bousculades d'enfants faisant les malins, exigeant qu'on s'occupe d'eux et se jouant des tours. Bubbles, l'aîné des garçons, prenait sans arrêt de petits bouts de beurre, et Jai essayait vainement de l'en empêcher. Il avait alors neuf ans, sa sœur Mickey en avait onze, et les deux fils de Jo Didi, Joey et Pat, avaient respectivement sept et cinq ans.

A tout prendre, notre vie quotidienne à Bangalore était à peu près semblable à celle que j'avais connue au cours de mes précédents séjours. Nous allions au polo et aux courses, voyant beaucoup d'amis que je connaissais depuis l'enfance. Outre Bhaiya, il y avait d'autres membres de familles princières avec lesquels nous jouions presque tous les jours au tennis. Ma grand-mère de Baroda était là également. Je me rendais au polo avec Jo Didi dans une voiture fermée, mais c'était la seule occasion où j'observais le purdah. Les réceptions officielles étaient à peu près inexistantes et la plupart du temps nous nous recevions les uns les autres par petits groupes amicaux. J'accompagnais Jai chaque fois qu'il y avait un dîner, et c'était moi qui jouais le rôle d'hôtesse chaque fois que nous recevions. Je supposais que ma présence devait éveiller le ressentiment de Jo Didi ; elle n'en montra en tout cas jamais rien ; et peut-être, après tout, n'y avait-il pas tellement de quoi en être blessée. Elle avait toute sa vie vécu dans le purdah – elle n'allait même pas chez la coiffeuse, c'était celle-ci qui était convoquée. Toute son existence était centrée sur les enfants, et consistait à diriger la maison, à se promener en voiture, à aller voir le polo et à recevoir ses amies. Rien de tout cela n'avait changé. Elle restait dans son appartement comme elle l'avait toujours fait, et menait sa vie accoutumée. Lorsqu'il n'y avait que la famille, nous prenions nos repas ensemble, mais dès qu'il y avait des invités, elle s'en tenait à sa salle à manger personnelle.

A Bangalore, une nouvelle restriction me fut imposée, j'étais accompagnée partout par une demoiselle d'honneur qui, sauf lorsque j'étais avec Jai, ne me quittait jamais. Ma grand-mère de Baroda lui lançait des regards féroces, navrée que nous ne puissions être seules. Finalement, impatiente de me soumettre à un interrogatoire en règle, elle fit savoir à Jai que je devais désormais lui rendre visite sans être accompagnée. Lorsque nous fûmes seules, elle me demanda comment je m'en tirais avec toutes les restrictions qui entravaient ma nouvelle existence et m'avertit qu'à Jaipur ce serait plus rigide encore. Elle m'entretint ensuite longuement du rôle d'une maharani. Il impliquait entre autres choses de ne jamais aller à un cocktail, de ne permettre à personne de vous appeler par votre prénom, comme ma mère s'abaissait à le faire, et de s'abstenir de porter, comme je venais de le faire, des émeraudes avec un sari vert, car le rose les mettait bien mieux en valeur.

Mon inquiétude allait croissant quant au comportement qui seyait à une maharani de Jaipur. Par exemple, lorsque Jai me disait de mettre des shorts pour jouer au squash, j'étais tellement préoccupée de ce que pourraient penser les domestiques de cette exhibition éhontée de mes jambes, que j'enfilais un pantalon par-dessus, pour l'enlever, une fois dans la sécurité du court.

Mais rien, en fait, ni les conseils de ma grand-mère, ni mes timides conjectures, rien ne me prépara réellement à ma nouvelle position à Jaipur.

Jo Didi, avec tact et bonté, m'avait fait sentir qu'elle était une alliée et non une concurrente, et elle m'avait au moins instruite des rites que j'aurais à accomplir en arrivant. Elle devait, quant à elle rester, comme d'habitude avec les enfants dans l'agréable climat de Bangalore pour ne rentrer à Jaipur qu'après la chaleur insupportable de l'été.

Durant le voyage, nous changeâmes de train à Sawai Madhopur, où Jai possédait un pavillon de chasse, et prîmes un wagon officiel sur la ligne à voie étroite du chemin de fer de l'État de Jaipur. Tandis que Jai me désignait les endroits marquants du parcours, dont Isarda, son village natal, et que je regardais le paysage que les pluies avaient coloré d'un vert acide, ma surexcitation et mon appréhension augmentaient d'heure en heure. Comment s'organiserait ma vie quotidienne ? Jai et moi serions-nous souvent ensemble ? Comment m'entendrais-je avec les femmes de Jaipur, et en particulier avec la première épouse de Jai ? Qui m'expliquerait en l'absence de celui-ci ce qu'on attendait de moi ? Je savais notre mariage mal vu, tant par les parents de Jai que par la noblesse de Jaipur. Les deux autres maharanis étaient apparentées à la plupart des familles princières rajputes ; mais moi, j'étais étrangère. Allait-il résulter des tensions avec les autres États du Rajputana ?

Plus nous approchions de Jaipur, plus je me sentais

désemparée et angoissée. Je m'efforçai désespérément de dissimuler ces sentiments, mais je pense que Jai les devina. Lorsque nous entrâmes dans la gare, les domestiques tirèrent les rideaux du compartiment, et il me dit avec beaucoup de douceur qu'il fallait me couvrir le visage.

LA VIE AU PALAIS DE JAIPUR

Bien que mes deux précédentes visites à Jaipur aient eu un caractère privé, sans aucun formalisme, je n'avais pu manquer d'être frappée par le cérémonial grandiose de la cour de Jai. J'allais maintenant le voir déployer toute sa splendeur pour accueillir la nouvelle épouse du maharajah. Et j'allais en outre avoir un rôle essentiel à jouer dans ces festivités. Il ne me restait qu'à prier pour que Jai restât à mes côtés en m'accordant son soutien.

Notre wagon, détaché du convoi s'immobilisa sur une voie spéciale qui s'enfonçait dans un vaste bâtiment en pierre de Jaipur, entièrement sculpté et décoré. C'était Viman Bhawan, où arrivaient, plutôt qu'à la gare publique, les membres de la famille régnante et les invités de marque. Une suite confortablement meublée ouvrait sur le quai ; elle se composait d'un salon et de deux chambres pourvues de salles de bains. On pouvait changer de vêtements et faire une toilette avant de paraître au-dehors pour l'accueil officiel.

Bien entendu, je n'avais pas emporté en voyage de noces tous les vêtements de mon trousseau ; Jai n'avait pas emporté non plus de vêtements de cérémonie. Tout était parti directement de Cooch Behar à Jaipur avec mes femmes de chambre. Elles m'attendaient avec celles de Jo Didi à Viman Bhawan, pour m'aider à revêtir une de ces tenues, inhabituelles pour moi du Rajputana, offertes en cadeau de mariage par la famille de Jaipur.

Les deux sœurs mariées de Jai, la maharani de Panna et Rani Ajit Singh de Jodhpur, avec un groupe d'épouses et de jeunes filles de la noblesse, nous attendaient sur le quai.

C'était la première fois que je voyais mes belles-sœurs. Elles n'étaient pas venues à notre mariage, car les femmes n'assistent pas au mariage de leurs parents masculins. Elles accomplissent les cérémonies propices avant le départ du fiancé, et accueillent l'épouse lorsqu'elle arrive avec lui.

Le visage soigneusement dissimulé par l'extrémité de mon sari, je saluai mes belles-sœurs, et l'on me conduisit dans une des deux pièces, où les femmes de chambre m'aidèrent à changer de vêtements, tandis que Jai gagnait l'autre, dans laquelle ses domestiques avaient disposé sa tenue de cérémonie.

Les femmes du Rajputana ne portent pas le sari, et je mis une longue jupe, un corsage court attaché dans le dos par de fines cordelettes de soie, une jaquette ; puis un grand châle, qui sert aussi de voile, fut drapé sur ma tête et retenu à la taille. Les bijoux aussi étaient traditionnels : le collier de chien que doit porter toute femme mariée, un pendentif circulaire porté sur le front – c'était un gros diamant entouré d'émeraudes – attaché à une cordelette d'or qui suit la raie des cheveux, des boucles d'oreille, des bracelets de cheville, le clip pour le nez que Ma avait commandé spécialement à Cooch Behar, et, élément essentiel pour une mariée, les bracelets d'ivoire qui enserrent les bras du poignet jusqu'au coude.

Au Rajputana, les vêtements sont toujours de couleurs vives. Pour la jeune mariée que j'étais, ils étaient obligatoirement rouges, et l'ensemble était brodé de paillettes et de fils d'or qui me faisaient scintiller à chaque mouvement.

Lorsque je fus prête, nous quittâmes Viman Bhawan dans une voiture purdah aux rideaux tirés, par des rues que je ne pouvais voir et où, d'après le bruit que j'entendais, il devait y avoir foule. Nous nous dirigeâmes vers l'ancienne capitale, Amber, à douze kilomètres de Jaipur, où Jai m'avait emmenée plusieurs années auparavant. Chaque fois qu'il quittait son État, me dit-il, son premier soin dès son retour était de se rendre au temple de la déesse Shila Devi, sur l'autel de la famille de Jaipur. Nous y récitâmes des prières et implorâmes la bénédiction de la déesse, avant de nous diriger vers le palais de Rambagh, immense bâtiment blanc situé hors les murs de la ville, au milieu de jardins et de fontaines dessinées par Lalique.

A Rambagh, après une autre réception donnée par mes belles-sœurs, qui avaient invité les épouses des nobles et du personnel du palais, ainsi que des parents, vint un moment heureux d'intimité où Jai me montra mes appartements. Ils étaient plus spacieux, et de loin plus modernes, que ceux que je partageais avec Menaka à « Woodlands » ou à Cooch Behar. Ç'avait été auparavant la suite de Jai, mais il l'avait fait transformer à mon intention par une firme de Londres. J'étais enchantée. Il y avait une chambre à coucher très haute de plafond et très aérée, tapissée en rose, avec des rideaux de voile de couleur claire, des divans pastels, et des chaises longues ; une salle de bains ovale, dont la baignoire était dans une alcôve ; un bureau lambrissé ; et un grand salon rempli d'objets d'art provenant de la collection de Jaipur. Dans des vitrines étaient exposés de petits animaux de jade et de quartz rose incrustés de pierres précieuses, des poignards recourbés aux manches en jade blanc sculpté, figurant des têtes d'animaux aux yeux de pierres précieuses. Des coffrets de jade incrustés de fleurs en pierres semi-précieuses contenaient les cigarettes, et dans des coupes de cristal épais, on avait disposé des fleurs. Jai s'était souvenu de ma passion pour les gramophones et m'en avait offert un des derniers modèles, conçu pour prendre plusieurs disques à la fois, et les retourner.

Le long de ces pièces courait une véranda qui surplombait la cour centrale. C'était là que se tenaient, à tour de rôle, mes femmes de chambre de Cooch Behar, prêtes à répondre à mon appel. De l'autre côté, un petit couloir me séparait des appartements de Jai, qui avaient également été redécorés et possédaient maintenant un mobilier ultramoderne. Je me sentis particulièrement heureuse que Jai se soit si attentivement soucié de mes besoins et de tout ce qui pouvait m'être agréable et cela avant même la célébration de notre mariage.

Mais je n'avais pour le moment pas le temps de détailler

les plaisirs et les agréments de mon nouveau domicile : un autre rendez-vous m'attendait, et les femmes de chambre m'aidèrent à me changer, me passant rapidement une jupe, un corsage et un châle différents, toujours dans des tons de rouge, rose et orangé, et me mettant d'autres bijoux, sans oublier les douzaines de bracelets d'ivoire. Dès que je fus prête, on me conduisit, le visage de nouveau voilé, à une cour jardin dans le zénana de Rambagh où la sœur aînée de Jai, la maharani de Panna, donnait une réception en notre honneur. Là, j'eus à subir une succession apparemment sans fin de regards curieux qui s'efforçaient de percer mon voile afin de voir quel air j'avais. Je tenais la tête baissée la plupart du temps, autant par embarras que pour manifester la modestie de bon aloi qu'on attendait de moi. Les plus jeunes des invitées, issues de la noblesse pour la plupart, vinrent échanger quelques mots avec moi, mais, suivant leur exemple, je restai à l'écart, évitant les plus âgées – et c'était un soulagement ; car nul doute que je serais restée muette si l'une d'elles m'avait adressé la parole.

Seuls quelques hommes étaient présents, tous de proches parents qui restaient entre eux, sauf Jai qui traversa le jardin pour venir parmi les dames parler et plaisanter avec ses sœurs et leur entourage. Il était facile de voir que toutes l'adoraient. La troupe des chanteuses et danseuses de la cour fit son apparition, et pendant le spectacle, on nous passa des sorbets et du champagne frappé.

Le lendemain soir, l'autre sœurs de Jai, Rani Ajit Singh de Jodhpur, donna une réception semblable, suivie d'une autre encore le surlendemain, et ainsi de suite pendant huit ou dix jours. Cette première période de ma vie à Jaipur avait un caractère irréel, et je me voyais agir comme en état d'hypnose, changeant sans arrêt de toilette, m'asseyant hébétée parmi des cercles successifs de parents, et répondant aux épouses et filles de nobles ou de fonctionnaires qu'on me présentait sans arrêt.

De tous ces événements, seuls tranchent dans ma mémoire quelques incidents isolés – comme, par exemple, ôter les bracelets d'ivoire qui devenaient de plus en plus douloureux. Jai qui avait la main plus douce qu'aucune de mes femmes de chambre, s'en chargeait. Je me souviens de la chaleur étouffante des nuits, malgré les pluies qui avaient déjà commencé. Comme la majorité des Indiens du Nord, nous dormions sur le toit, abrités par une coupole, sur des lits en bois léger, et je restais des heures sans parvenir à m'assoupir. Une nuit, j'entendis au loin le tintement léger de bracelets de cheville, et Jai me dit que c'était un fantôme. En réalité, il s'agissait des gousses d'un flamboyant, agitées par le vent nocturne.

On me conduisit, par un jour que les pandits avaient déclaré favorable, au palais de la Cité, à dix minutes de Rambagh. C'était un immense et complexe ensemble de cours communiquant entre elles, de pavillons, de secteurs zénana complètement isolés, d'appartements réservés aux hommes, de salles d'audience, de salles d'armes, de grands et de petits salons, de salles à manger, de salles de banquets, de bureaux, et encore bien d'autres pièces. C'était la résidence officielle du maharajah de Jaipur, et j'y fus conduite dans une voiture aux rideaux tirés, escortée par la garde personnelle de Jai, l'escadron Bhoop de la cavalerie Kachwaba, monté sur des chevaux noirs superbes et portant des tuniques bleu et argent à cocardes d'argent. Je devinais la masse pressée des spectateurs bordant les rues, mais comme la fois précédente, je n'osai pas risquer un regard à travers les rideaux.

Lorsque nous atteignîmes les portes extérieures du palais, je fus transférée dans un palanquin et portée à travers un labyrinthe de corridors et de cours. Puis on me posa à terre et, puisque j'étais une nouvelle épousée, je fis des prières sur le seuil pour marquer que j'entrais pour la première fois dans la demeure de mon époux. Après quoi il y eut un durbar de femmes, au cours duquel les dames qui résidaient dans le zénana et celles de l'aristocratie défilèrent une par une devant moi soulevant mon voile pour contempler le visage de la mariée et, selon la coutume du Rajputana, déposant un cadeau sur mes genoux dès qu'elles m'avaient aperçue. Les épouses nobles les plus âgées m'offrirent, pour la plupart des bijoux, alors que les épouses de fonctionnaires, plus jeunes, se contentaient d'un *nazar* – un présent symbolique, généralement une pièce de monnaie. Les plus âgées faisaient des commentaires, tels que : « Quelle ravissante épouse », ou « Comme sa peau est claire » ou « Elle a un tout petit nez » ou « Montrez-moi vos yeux » – mais tous n'étaient pas gentils. Heureusement, Jo Didi m'avait décrit la manière dont les choses se passeraient, et m'avait conseillé de garder les yeux modestement baissés, et de résister à la tentation de dévisager à mon tour mes interlocutrices, même les plus indiscrètes.

Dès le premier contact, le palais de la Cité m'éblouit. Situé au cœur de l'ancienne cité fortifiée, c'était presque une ville en soi, avec ses jardins, ses écuries, et ses nombreux bâtiments situés au milieu d'un enclos de plus de dix hectares destiné aux éléphants. Comme la ville qui l'entoure, le palais fut construit pendant la première moitié du XVIIIe siècle dans un style composite qui allie les apports hindous et musulmans, avec d'élégantes arcades dentelées portées par de fines colonnes, des claustras de marbre, et des galeries ornées de fresques d'une grande délicatesse. L'ensemble faisait naître un sentiment d'irréalité et la découverte des cours et des pièces qui les entouraient procurait des surprises renouvelées.

Jai me fit visiter les cours et les salles publiques, magnifiques et imposantes, où je n'aurais jamais pu me rendre seule car elles se trouvaient toutes dans la partie du palais réservée aux hommes. De la première de ces cours, avec sa salle d'attente aux hauts murs jaunes, nous passâmes dans la Chambre du Conseil, flanquée d'une autre cour entièrement colorée en rose. Là, des portes de cuivre travaillé, hautes de six mètres, ouvraient sur la salle de durbar. Une porte s'ouvrait dans celle-ci, conduisant à un pavillon d'audience, qui ressemblait plutôt à une immense véranda, dont les fresques et les portes incrustées d'ivoire étaient des chefs-d'œuvre de l'artisanat local. De là, la vue plongeait sur un jardin enclos de murs au centre duquel se dressait le temple de Govind Devji, ou Seigneur Krishna. Jai m'expliqua que, selon la tradition, c'était en son nom que les maharajas gouvernaient. Et nous continuâmes ainsi, cour après cour, de pavillon en galerie, de chambre en jardin ; j'étais tout étourdie au milieu de ce décor qui semblait appartenir à quelque conte de fées fantastique.

La partie du palais consacrée au zénana comprenait toute une série d'appartements individuels. Le mien, décoré dans des tons de vert et bleu, n'était pas différent des autres, avec sa petite cour carrée et sa salle de durbar éclairée par des lampes de verre bleu, sur laquelle ouvraient les autres pièces. J'en fis plus tard une découverte plus complète, car nous allions au palais pour toutes les cérémonies et y demeurions parfois jusqu'à quinze jours. L'année de mon mariage, quatre cents femmes environ vivaient encore dans le zénana. Des parentes, veuves, s'y trouvaient avec leurs filles, leurs domestiques et tout leur personnel. Il y avait aussi la maharani douairière et sa suite de dames d'honneur, de servantes et de cuisinières. Des suites nombreuses entouraient aussi chacune des épouses de Jai ; il y avait aussi tout le personnel des autres épouses du maharajah défunt, qu'on ne pouvait pas renvoyer même après la mort de leurs maîtresses et qui restaient donc à la charge de la famille régnante. L'unique épouse survivante de l'ancien maharajah présidait toute cette société. Nous l'appelions Maji Sahiba, ou « mère respectée », et lui manifestions la plus grande déférence. Bien qu'épouse de Jai, je gardais presque toujours le visage couvert en sa présence, et ma place attitrée était à quelques pas sur sa gauche.

Bien que nous eussions des rapports très cérémonieux, elle me témoignait beaucoup de gentillesse. Une de ses attentions me toucha beaucoup. Elle savait que j'avais été élevée en partie en Angleterre, où j'avais mené la vie à ses yeux très émancipée des Occidentales, et elle craignait que je m'ennuie dans le monde entièrement clos du zénana. Elle demanda à ses dames d'honneur d'imaginer des saynètes et de les jouer pour me distraire. Je me souviens d'avoir, pendant la guerre, lutté entre le fou rire et les larmes de gratitude, tandis que ces dames, déguisées en soldats, jouaient des scènes où Jai, apparemment à lui tout seul, triomphait des forces allemandes du Moyen Orient. Ces spectacles naïfs mis à part, les activités de Jai étaient suivies au zénana avec une attention extrême, toute empreinte d'affection, et chacun de ses succès donnait lieu à une célébration. Par exemple, lorsque son équipe de polo gagna le championnat de l'Inde, les jupes et les châles furent brodés de maillets. Et lorsqu'il passa son brevet de pilote, toutes les femmes, qui n'avaient jamais mis le pied dans un avion – et ne le mettraient probablement jamais – brodèrent fidèlement leurs vêtements de motifs aéronautiques.

Pendant tout le début de ma vie à Jaipur, accaparée par les réceptions réunissant les membres de la famille, les amis, les nobles, les ministres et les fonctionnaires du gouvernement et leurs épouses, j'étais sûre que jamais je ne parviendrais à me souvenir d'aucun nom, ni même à connaître les membres de la cour. Je souhaitais éperdument que ce fût terminé et que Jai et moi puissions mener une vie normale. Le seul membre de la famille qu'il m'était interdit de connaître était le père de Jai. La coutume au Rajputana interdisait qu'une épouse soit présentée aux hommes plus âgés de la famille de son mari, et je ne fis donc que l'apercevoir de loin, ou à travers des écrans. C'était un vieillard de belle prestance, toujours vêtu des jodhpurs traditionnels, d'une veste à boutons dorés et coiffé d'un turban ; il portait aux oreilles de grandes boucles d'or, ainsi que des colliers de perles et des bracelets de cheville. Il possédait une maison en ville et venait souvent à Rambagh, mais un ADC me prévenait toujours de son arrivée, afin que je puisse battre en retraite dans le zénana.

Quant à la mère de Jai à laquelle il était fort attaché, elle préférait rester à Isarda. Je ne la rencontrai qu'une fois, et sa douceur me séduisit. Elle eut besoin, ce jour-là, d'une pièce d'or à donner à quelqu'un et me demanda de lui en trouver une. Je me sentis fière d'avoir été choisie pour lui rendre ce menu service, alors que son entourage, où figuraient ses propres filles, était très nombreux.

A la longue, les festivités et les cérémonies autour de notre mariage prirent fin, et nous pûmes nous installer dans une routine plus normale. J'eus enfin le loisir de faire le tri de mes impressions, d'apprécier les contrastes entre la vie et le décor de mon enfance et ceux de ma nouvelle position de femme mariée et de maharani de Jaipur. J'avais tout de suite été impressionnée par les espaces et le dessin grandiose des palais et de la ville elle-même. Le Jaipur est un État bien plus grand et plus important bien sûr que le Cooch Behar ; mais l'impression de grandeur était en quelque sorte magnifiée par la présence du désert environnant et les montagnes arides qui se profilaient à l'horizon. De place en place, éclatait la tache de couleur des arbres en fleurs – l'écarlate des flamboyants, le bleu irréel des jacarandas, le jaune brillant des acacias – mais la campagne elle-même ne verdissait qu'un temps très court après la pluie, tandis qu'à Cooch Behar, au pied de l'Himalaya, elle était verdoyante tout au long de l'année, même pendant les chaleurs, grâce au climat humide et si différent de la chaleur sèche de Jaipur.

Un autre contraste me frappa dans cette période initiale de ma nouvelle vie. A Cooch Behar, tout était à échelle « raisonnable » ; beaucoup de cérémonies officielles et de durbars avaient lieu dans le palais de Rambagh qui était notre « vraie » résidence, mais toutes les cérémonies officielles avaient lieu au palais de la Cité, et la tradition exigeait que Jai, lors d'événements marquants tels que ses départs ou ses retours de voyage, accomplisse ses devoirs religieux au temple de Kali dans le palais des anciens rois d'Amber. A Rambagh, je menais une existence agréablement dépourvue de cérémonial, échappant même au purdah, bien que je dusse toujours, en tant que femme mariée, me couvrir la tête lorsque je portais le sari. Mais lorsque je me rendais au palais de la Cité, on m'y conduisait toujours en voiture fermée, et là, je devais me comporter en reine. Chaque cérémonie devait être méticuleusement accomplie, chaque formalité observée. Je me rendais compte que, lors des durbars, mon comportement serait épié non seulement par les membres de la famille et leurs suites, mais aussi par les dames de la noblesse. Le Jaipur, contrairement au Cooch Behar, possédait une aristocratie nombreuse, dont certains membres étaient propriétaires de territoires si étendus qu'ils étaient considérés comme des princes de second rang. Dans l'ensemble, ce premier contact avec le Jaipur fut assez éprouvant, et j'étais sans cesse obsédée par la crainte de commettre un impair. Je ne m'en serais jamais tirée sans l'appui permanent de Jai, qui riait de mon inquiétude et minimisait mes erreurs.

Peu à peu se dévoilèrent de nouveaux aspects de la personnalité de Jai et du monde où il vivait. Ce n'étaient souvent que des découvertes mineures : celle, par exemple, des rapports étonnants qu'il entretenait avec les animaux. Je savais qu'il connaissait et maniait admirablement les chevaux ; mais je voyais maintenant qu'il inspirait une confiance mystérieuse aux oiseaux de toutes sortes, qu'ils fussent moineaux ou paons. Lorsque nous prenions notre petit déjeuner au bord de la piscine, il leur donnait à manger, et les plus craintifs venaient bientôt picorer dans sa main.

Certaines qualités de Jai m'apparurent de façon indirecte. Au début, j'avais souhaité étudier le hindi et l'ourdou. La connaissance de ces langues me paraissait essentielle pour pouvoir communiquer, ne fût-ce que dans le cercle restreint du zénana, ou avec celles des épouses et filles de nobles ou de fonctionnaires qu'il me serait permis de fréquenter. Beaucoup d'entre elles ignoraient l'anglais, et comme le bengali était la seule langue indienne que je connusse, je m'étais dit que la possession d'une langue locale me rendrait la vie moins solitaire et plus intéressante. Avec une grande douceur, Jai refusa. Et tout aussi doucement, pour ne pas m'effaroucher, mais très clairement afin que je comprenne bien, il me décrivit certains des problèmes que je pourrais rencontrer dans les deux palais où j'allais vivre. Il insista sur le fait que ma personne et mon comportement étaient le point de mire de tous les regards. Si je semblais avoir des favorites — impression que je pouvais donner en toute innocence si la conversation de certaines personnes m'était plus agréable que d'autres — ce serait le point de départ de rumeurs et d'intrigues. On s'efforcerait de me monter contre mes « favorites » en me racontant par exemple que ces personnes qui cherchaient à s'insinuer dans mes bonnes grâces avaient été auparavant opposées à mon mariage. De même, celles qui, pour un motif quelconque, auraient encouru le mécontentement de Jo Didi, pourraient tenter de gagner ma faveur et de semer la mésentente entre nous. Et il y aurait encore celles qui me voudraient tout simplement du mal, me trouvant privilégiée et choyée à l'excès, et trop proche de Jai, ou encore qui s'efforceraient par des cadeaux ou des flatteries, de gagner à travers moi les faveurs de celui-ci.

Je fus très touchée que Jai, connaissant la vie de famille très simple que j'avais toujours menée, où les tortueuses intrigues de palais étaient inconnues, eût compris combien j'étais vulnérable et ait fait de son mieux pour me mettre en garde. Lorsqu'il s'absentait de Jaipur, il me confiait tout particulièrement à deux collaborateurs qui avaient toute sa confiance, leur enjoignant de communiquer chaque jour avec moi et de m'aider à résoudre tout problème qui pourrait se présenter ; et il déléguait son frère, Bahadur Singh, pour m'accompagner dans mes promenades matinales.

Il y avait aussi ces relations extrêmement délicates où ne pouvait intervenir aucune personne étrangère, fût-elle de confiance. Il est très malaisé de rendre sensible aux lecteurs occidentaux l'attitude de nombreuses familles hindoues à l'égard de la polygamie. Les Occidentaux ont tendance à tenir pour acquis que la situation par elle-même fait naître l'antagonisme, l'hostilité ou la jalousie entre les épouses d'un même homme, et qu'une épouse se sent nécessairement humiliée ou rejetée lorsque son mari prend une nouvelle femme. Or, en fait, ce n'est pas ainsi, et ma propre expérience m'a montré que des relations parfaitement civilisées et courtoises peuvent s'établir entre les épouses d'un même homme, et qu'une profonde amitié peut même s'instaurer entre elles, comme ce fut le cas pour Jo Didi et moi.

La situation n'avait rien d'inhabituel pour les deux premières épouses de Jai. Toutes deux venaient de familles dont les hommes avaient plusieurs épouses. La polygamie était à ce point répandue que les domestiques eux-mêmes avaient parfois deux ou trois femmes. A Jaipur, il allait de soi que la première femme de Jai, qu'on appelait Son Altesse Première, avait le pas sur Jo Didi et moi dans toute cérémonie officielle, comme Jo Didi elle-même l'avait sur moi. Toutes deux, chacune à sa manière, me vinrent en aide. Son Altesse Première, une femme petite et discrète, aux goûts simples, et bien plus âgée que Jai, m'enseignait la façon correcte et classique de me conduire et de me vêtir – quelles étaient les couleurs, par exemple, appropriées aux différentes circonstances. Je suivis ses conseils, bien que je n'aie jamais saisi en vertu de quoi telle ou telle couleur « convenait » plutôt qu'une autre. En échange, je l'aidais à rédiger ses lettres et ses télégrammes.

Son Altesse Première passait le plus clair de son temps auprès de sa famille au Jodhpur, son État d'origine, de sorte que Jo Didi, qui était plus moderne, assumait la plus grande part dans la direction du zénana au palais de la Cité où elle passait beaucoup plus de temps que moi. Je m'instruisis beaucoup à regarder et à écouter Jo Didi. Par exemple, un des secrétaires nous rappelait que c'était l'anniversaire de quelqu'un ; les astrologues avaient calculé avec précision le moment où les festivités devaient commencer et prendre fin, et l'heure exacte à laquelle devait avoir lieu et prendre fin le durbar des femmes. Jo Didi prenait alors en main l'organisation des choses : elle donnait des ordres pour le buffet, veillait à ce que les invitations fussent envoyées, et s'assurait qu'on avait acheté les cadeaux adéquats. Chacune d'entre nous portait dans les occasions solennelles des bijoux du trésor de Jaipur et c'était à elle qu'il incombait de nous les remettre, et de veiller ensuite à ce qu'ils soient remis en place.

Au palais de Rambagh, Son Altesse Première et Jo Didi avaient chacune des appartements personnels, avec leurs cuisines et leurs services de maison, leur personnel et leurs dames d'honneur. Elles vivaient dans le zénana du palais, possédaient leurs propres jardins et ne s'aventuraient jamais au-delà. J'occupais pour ma part les anciens appartements de Jai qu'il avait, comme je l'ai dit, fait rénover et je vivais donc en dehors du zénana. Je pouvais circuler librement dans le palais et les jardins. La seule restriction qui m'était imposée était l'obligation de me faire accompagner quand je souhaitais franchir les limites des jardins.

Mes jours prirent un cours qui n'était guère différent de celui de Cooch Behar, si ce n'est que tout était bien plus grand, et que, étant tout de même à demi soumise au purdah, il fallut m'accoutumer aux conventions particulières qui en résultaient. Chaque matin, Jai et moi faisions une promenade à cheval dans la campagne, puis nous rentrions prendre notre petit déjeuner, après un bain dans la piscine.

Pour Jai, le reste de la matinée se passait généralement dans son bureau, à traiter des affaires de l'État avec ses ministres et conseillers. Il m'arrivait de rencontrer parfois les ministres, lorsqu'ils étaient retenus à déjeuner, et je leur posais des questions comme je l'avais entendu faire par Ma et mes grand-parents. Cela les amusait beaucoup et un jour, l'un d'entre eux poussa du coude un de ses collègues, lui disant : « Vous feriez bien de vous méfier. Il suffirait que vous tourniez la tête, et elle vous prendrait votre portefeuille. »

Je commençai à voir combien les devoirs de Jai étaient

plus complexes que ceux de Bhaiya. Cooch Behar était bordé de tous les côtés par l'Inde britannique, de sorte que lorsque surgissait un problème avec un territoire voisin, Bhaiya n'avait à traiter qu'avec un seul gouvernement. Le Jaipur avait son propre réseau ferroviaire, et là aussi des conventions s'imposaient pour assurer les correspondances avec les autres réseaux de transport. Telles étaient les préoccupations, avec celles, plus courantes, de l'établissement du budget et de l'étude des demandes de création de routes, d'écoles, d'hôpitaux, de bureaux de poste et autres, qui accaparaient la plus grande partie des journées de Jai. Il exerçait à cette époque-là les prérogatives d'un souverain absolu. Il nommait ses ministres, et les élections étaient inconnues. Le gouvernement anglo-indien lui-même ne pouvait intervenir, sauf dans des cas évidents de mauvaise administration.

Pendant ces premiers mois, malgré les sujets d'intérêt qu'offrait cette nouvelle existence, il y avait de longs moments où je me sentais très seule. Ayant été la quatrième enfant d'une grande famille désinvolte, insouciante et souvent bruyante, dans cette atmosphère si libre de Cooch Behar, il m'arrivait de trouver le formalisme du palais de Jaipur plutôt étouffant. On me traitait avec un tel respect et en marquant une telle distance qu'il était impossible de parler avec naturel. Je priai les dames du zénana qui parlaient anglais d'abandonner toute contrainte, de discuter avec moi, et même de m'appeler Ayesha dans l'intimité. Souriantes et déférentes, elles n'en tenaient aucun compte. Une fois, la jeune sœur de Jai s'était aventurée à être en désaccord avec moi au sujet d'une vétille quelconque et elle essuya de tels reproches de la part de Jo Didi, qu'elle osait à peine, ensuite, m'adresser la parole. Je sentais aussi qu'on me considérait plus comme une Occidentale que comme une Indienne – impression que j'étais dans l'impossibilité de corriger puisque Jai refusait de me laisser étudier le hindi.

Dans ces conditions, il n'était pas surprenant que je recherche souvent la compagnie de Jo Didi, avec qui j'avais plus d'affinités. Après l'avoir vue quotidiennement pendant des mois, j'appris peu à peu à mieux la connaître. A mon arrivée à Jaipur, elle n'avait que vingt-quatre ans, trois de plus que moi, et bien que son horizon fût plus vaste que celui de ses compagnes – elle était une des rares à avoir reçu une véritable instruction – je me rendis compte tout de même, à mesure que je la connaissais davantage, à quel point nos vies, et les attitudes qu'elles avaient développées en nous, étaient fondamentalement différentes. Elle avait été élevée en partie au fort de Jodhpur, et en partie à Jamnagar chez son oncle, le célèbre joueur de cricket Ranjit Singh, très protégée dans ces deux résidences, et soumise aux coutumes d'une vie princière rigide.

Son isolement des hommes avait été si total que, lorsqu'elle arriva pour la première fois à Jaipur, et qu'elle tomba malade, le médecin dut, pour établir le diagnostic, se tenir dans le couloir, les détails des symptômes – sa température et son pouls – lui étant communiqués par les servantes. (Elle ne fut pas longue à découvrir les avantages qu'elle pouvait tirer de ce système et, chaque fois qu'elle voulait échapper à une corvée, elle trempait le thermomètre dans l'eau chaude et envoyait sa femme de chambre le montrer au docteur.) Un des avantages, que je partageais quelquefois avec elle, était la possibilité de pouvoir aller au cinéma en pyjama et robe de chambre, sachant que personne ne verrait comment nous étions habillées.

Bien que destinée à Jai depuis l'âge de cinq ans, elle ne lui avait jamais adressé la parole avant son mariage. Lorsqu'il était en visite à Jodhpur, me dit-elle, il lui faisait passer des billets par un de ses confidents, et la nuit, ils échangeaient à l'aide des lampes de poches, de brèves « conversations » en morse, qu'elle avait péniblement appris dans un code de l'armée britannique. Après leur mariage, les familles de Jodhpur et de Jamnagar furent admises à rendre visite à Jo Didi dans le zénana, ainsi que d'autres membres plus éloignés de sa famille et plus tard, mes frères. Au moment de mon arrivée à

Jaipur, de nombreux fonctionnaires du palais et leurs épouses étaient invités à des réunions auxquelles assistait Jo Didi. Cet élargissement du cercle de ses fréquentations l'enchanta. C'était une femme chaleureuse, aimant la compagnie, et qui se réjouissait de voir ses appartements remplis de visiteurs.

Elle me raconta un jour, presque comme une plaisanterie, que lorsque Jai lui avait annoncé son intention de m'épouser, il avait organisé le soir même une petite réception en son honneur, pour la consoler si ses sentiments avaient été blessés. Je pensais pour ma part qu'en de telles circonstances, j'aurais absolument détesté être obligée de sourire, de bavarder et de paraître gaie toute un soirée. Mais elle avait été heureuse et touchée de ce geste, semble-t-il.

Notre existence se trouva tout naturellement divisée en deux parties : celle de la vie privée à laquelle Jo Didi participait, et celle de la vie publique dont l'excluait le purdah. Lorsque j'eus fait connaissance de tous les membres de sa famille et de ses proches parents, Jai me présenta ses ADC et leurs femmes, et souhaita que les plus jeunes parmi les femmes de la noblesse fussent invitées à nos pique-niques ou à nos sorties. Je fus touchée par cette prévenance ; mais je ne nouai de relations véritablement amicales avec aucune d'entre elles. Elles ne pratiquaient aucun sport, alors que c'était un de mes passe-temps favoris, et en fin de compte, mon cercle d'amis était essentiellement constitué par les amis de Jai joueurs de polo pour la plupart, et par leurs femmes, avec lesquels nous passions d'agréables soirées intimes, ou chez qui nous allions prendre le thé après une promenade à cheval.

Comparées à celles de Cooch Behar, même ces petites réunions étaient marquées par un certain formalisme, et mon propre comportement commença à en être affecté. Lorsque Indrajit vint à Rambagh, un an environ après mon mariage, il fut frappé par ma transformation et, avec son sans-gêne habituel et fraternel, il s'écria : « Mais pour qui diable te prends-tu ? La reine Mary ? »

Bien sûr, les plaisirs et les découvertes dont je me souviens le mieux dans ces premières années passées à Jaipur, sont ceux que j'ai partagés avec Jai. De temps en temps, il s'accordait une journée de liberté et m'emmenait à la découverte, à cheval ou en voiture. Il possédait plusieurs forts aux environs de la ville de Jaipur et nous allions souvent y pique-niquer. Nous choisîmes une fois d'aller jusqu'à un fort du XVIIIe siècle, juché sur une montagne dominant la ville, et auquel on accédait par une montée longue et sinueuse. De là, nous suivîmes la crête rocheuse pour atteindre un autre fort, surplombant de deux cents mètres environ le palais d'Amber. Ce palais possédait une haute tour de guet orientée vers le nord, et c'était là qu'était enfermé le fameux trésor du Jaipur, sous la garde vigilante d'une tribu de guerriers. Seul le maharajah pouvait pénétrer dans la tour et contempler le trésor. J'attendis devant l'enceinte impressionnante pendant que Jai entrait à l'intérieur. Mais, fidèle à la tradition, il ne me fit jamais aucune description du trésor, et la seule preuve que j'aie jamais vue de son existence était un magnifique oiseau précieux dont les yeux étaient d'énormes rubis et dont le bec tenait une magnifique émeraude, qui ornait la cheminée du salon à Rambagh.

Des vérandas du palais, j'avais souvent admiré un autre fort, Moti Doongri, perché sur un promontoire rocheux, et dont les créneaux dentelés étaient couverts de bougainvillées. De loin, il ressemblait à un jouet délicatement travaillé. Jai m'y emmena un matin et quand il sut combien il me plaisait, il répondit simplement : « Alors, il est à toi » ; et c'est ainsi que Moti Doongri devint ma propriété personnelle. Jai en fit moderniser l'intérieur, et nous échappions souvent au cérémonial et à la pompe de Rambagh, pour y déjeuner ou dîner tranquillement, souvent en tête à tête, et parfois, avec des amis. J'ai toujours associé cet endroit à une ambiance chaleureuse, intime, et plaisamment décontractée.

Nos sorties étaient parfois plus élaborées ; préparées des semaines à l'avance, elles comptaient un grand nombre d'invités. C'étaient généralement des chasses au gros gibier, à Sawai Madhopur, pour lesquelles le Jaipur était renommé. La première chasse qui suivit notre mariage m'a laissé un souvenir particulièrement aigu. Jai avait fait construire un petit pavillon de chasse dans les montagnes au sud-ouest de Jaipur, dominées par le célèbre fort de Ranthambor dont les remparts crénelés s'étendent sur des kilomètres. Avec nos serviteurs, nous occupions le pavillon, tandis que nos invités étaient installés dans un camp plus luxueux encore que ceux de mon enfance, dont les tentes étaient pourvues du dernier confort.

La chasse elle-même était différente de celles de Cooch Behar. Au Jaipur, nous n'étions pas montés à dos d'éléphant, mais juchés sur des plate-formes appelées *machans*. Le gibier était tout aussi abondant : tigres, panthères, ours, antilopes, sambars, et toutes sortes de cervidés s'y trouvaient en grand nombre. C'est là que nous reçûmes plus tard Lord et Lady Mountbatten de Birmanie, ainsi que la reine Elizabeth II et le prince Philip.

Les chasses ou les week-ends plus improvisés avaient souvent lieu à un autre pavillon que Jai avait fait construire au bord d'un lac, à quelque vingt kilomètres de la ville. Il ressemblait à un confortable manoir français. Notre séjour, quoique moins organisé, y était tout aussi actif, car là aussi le gibier était abondant et composé principalement d'antilopes et de sangliers.

Enfin, véritable thème de base de notre vie, il y avait le polo. Dès la fin des pluies de la mi-été, la saison commençait, et tous les deux jours, on s'entraînait sur les terrains de Jaipur, considérés comme étant parmi les meilleurs du monde. Jai était depuis son enfance un fanatique de polo, qu'il avait beaucoup pratiqué au collège Mayo. Son précepteur me raconta que lorsque Jai avait dix ou onze ans, il roulait son matelas pour en faire un « cheval » et, à califourchon, armé d'un quelconque bâton, il s'entraînait avec assiduité aux coups droits et aux revers.

A Jaipur, nos journées tournaient autour du polo. En fin d'après-midi, après que la chaleur du jour se fut atténuée, j'allais voir Jai jouer ou s'entraîner. J'emportais toujours mon tricot et, assise dans ma voiture décapotée, j'admirais les gracieux volte-face des poneys et de leurs cavaliers, en m'occupant les mains avec ma laine et mes aiguilles pour tenter d'oublier combien ce jeu pouvait être dangereux. Malgré cette tension, je ne pouvais m'empêcher d'admirer la beauté du jeu, que je redécouvrais chaque fois avec une surprise renouvelée. Les mouvements élégants, gracieux et parfaitement synchronisés des chevaux et des cavaliers haussaient ce sport au niveau de l'art.

Quand il n'y avait pas de polo, nous jouions au tennis, et nous invitions souvent les ministres à se joindre à nous. Nos déplacements hors de Jaipur étaient dictés en grande partie par le début de la saison de polo dans les différentes villes. Nous étions à Calcutta en décembre et en janvier, à Bombay ou à Delhi pour des compétitions parti : culières, ainsi que dans d'autres États, et nous allions en Angleterre pendant l'été. Dans chacun de ces endroits, ma propre vie, en tant qu'épouse de Jai, était remplie d'amusements, de réceptions et de sorties, et bien que je comprisse qu'il y avait de bonnes raisons pour que tout le monde pense que Jai était un joueur de polo de charme, frivole et ne paraissant jamais sans une jolie femme à chaque bras – et il faisait tout ce qu'il fallait pour correspondre au modèle – je commençais graduellement à comprendre que sa vraie vie était à Jaipur et que ses manières enjouées et amicales cachaient un souci profond du bien-être et du gouvernement équitable de ses sujets. A Jaipur, il riait et plaisantait dans le dialecte local avec n'importe qui – fermiers, boutiquiers, enfants rencontrés dans la rue – et son attitude envers eux était à mille lieues du style en usage au palais. Un jour, alors que nous sortions en Jeep, un groupe de jeunes garçons nous arrêta devant les grilles de

Rambagh. L'un d'entre eux dit à Jai, sur un ton de reproche : « Vous n'êtes pas venu hier, et nous avons tous été en retard à l'école. »

Jai s'excusa, mais le garçon insista : « Vous n'êtes pas venu du tout. Et demain, viendrez-vous ? »

« Oui, je serai là demain, je te le promets. », répondit Jai, et nous continuâmes notre chemin. A ma question étonnée, Jai m'expliqua que lorsqu'il se rendait le matin au terrain de polo pour sa promenade à cheval habituelle, ces enfants venaient le regarder ; après quoi, il les déposait à leur école, située en face de l'entrée du palais. La veille, Jai n'était pas sorti et les enfants l'avaient attendu, sûrs et certains que leur maharajah les conduirait comme d'habitude ; mais il n'était pas venu, et ils l'avaient tant attendu qu'ils arrivèrent tous en retard à l'école.

Une autre fois, je sortais du portail au volant de ma voiture lorsque j'entendis une rumeur inhabituelle, et aperçus Jai au centre d'un groupe. Il me fallut plusieurs minutes pour comprendre ce qui s'était passé. Apparemment au moment où Jai passait en voiture, son chien assis sur le siège arrière, un enfant était poursuivi par un singe. Alors qu'il ralentissait pour se porter au secours de l'enfant, le chien se précipita à la poursuite du singe, qui s'affola et mordit l'enfant. Jai me dit de prendre celui ci dans ma voiture et de le conduire à l'hôpital. En voyant la stupéfaction se peindre sur les visages du personnel hospitalier, je compris l'étrangeté du spectacle que je leur offrais – la maharani arrivant en pantalon, au volant d'une voiture de sport, un petit garçon blessé assis à côté d'elle. J'emportai l'enfant à la salle des urgences, attendis qu'il fût pansé, fuyant les regards insistants des médecins et des infirmières, et ramenai ensuite l'enfant chez lui. Jai n'avait pas marqué une seconde hésitation quant à l'ordre de priorité entre le besoin d'un de ses sujets et la dignité de la maharani.

Il y avait semble-t-il un lien particulier et intime entre les habitants de Jaipur et leur maharajah. Sauf pour les déplace-

Ma grand-mère, la maharani de Baroda.
La petite fille qui se tient à ses côtés est ma mère Indira.

Mon père, frère cadet du maharajah de Gwalior.
Ma mère et lui firent un mariage d'amour, malgré l'opposition de leurs familles.

Le palais de Cooch Behar au nord-est de l'Inde,
dans les confins himalayens.

De g. à dr. : mes deux sœurs Menaka et Ila et moi. J'avais alors seize an
et allais faire mon entrée au « Monkey Club ». *(Photo Lenare Ltd)*

Jai, encore enfant, posant devant son premier tigre.

Fiançailles
à l'occidentale :
Jai et moi
dans un
night-club
en 1937.

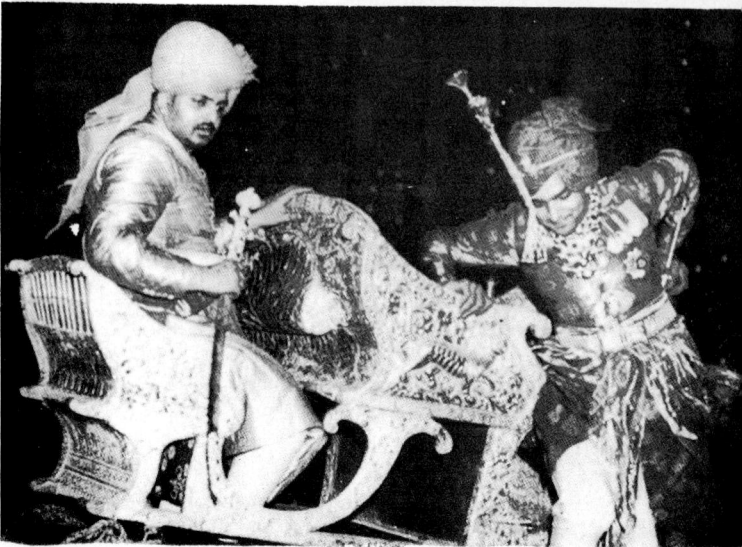

... et à l'orien-
tale :
Jai descendant
de son éléphant
le jour de
notre mariage.
*(Photo The
Statesman
Ltd, India)*

De g. à dr. :
Joey, Mickey
et Bubbles,
les trois
enfants de Jai.

Durant
une danse,
en costume local
de Rajputani.

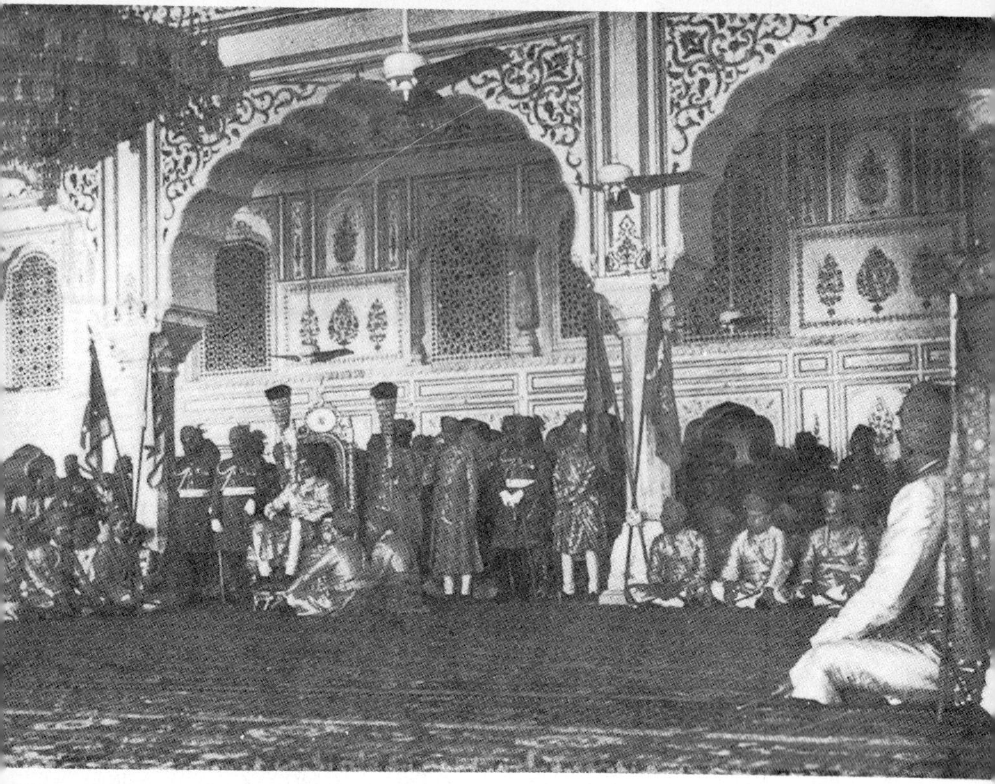

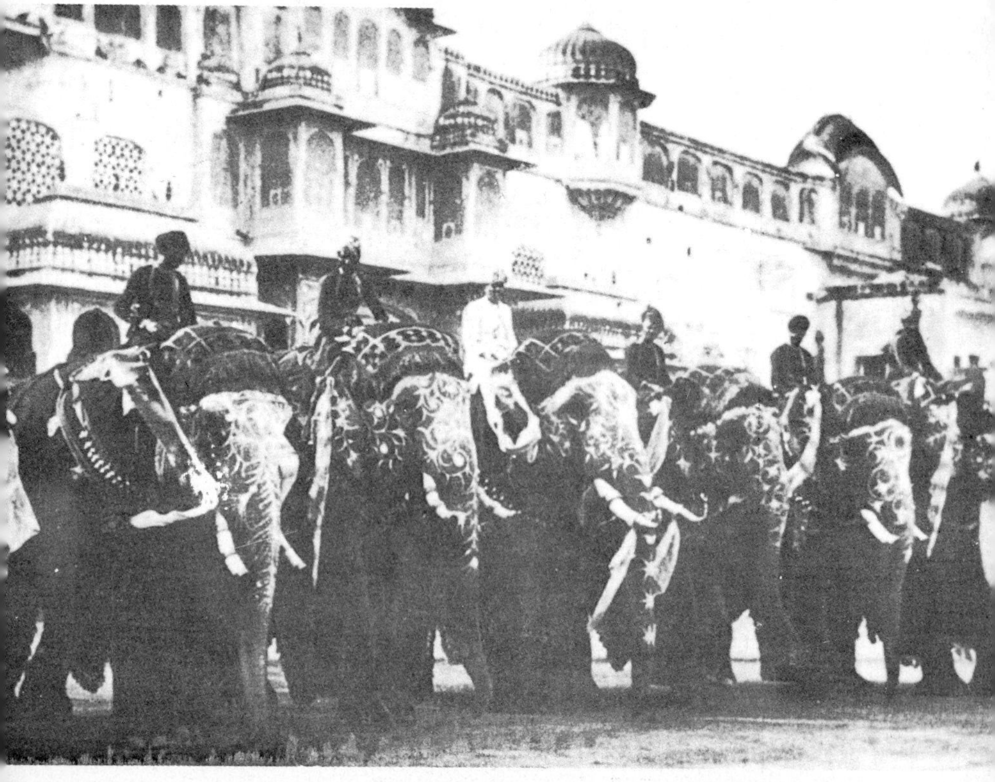

Durbar
au palais
de Jaipur :
à l'occasion de
son anniversaire,
Jai reçoit
l'hommage
de ses sujets.

Jai avec Lord
et Lady
Mountbatten,
le jour de son
jubilé d'argent,
en 1948.

En compagnie
de Bubbles,
le fils de
Jai (à dr.),
je reçois
en 1965
au palais
de Jaipur
son Altesse
royale
le Prince
Philip.

Devant le palais,
les éléphants
alignés
pendant les
vacances de
Dasehra.

Jai et moi
sur le chantier
du Rajmahal.

En 1975,
à Jaipur,
en compagnie
de Dominique
Lapierre (à g.),
de Robert
Laffont (à dr.)
et de cent
libraires
français
venus en Inde
pour la sortie du
livre de
Dominique
Lapierre
et Larry
Collins
« Cette nuit
la liberté ».

*Les photos non
signées relèvent de la
collection de l'auteur.*

ments officiels, la voiture de Jai n'arborait jamais de fanion, ni même les plaques rouges, signe de son rang. Mais tous connaissaient la Bentley ou la Jeep, et savaient qu'ils avaient toute licence de l'arrêter dans la rue, au terrain de polo ou aux portes du palais – n'importe où, en fait – s'ils avaient quelque plainte à formuler, s'ils souhaitaient appeler son attention sur quelque problème, ou tout simplement prendre des nouvelles de sa famille et l'entretenir de la leur. C'était une curieuse relation – qui existait également à Cooch Behar – que ce mélange de sollicitude, d'intimité et de respect qui colorait les sentiments des populations de ces États vis-à-vis de leurs souverains. Comme Bhaiya, Jai était appelé « père » par ses sujets, qui voyaient en lui la personnification de la force protectrice et de la justice bienveillante du père idéal. C'est une relation qui n'existe plus nulle part dans l'Inde moderne et indépendante.

A certaines époques déterminées, Jai était à la fois souverain et simple membre de la population de Jaipur ; c'était lors des fêtes dont il prenait la tête des cortèges, et auxquelles participait la ville entière et aussi les habitants des villages environnants. Au moment des grandes fêtes religieuses ou des cérémonies officielles, Jai et toute la noblesse revêtaient leurs plus beaux bijoux, leurs jaquettes de brocart, leurs grands turbans et leurs épées d'apparat, et les femmes portaient leurs chatoyants costumes du Rajasthan et les bijoux traditionnels. Défilés et processions parcouraient les rues, et dans le palais se succédaient cérémonies et festins. En ces occasions, des fêtes particulières étaient données au zénana à l'intention des femmes ; mais Jai abandonnait toujours les nobles et les ministres pour venir passer une partie de la journée avec nous. A mesure que se déroulait l'antique cérémonial de ces fêtes, on pouvait se croire revenu au XVIIIe siècle, sous le règne du grand maharajah Jai Singh II, fondateur de la ville moderne de Jaipur, qui était réputé pour la splendeur de sa cour et la sagesse de son gouvernement.

Les premières festivités auxquelles j'assistai furent Teej, en l'honneur de la déesse Parvati, la charmante et très belle épouse du seigneur Shiva. Les jeunes filles priaient Parvati de leur accorder un époux qui fût aussi bon que Shiva, tandis que les femmes mariées la suppliaient d'accorder longue vie à leur époux afin qu'elles puissent rester « vêtues de rouge » plutôt que du blanc monotone réservé aux veuves. En tant que maharanis, il nous revenait d'accomplir les cérémonies de prières et d'offrandes devant l'autel du palais de la Cité. Mais cette fois-là, les deux autres épouses étant absentes, il me fallut accomplir à trois reprises chaque acte de la cérémonie, une fois pour son Altesse Première, une fois pour son Altesse Seconde, et une fois pour moi.

Grâce au Ciel, Jo Didi avait eu la gentillesse, lorsque nous nous étions vues à Bangalore, de m'expliquer ce que j'aurais à faire et comment je devais agir. A mon grand soulagement – c'était la première manifestation officielle que je présidais à Jaipur – tout se passa sans difficulté ; je récitai les prières et fis les offrandes selon toutes les règles.

Après les prières, la statue de la déesse était portée en procession à travers les rues de la ville. Les eunuques conduisirent les femmes du zénana, pour qu'elles puissent assister au spectacle, par un parcours accidenté dans un labyrinthe de tunnels et de passages obscurs, jusqu'à une galerie surplombant la rue principale, au nord-ouest du palais. Nous avons bien dû parcourir plus de sept cents mètres, tournant sans arrêt à la suite des eunuques, dans ce dédale à peine éclairé. Je perdis tout sens de la durée et de l'orientation, n'ayant conscience dans notre course hâtive que du bruissement de la soie et du tintement des bracelets de cheville. Lorsque nous émergeâmes enfin à la lumière, je vis Jai siégeant en grande pompe dans un autre pavillon, entouré des nobles. A travers la dentelle de marbre des claustras de notre pavillon, nous jouissions d'une vue parfaite sur la vaste arène qui s'étendait à nos pieds, prévue à l'origine pour les combats d'éléphants, une des distractions favorites des anciens chefs rajputs. Cette arène servait de champ de foire, et les curieux s'y pressaient, gens de la ville ou, pour la plupart, paysans de la campagne environnante.

Le spectacle était d'une joyeuse exubérance. On voyait des balançoires des manèges, une grande roue, et d'innombrables étals où l'on vendait diverses babioles, des bonbons et de petites poupées d'argile, au milieu de l'aimable bousculade d'une foule indienne, parée de ses plus beaux atours pour la visite au palais, avec les enfants se précipitant de tous les côtés, hurlant de joie en ce jour de fête. Nous étions bouche bée d'admiration en voyant la cavalerie de Jaipur exécuter d'un côté de l'arène un exercice méticuleusement réglé de saut et de « test pagging* », tandis que de l'autre, une tribu d'ascètes .guerriers du désert exécutait une danse du sabre d'une dextérité stupéfiante. Les éléphants étaient rangés en ligne, leurs howdahs drapés de satins et de velours somptueux ; les tons vifs des uniformes et les ornements d'argent des soldats impeccablement alignés brillaient au soleil. Et tout autour se bousculait la foule de Jaipur aux turbans éclatants et aux robes multicolores.

J'observai la scène avec ravissement, pendant près d'une heure. Puis le signal fut donné et je me levai avec regret pour reprendre l'obscur cheminement du retour au zénana. Pendant ce temps, les hommes, Jai en tête, se rendaient de leur côté à leur propre temple, pour se réunir ensuite dans un pavillon de jardin où des rafraîchissements et un spectacle de musique et de danse les attendaient.

Lorsque l'effigie de la déesse fut ramenée au palais pour y reprendre sa place jusqu'à l'année suivante, j'eus de nouveau une cérémonie de prières à accomplir. Le premier jour, toutes les dames du palais, à l'exception des veuves, étaient vêtues de rouge. Le second jour, tandis que fêtes et réunions se

---

* Exercice sportif consistant à ramasser au galop, à l'aide d'une lance, de petits piquets de bois fichés au sol.

poursuivaient, nous étions toutes en vert. Nous passions des heures derrière les écrans des galeries surplombant les rues pour observer la joie de la foule. Les marchands ambulants étalaient leurs stocks constitués principalement de petites effigies de Shiva et Parvati en argile, qui étaient très demandées. Des groupes de femmes chantaient pour le plaisir des passants ; une de leurs chansons, me dit-on, faisait la louange de la nouvelle épouse du maharajah, qui avait amené la pluie sur la campagne desséchée. J'eus plaisir à apprendre que je jouissais de la faveur d'une partie au moins du public, si aberrant qu'en fût le motif.

Après les pluies, ce fut l'anniversaire de Jai. Les choses se déroulèrent de façon générale comme pour l'anniversaire de Bhaiya à Cooch Behar. Le matin, un salut de dix-neuf coups de canon fut tiré ; on distribua de la nourriture aux pauvres, des prisonniers furent libérés, et la journée fut déclarée fériée. Mais les deux cérémonies différaient par leur ampleur et par certains détails. Il y eut de solennelles parades militaires et de longues prières furent récitées au zénana et ailleurs. Les deux premières épouses revenaient toujours à Jaipur en cette occasion, de même que Jai, où qu'il fût. Au zénana, la maharani douairière présidait le durbar, et c'était la seule occasion où nous, les épouses de Jai, avions le droit de laisser nos visages à découvert en sa présence.

Jai tenait de son côté un durbar grandiose dans la salle d'audience du palais, assis sur le trône ancestral, entouré de part et d'autre de ses assistants personnels, les membres de la noblesse, les fonctionnaires de l'État et les officiers rangés sur les deux côtés. A l'autre bout de la salle, faisant face au trône, danseuses et musiciens donnaient un spectacle tandis que, un par un, en ordre hiérarchique, les courtisans venaient offrir à Jai le témoignage de leur allégeance. Les officiers tiraient à demi leurs sabres des fourreaux, et Jai en effleurait la garde, donnant acte par là qu'il reconnaissait leur loyalisme. La cérémonie était d'une perfection et d'un panache sans pareils. Plus tard, Jai vint au zénana assister à un autre durbar où il prit place sur un trône à la gauche de la maharani douairière. Aucune femme n'était tenue au purdah devant le maharajah, bien qu'elle dût normalement garder le visage couvert en marque de respect envers les dames plus âgées. Tandis que des artistes dansaient et chantaient les louanges de Jai, les dames de la cour offrirent à leur tour les gages de leur allégeance.

Dans toutes les fêtes, le rôle principal était tenu par le maharajah. Avec les dames de la cour, j'assistais, dissimulée derrière des écrans de pierre ajourée, à toutes ces cérémonies, faisant taire la fierté que m'inspirait le personnage de Jai. C'était Dasehra, ou Durgapuja comme on l'appelait à Cooch Behar, qui était la fête la plus importante de l'année. Jai présidait le culte voué aux armes et instruments de guerre et, dans un carrosse doré tiré par six chevaux blancs, se rendait ensuite à un palais éloigné de cinq kilomètres, utilisé uniquement pour le durbar de Dasehra. Les cérémonies étaient magnifiques et parfaitement organisées et elles faisaient sur les sujets de Jai une impression profonde et rassurante. Les troupes ouvraient la marche avec la cavalerie, les chars à bœufs et les chameaux, tous accompagnés de fanfares ; venait ensuite la garde personnelle de Jai, montée sur des montures magnifiquement caparaçonnées. (Il y avait parmi elle de piètres cavaliers ; les rires et les moqueries allaient bon train parmi les dames du zénana pendant que la procession défilait sous nos fenêtres.) Sur tout le parcours, d'immenses acclamations saluaient Jai, et le public s'entassait aux fenêtres et aux balcons, ainsi qu'à tous les endroits d'où l'on pouvait le voir et crier à son approche : « Maharaja Man Singhji Ki Jai » (Victoire pour le maharajah Man Singhji.)

Le nouvel an hindou, Diwali, est célébré pendant la nuit la plus noire de l'année qui, selon le calendrier lunaire, se situe à la fin d'octobre ou au début de novembre. C'est le moment où marchands et hommes d'affaires arrêtent les comptes de l'année et se préparent à engager de nouvelles dépenses et transactions. C'est la seule période où le jeu soit admis – et même encouragé – et chacun prie pour que l'année nouvelle soit bénéfique. A Jaipur comme à Cooch Behar, le palais et toute la ville étaient illuminés, et prenaient l'allure de constructions imaginaires étranges et magnifiques. A Jaipur, on illuminait les forts sur les montagnes avoisinantes, qui semblaient alors miraculeusement suspendus dans les airs. En dessous, à même le flanc des montagnes, le profil de la déesse Lakshmi, dispensatrice de la fortune, apparaissait, dessiné par des lumières, tandis que tous les palais, les bâtiments publics et les maisons privées, étaient décorés à l'envi. Rambagh et le palais de la Cité étincelaient de milliers de petites lampes faites de petits pots d'argile remplis d'huile et pourvus d'une mèche, et dans la cour du palais de la Cité, des jeunes filles dansaient du matin au soir. Jai s'y rendait en grande cérémonie, vêtu d'une jaquette noire et coiffé d'un turban noir et or, et, en présence de la noblesse, offrait des prières à Lakshmi, tandis que les danses et les chants continuaient et qu'on allumait en apothéose un feu d'artifice coûteux.

Jai conviait toujours de nombreux invités à ces fêtes de Diwali, les incitant à jouer au bridge ou à la roulette, ou à n'importe quel jeu de hasard, pour célébrer la nouvelle année. Les femmes ne se joignaient pas à eux. Vêtues de bleu foncé, couleur prescrite pour le Diwali, nous regardions d'une terrasse s'épanouir le feu d'artifice, et retournions ensuite à Rambagh pour un grand dîner de famille, suivi d'un autre feu d'artifice pour nous seuls.

Une cérémonie moins grandiose, mais la plus belle de toutes, à mon avis, avait lieu deux semaines avant Diwali quand la pleine lune brille de tout son éclat, pour célébrer la fête de Sharad Murnima. Un durbar était alors tenu en plein air. Il ne s'y passait pas grand-chose ; mais Jai et tous ses courtisans paraissaient à ce durbar vêtus du rose le plus tendre, leurs épées et leurs joyaux étincelant au clair de lune. Ce spectacle extraordinaire et presque d'un autre monde est gravé à jamais dans mon souvenir.

Les fêtes à Jaipur se déroulaient à peu près comme celles de Cooch Behar ; certaines, pourtant, avaient des aspects peu engageants. Holi, qui à Cooch Behar était la manifestation d'une joie exubérante à l'arrivée du printemps, qu'on exprimait en se jetant des poignées de poudre rouge les uns aux autres, s'accompagnait à Jaipur d'un cérémonial plus important et moins attrayant. Ce premier Holi, Jai parcourut les rues à dos d'éléphant, comme c'était la coutume, en compagnie de Bhaiya qui se trouvait alors chez nous. C'était une véritable foire d'empoigne ; les gens se bombardaient avec des projectiles de cire gros comme des balles de tennis, remplis d'eau et de poudre colorée. Tandis qu'ils parcouraient les rues, Jai et Bhaiya étaient les cibles rêvées pour les citadins entassés sur les toits, aux fenêtres et aux balcons. Bhaiya me confia plus tard que ce fut l'épreuve la plus pénible qu'il eût jamais subie. Jai, qui savait fort bien ce qui l'attendait, avait emporté des munitions, et s'était armé à titre de précaution supplémentaire d'une lance à eau pourvue d'un compresseur, pour tenir la foule à distance. Malgré l'épreuve qu'ils venaient d'affronter ensemble, Jai et Bhaiya, de retour au palais de la Cité « jouèrent » encore à Holi, mais plus calmement, autour de la fontaine, avec les nobles et les fonctionnaires en costume de cour.

Dans une cour dépendant d'un des appartements du zénana, Jo Didi et moi « jouâmes » aussi à Holi avec les autres femmes, qui portaient des tenues très recherchées et, à ma grande surprise, leurs bijoux de cérémonie. Ces dames étaient adroites, et Jo Didi et moi étions leurs cibles de prédilection. Non seulement elles nous lançaient leurs douloureuses pelotes de cire, mais encore elles nous arrosaient d'eau colorée qu'elles prenaient dans des récipients d'argent ou de cuir, et nous fûmes sans tarder trempées et colorées jusqu'à la peau. A mon grand désespoir, Jai nous rejoignit dans le zénana après sa partie avec les hommes, et ce jeu affreux continua de plus belle.

Dans les années qui suivirent, le jeu eut lieu dans nos jardins privés, et Holi devint moins dangereux et démoralisant ; mais de temps en temps, un coup bien porté faisait toujours aussi mal, et les taches n'étaient pas moins difficiles à faire disparaître. Une amie, qui devait reprendre son travail à Londres aussitôt après Holi, se trouva fort embarrassée. Elle arriva en retard à son bureau, couverte de teinture jaune, et ne réussit à apaiser son patron qu'en invoquant une mauvaise jaunisse contractée en Inde, dont elle se remettait à peine.

Ces premiers mois à Jaipur, avec toute leur étrangeté, leurs plaisirs, leurs soucis, leurs moments d'embarras et leurs joies, furent mon introduction à un mode de vie que je n'avais jamais imaginé devoir être le mien. J'appris à connaître les devoirs et les responsabilités, les plaisirs et les interdits qui dessinaient la vie d'une maharani dans un État important. Je vis également qu'on peut se sentir seule tout en étant très entourée, et malgré tout, heureuse, même sous le voile étouffant du purdah.

En d'autres termes, je pense que j'étais en train de devenir adulte. Sans doute, aurais-je pu m'accommoder des choses pendant des années, me réjouissant de ce qui était agréable, éprouvant souvent de l'ennui ou souffrant du désœuvrement dans ma vie quotidienne, entourée de luxe mais manquant totalement d'éléments nourriciers pour ce qu'il faut appeler, je suppose, mon âme, voyant Jai trop rarement et me rongeant en son absence, m'arrangeant de la société trouvée dans le zénana, et tout à fait hors d'état de mesurer vraiment les profondes satisfactions que pouvait procurer une position telle que la mienne.

Mais la guerre, une fois engagée, exigeait la coopération du Commonwealth, et elle transforma ma vie comme elle transforma bien d'autres choses encore.

LA GUERRE

Jai était soldat dans l'âme – héritage de ses ancêtres rajputs – et se montrait impatient de prendre du service. Mais il lui fallait auparavant obéir au vice-roi qui souhaitait voir les princes rester en Inde et diriger l'effort de guerre dans leurs États. Avant l'ouverture des hostilités et même avant notre mariage, Jai avait organisé les forces armées de Jaipur et avait créé un bataillon spécial, les gardes Sawai Man, dont il avait lui-même formé les officiers. A l'heure du besoin, deux bataillons de Jaipur étaient déjà prêts à l'action. Le premier bataillon d'infanterie partit sans tarder pour le Moyen-Orient, et les gardes furent dépêchés sur la frontière du nord-ouest, cette frontière avec l'Afghanistan rendue célèbre par Kipling et Yeats-Brown, où il fallait incessamment contenir les tribus nomades et guerrières, par la corruption ou par la force, ou par les deux à la fois, afin d'éviter qu'elles ne viennent piller les villages indiens des vallées de l'Himalaya. Par la suite, les gardes furent aussi envoyés outre-mer.

L'opinion indienne se trouvait alors divisée par un débat politique important et complexe. Le parti du Congrès et ses chefs – le mahatma Gandhi et le pandit Jawaharlal Nehru, notamment – faisaient face à un dilemme crucial. L'influence profonde de Gandhi sur la population était due à sa foi dans le principe de non-violence, dont il se faisait l'apôtre avec un zèle de missionnaire. Cette conviction qui lui avait acquis le soutien de millions d'Indiens, avait réduit au désespoir des milliers de fonctionnaires britanniques qui ne voyaient pas d'autre solution que la prison pour en venir à bout, chose qui ne troublait nullement Gandhi, et dont le seul résultat était d'accroître encore la ferveur de la population à son égard.

La guerre devait faire naître une attitude nouvelle chez le

mahatma Gandhi et ses amis du parti du Congrès. Une chose était absolument évidente : il haïssait le fascisme et il était de tout cœur avec ceux qui le combattaient. Mais, selon ses propres termes, des esclaves pouvaient-ils venir à l'aide de leurs maîtres pour combattre la tyrannie ? Quelle position l'Inde devait-elle adopter ? Elle devait, à n'en pas douter, s'élever contre le fascisme. Mais comment le manifester ? Et le moment n'était-il pas venu de profiter de l'affaiblissement de la Grande-Bretagne pour lui arracher des concessions ?

Non, déclara Gandhi. Non, nous devons maintenir nos principes sans pour autant handicaper l'effort de guerre des Anglais. Certains dirigeants du parti désignés iraient en prison pour désobéissance civile, afin de prouver leur résistance à la présence britannique en Inde, mais le reste de la population devait obéir à sa conscience et garder à l'esprit que personne ne souhaitait gêner les efforts de la Grande-Bretagne dans son juste combat.

Mais certains faits isolés compliquaient le problème. Le parti du Congrès pensait qu'il aurait fallu que le vice-roi, Lord Linlithgow, consulte l'opinion indienne avant d'engager le pays dans une guerre étrangère. Or, il ne l'avait pas fait, et les membres du parti siégeant dans les assemblées législatives de tout le pays, lancèrent une campagne de non-coopération avec les Anglais. Les journaux publièrent en première page le compte-rendu d'un entretien entre le vice-roi et le mahatma Gandhi, où ce dernier déclarait que tout en déplorant l'agression nazie contre la Pologne, il était impuissant à convaincre son parti d'accorder son aide à la Grande-Bretagne.

En dépit de toutes les réticences et des risques politiques encourus la contribution indienne à l'effort de guerre des Alliés fut remarquable. Deux millions et d'hommes et de femmes s'engagèrent dans les forces armées et dans les services annexes, tandis que plusieurs millions d'autres travaillaient pour la guerre. Les troupes indiennes jouèrent un rôle primordial dans les victoires remportées par le commandement du sud-est asiatique, tandis que la célèbre XIVe armée était constituée par neuf divisions indiennes, trois divisions anglaises, et trois divisions africaines. Les États princiers, bien entendu, mettaient en jeu tous leurs moyens pour soutenir cet effort de guerre.

Jai fut affecté au treizième régiment de lanciers, qui était posté à ce moment-là à Risalpur, prés de la frontière nord-ouest. J'eus le bonheur et le soulagement de pouvoir l'accompagner, et c'est alors que je pus mesurer combien pesaient sur moi les apparats du pouvoir et les devoirs d'une maharani. C'était le paradis de pouvoir vivre, comme n'importe quelle épouse d'officier, dans un petit bungalow de cantonnement, de m'occuper moi-même de la maison et d'être directement responsable du bien-être de mon mari – de choisir les menus, faire les courses, tenir les comptes, et lui taper ses lettres. Je ne jouissais d'aucun privilège ni d'égards particuliers : je n'étais que la femme d'un capitaine, et l'épouse du colonel m'inspirait comme il se doit, une considération mêlée de crainte.

Jai aimait tout autant que moi cette vie militaire. Lorsqu'il n'était pas de service, nous nous promenions à cheval ou jouions au squash, nous recevions d'autres ménages d'officiers et nous étions nous-mêmes souvent invités. Le club était le centre de nombreuses et plaisantes activités. Le 13e lanciers étant un régiment de cavalerie, le polo y était d'un excellent niveau. D'ailleurs, Jai, comme les autres officiers, avaient amené à Risalpur ses propres chevaux. Je me plaisais aux réunions de travail qu'organisaient les femmes et jouissais par-dessus tout de cette merveilleuse liberté d'être moi-même sans aucune contrainte.

Dans le climat vif et frais de ce pays rude et très beau, on ressentait continuellement le risque d'un danger, ce qui pour moi, ajoutait du piment à notre vie. Jai ne me laissait jamais sortir seule, car les populations des régions frontalières étaient perpétuellement sur le pied de guerre, venant, depuis leurs repaires montagnards, attaquer les imprudents, arrêter les voitures et saisir tous les vêtements et biens de leurs occupants. Mais je réussis tout de même à voir en sa compagnie quelques-uns des sites célèbres de la région : le magnifique fort d'Attock, la passe du Kyber, Peshawar, la ville frontalière qui garde l'extrémité sud de la passe, et Mardan, où la Guides Cavalry entretenait un mess réputé dont elle tirait orgueil à très juste titre.

D'ordinaire, Jai rentrait le soir auprès de moi, comme n'importe quel autre mari, et me racontait les incidents de sa journée. Il y en avait de divertissants. Le 13e lanciers suivait, par exemple, des cours de mécanique ; mais tous ces cavaliers étaient manifestement bien plus à l'aise sur leurs chevaux que sur des tanks, et Jai me raconta qu'un jour dans un cas d'urgence, les plus naïfs d'entre eux s'efforcèrent d'arrêter leurs tanks en tirant de toutes leurs forces sur le volant.

Pour ma part, grâce à des notes prises en sténo, je pouvais lui rendre compte de toutes les nouvelles diffusées par la radio. Mon stage à l'école de secrétariat, grâce auquel je pouvais également lui taper ses lettres confidentielles, se révéla en la circonstance fort utile. Le temps passé en Suisse à l'école ménagère n'avait pas été non plus inutile. Je savais quels ingrédients entraient dans nos menus et évaluer la quantité à acheter pour éviter le gaspillage. Et je savais aussi composer des repas équilibrés et tenir mes comptes.

Comme toutes les familles d'officiers, nous disposions d'un petit nombre de domestiques. Petit s'entend selon les normes indiennes habituelles : un cuisinier, un maître d'hôtel, un homme de peine, une femme de chambre, un valet pour Jai et son ordonnance. Il y avait aussi bien entendu, des palefreniers pour les huit poneys et les deux autres chevaux.

Il m'arriva, au début, une aventure qui me plongea dans la confusion la plus totale, un jour où j'avais eu l'idée de me mettre en cuisine et de faire du fondant au chocolat. Je n'ai jamais été bonne cuisinière – tous les plats auxquels je m'essaye sont généralement ratés – mais cette fois-là le fondant fut parfait, et je le plaçai sur la table pour nos invités. Il eut le plus grand succès, et une femme demanda où j'avais pu me le procurer. Non sans fierté, je lui avouai l'avoir fait moi-même, et je vis alors avec surprise les visages se figer et les regards se détourner. Une des jeunes femmes me prit ensuite à part et me dit : « Vous ne savez pas que le sucre est rationné ? On n'en touche que juste ce qu'il faut pour faire le thé. Comment en avez-vous eu assez pour faire du fondant ? »

Je me souvins alors que, ne trouvant pas assez de sucre à la cuisine, j'avais envoyé le domestique m'en acheter. Il s'en était procuré, évidemment au marché noir. Je ne m'étais jusqu'alors jamais aperçue de l'existence du rationnement ; mais la vision de tous ces visages figés autour de notre table, m'incita à une plus grande prudence dans la rédaction des listes d'achats que je faisais pour le cuisinier, ou même pour moi.

Nous n'avions amené qu'une seule voiture à Risalpur, et elle fut immobilisée pendant plusieurs jours, après notre arrivée. Jai, fatigué, m'avait priée de conduire. Pressé de trouver une bière fraîche à Risalpur, il me demanda d'aller vite, et je ne pris pas le temps de rapprocher mon siège du volant. Je me débrouillais fort bien sur ces routes de montagne en lacets, Jai somnolant à mon coup, ayant pris un virage un peu trop vite, je percutai un troupeau d'ânes, dont l'un atterrit sur le capot. Jai ouvrit les yeux à ce spectacle surprenant, qui fut par la suite un de ses sujets préférés de taquinerie. Les ânes étaient indemnes mais il fallut remplacer les phares de la voiture. Je fus la seule à en pâtir d'ailleurs, car Jai se rendait à son travail à bicyclette, me laissant la voiture pour les courses et les activités diverses organisées par les femmes d'officiers.

Cet intermède ne se termina que trop vite. Peu avant la Noël de 1941, il y eut des incidents avec les tribus afghanes. Le régiment se trouva dépêché à la frontière même, et je me retrouvai bientôt avec les autres épouses, agitant la main en signe d'adieu en retenant mes larmes, tandis que le régiment défilait. J'avais vivement souhaité rester au cantonnement dans ma petite maison ; mais Jai exigea que je retourne à

Jaipur. Il ignorait en effet quelle serait la durée de son absence, et répugnait à me laisser seule dans une région aussi peu sûre.

C'était le premier Noël que je passais à Jaipur. Jo Didi était là avec les quatre enfants, et en raison de la présence de la gouvernante et des nurses anglaises, ce fut un Noël tout à fait occidental, avec tous les éléments de rigueur : un arbre immense, avec des cadeaux pour chacun, tandis qu'au dehors brûlait le soleil tropical. Et parmi les cris de joie, le père Noël fit son apparition pour la fête des enfants, dans la soirée, monté sur un éléphant d'apparat.

L'absence de Jai me pesait. Mais ce séjour à Jaipur fut l'occasion de me familiariser pour la première fois avec ses enfants. Ils étaient très ouverts et j'étais pour eux une grande source d'intérêt. Bientôt je fus à leur disposition constante, requise pour les promenades à bicyclette, les parties de ping-pong, les sorties à cheval ou la chasse. Ils adoraient sortir avec moi en voiture, trouvant que je conduisais dangereusement vite. Et la prédiction de Ma se vérifiait finalement : je passais en effet une grande partie de mon temps dans la nursery.

Mickey, l'aînée et seule fille de son Altesse Première, était ma cadette de dix ans et avait donc onze ans à cette époque. Elle était constamment chez moi toute fascinée par mes vêtements, examinant et palpant tout, depuis les saris et les pantalons jusqu'aux chemises de nuit et à la lingerie. Elle voulait mettre exactement tout ce que je portais, et importunais sa gouvernante pour que celle-ci me demande où l'on pourrait trouver des vêtements identiques à sa taille. Finalement je lui achetai moi-même tous ses vêtements. Avec Bubbles, son jeune frère, elle restait debout près de moi à me regarder lorsque j'étais devant ma coiffeuse. Je ne me fardais qu'à peine, ce que Bubbles trouvait d'une grande excentricité. « Pourquoi ne te mets-tu pas de rouge à lèvre ? » demandait-il. « Pourquoi n'en mets-tu pas plein ? »

Joey, l'aîné de Jo Didi était le plus espiègle de la famille, l'esprit fertile en farces et en questions indiscrètes et totalement dépourvu de timidité. Son jeune frère Pat, le même qui avait attendu mon arrivée à Bangalore en faisant des tours de bicyclette, afin de pouvoir m'examiner à son aise, était encore trop petit pour se joindre à toutes les occupations et jeux des autres.

Ma propre famille passait l'hiver à Calcutta, comme d'habitude, et Ma écrivit à Jai pour qu'il me permette de la rejoindre. Je m'arrangeai pour arriver à « Woodlands » le 1er janvier, car je ne souhaitais pas assister sans lui aux fêtes du nouvel an, ce que j'aurais trouvé trop déprimant. Le réveillon réunissait toujours beaucoup d'invités ; mais Ma m'écrivit que cette année-là, elle préparait une fête particulièrement grandiose en vue de l'effort de guerre. Elle transforma tout le jardin en champ de foire et obtint en une seule soirée près de dix mille roupies. A mon arrivée, les conversations roulaient toujours avec enthousiasme sur cette fête, et je me pris à avoir des regrets de l'avoir manquée.

La saison fut aussi gaie et active que jamais. Peut-être avions-nous conscience qu'avec l'intensification de la guerre notre vie sociale serait sévèrement limitée, et ne reviendrait peut-être plus jamais telle que nous la connaissions. Pendant tout le séjour à Calcutta, je me sentais très hésitante sur ce qu'exigeait de moi la position d'épouse de Jai, et sur ce qu'il m'était permis ou non de faire. Je n'étais pas en purdah, mais la coutume était très largement répandue, non seulement au Rajputana, mais dans la plupart des États de l'Inde, et même dans le reste de la société indienne. Très rares étaient les femmes qui sortaient sans être accompagnées par un parent ou un chaperon. Mon mariage avec Jai avait fait beaucoup de bruit et les regards étaient fixés sur moi. J'avais l'impression continuelle d'être observée par des yeux qui n'étaient pas toujours charitables, avides de découvrir dans mon comportement quelque signe dénotant que notre bonheur n'était pas ce qu'il paraissait être. Je parvins toutefois à m'en tirer, et, très encouragée par les lettres de Jai qui m'exhortaient à me distraire, réussis à éviter tout faux pas.

La dernière de toutes les célébrations que nous organisâmes à « Woodlands » fut celle des fiançailles d'Indrajit et de la princesse Pithapuram. Singapour était tombée aux mains des Japonais et la guerre était tout à coup à notre porte. « Woodlands » devint un hôpital, Ma et Bhaiya se repliant dans les logements des chauffeurs lorsqu'ils venaient à Calcutta. Bhaiya passait presque tout son temps à Cooch Behar, qui était très proche de la zone des combats. Une énorme base américaine y avait été installée, et la fameuse route de Birmanie traversait l'État. Notre petite ville endormie devint un centre international très mouvementé qui fut bientôt surnommé le « Shangrila* des G.I. ».

Nous pensions nous réinstaller à « Woodlands » après la guerre, mais lorsque celle-ci prit fin, trop de choses avaient changé et trop d'événements avaient eu lieu. On était à la veille de l'indépendance, les États princiers envisageaient d'entrer dans l'Union Indienne et « Woodlands » était de surcroît dans un triste état. Bhaiya vendit la propriété, et aujourd'hui une clinique et de nombreuses maisons ont remplacé notre ancienne demeure.

Le quartier est aujourd'hui encore connu sous le nom de « Woodlands », ce qui me cause, je dois l'avouer, un certain plaisir.

Au bout de deux mois, Jai revint de la frontière, à temps pour accueillir Indrajit et sa femme après leur mariage chez les parents de celle-ci. Jai était agité et irritable, toujours très impatient de prendre du service au Moyen-Orient, tandis que le vice-roi était tout aussi décidé à maintenir les princes dans leurs États. En fin de compte, Jai écrivit au secrétaire personnel du roi George VI pour demander s'il pouvait rejoindre le régiment des Life Guards, auquel il avait appartenu quelque temps en 1936, autorisation qui lui fut finalement accordée.

---

* Paradis.

Il était euphorique, mais la nouvelle de son départ souleva l'opposition anxieuse de sa famille et de ses ministres. Il me demanda de le comprendre et de le soutenir, m'expliquant que la guerre était une tradition chez les Rajputs, et qu'il était tout à fait contraire à leurs principes que le maharajah restât chez lui pendant que ses hommes se battaient. Il me rappela aussi que son ancêtre direct, Raja Man Singh, avait été le plus grand des généraux de l'empereur Akbar. Il se montra si pressant et persuasif que je ne pouvais m'empêcher de le défendre à chaque fois qu'on le critiquait de vouloir quitter son État et les devoirs de sa charge. Je fis moi-même ses valises, avec un art dont je m'enorgueillissais à l'extrême ; car je parvenais toujours à y faire tenir deux fois plus de choses qu'aucun de ses valets. Après toute une série de réunions d'adieu à Jaipur, organisées par la famille, la noblesse et le public, j'accompagnai Jai chez ma grand-mère de Baroda dont il tenait à prendre congé. Elle se trouvait en villégiature dans une agréable station aux environs de Bombay, où elle voyait chaque jour le mahatma Gandhi pendant sa promenade matinale. Mais elle ignorait qu'en 1937, Jai qui n'avait jamais rencontré le mahatma, avait été prié par les autorités britanniques de le faire arrêter lors de son passage à Jaipur. Il y eut quelque confusion – ou le message n'arriva pas à temps ou le train ne s'arrêta pas là où on l'attendait – quoi qu'il en soit, l'affaire en resta là. Lorsqu'ils se rencontrèrent, Gandhi accueillit Jai avec ces mots : « Ah, alors c'est vous le méchant garçon qui avez essayé de m'arrêter ? Je fais enfin votre connaissance. »

Ma grand-mère qui tenait à les voir en bons termes, fut désarçonnée par ce premier contact ; mais ni le mahatma ni Jai ne paraissait y voir autre chose qu'une plaisanterie.

Le 9 mai, premier anniversaire de notre mariage, le bateau de Jai prit la mer. J'assistai avec Ma à son départ, puis partis tristement avec elle pour Kodaikanal, une très belle station de montagne du sud de l'Inde. Maintenant que j'étais mariée, ma vie dans la famille ne pouvait reprendre exactement comme autrefois. J'étais exclue des excursions et des parties organisées par Menaka et Bébé. J'aurais été ravie d'y participer ; mais leurs amies voyaient en moi une femme mariée, donc trop âgée pour se joindre à elles. Je passais mes journées seule, à faire d'interminables parcours de golf, à m'occuper du berger allemand de Jai, le préféré de toute la meute de Rambagh, et à écouter avidement la radio pour guetter les nouvelles de son bateau.

Ma donna une fête pour mon vingt-deuxième anniversaire. Comme toutes celles qu'elle organisait, c'était parfait, mais aucun des invités n'avait moins de cinquante ans ; tous les hommes jeunes que nous connaissions étaient mobilisés ; et la plupart des jeunes femmes, si elles n'étaient pas en train de travailler pour la guerre, ne passaient en tout cas pas l'été à la montagne. Seuls les ménages retraités et les plus âgés des amis de Ma étaient disponibles et l'on assistait au club au déprimant spectacle de femmes dansant ensemble.

Je trouvais ma seule consolation dans les lettres de Jai, dès qu'elles commencèrent à arriver. Il était très déçu d'avoir manqué de très peu son régiment, parti d'urgence pour une mission inattendue. On l'envoya alors dans la zone de Gaza rejoindre les Royal Scots Greys, où il retrouva beaucoup de ses amis fervents de polo et partagea une tente avec le fameux Humphrey Guinness. Peu après, il fut transféré au Caire, d'où il me demanda de lui adresser les journaux indiens afin qu'il puisse se tenir au courant de ce qui se passait chez nous. Il fut nommé officier de liaison des États indiens, poste agréable où il éprouva quelques moments d'embarras : en effet, lorsqu'il accompagnait un général auprès d'un régiment indien, les ovations s'adressaient à lui et non à son supérieur.

Je fus ravie de cette nomination, sachant combien il se préoccupait du bien-être des troupes de cette armée, et plus encore parce qu'elle aurait pour conséquence de lui faire passer un certain temps en Inde, principalement à La Nouvelle-Delhi, ce qui lui donnerait chaque fois la possibilité de passer quelques jours à Jaipur. Le premier de ces retours eut lieu en septembre 1942. On lui envoya notre Dakota pour le chercher et j'en profitai pour aller à sa rencontre, accompagnée seulement de son chien. Jo Didi m'avertit que j'aurais des ennuis, car Jai nous interdisait strictement de nous déplacer toutes seules. A mon grand soulagement, il parut très content de me voir. Malgré cela, dès que nous arrivâmes à Jaipur, les règles sévères du purdah entrèrent de nouveau en jeu : je fus débarquée à une extrémité de la piste, et on me fit monter prestement dans une voiture purdah, tandis que l'avion emportait Jai à l'autre bout de la piste, où l'attendaient ses ministres, les membres de la noblesse, le personnel du palais et la moitié de la population qui était venue l'accueillir.

La guerre, qui entraînait pour bien des gens des privations de toute sorte, fut pour moi l'occasion d'accéder à une certaine liberté. Jai m'encouragea à participer à l'effort de guerre, et je commençai aussitôt à me rendre aux réunions de travail tenues au club des femmes, sous les auspices de la Croix-Rouge. J'y rencontrai toutes sortes de personnes : des professeurs, des médecins, des épouses de fonctionnaires. Leur fréquentation était bien plus stimulante que celle des femmes du palais annihilées sous la chape du purdah, et en outre, j'éprouvais le sentiment d'apporter un soutien, fût-ce de manière indirecte, à mes proches engagés dans le combat : à Jai, bien sûr, et à Bhaiya, qui était particulièrement exposé maintenant que les Japonais avançaient en Birmanie, ainsi qu'Indrajit qui servait outre-mer.

Jo Didi et moi organisâmes à Rambagh, pour les femmes aux habitudes plus orthodoxes, des séances de tricot et de couture au bénéfice de la Croix-Rouge ; j'arrivai même à persuader certaines habitantes du palais que tricoter des vêtements tels que des chandails ou chaussettes n'étaient pas indigne de leur rang, car elles apportaient ainsi leur aide au maharajah. A côté de ces travaux sédentaires, je consacrai beaucoup de temps à rassembler des fonds en organisant des séances théâtrales et des fêtes au club des femmes, afin d'améliorer l'ordinaire des forces de l'État de Jaipur au Moyen-Orient.

Ayant encore un surcroît d'énergie à dépenser, car le succès tant financier que social de mon effort de guerre avait étayé ma confiance, je commençai à prendre en main la direction de Rambagh. Lorsque l'intendant anglais nous avait quitté, Jai m'avait suggéré de le faire et je me rendis compte alors que, bien qu'ayant vécu à Jaipur depuis mon mariage, je ne m'étais jamais souciée le moins du monde de savoir comment les choses étaient organisées, m'étant contentée, comme tout le monde, de jouir de mon confort. Il y avait plus de quatre cents domestiques à Rambagh, et Jai, voulant éliminer toute prodigalité superflue, avait un œil de militaire pour tous les détails et s'attendait à ce que tout fût impeccable. Les gardes stationnés aux neuf portes du palais subissaient des inspections régulières. Il fallait que les jardins soient irréprochablement bien entretenus. Des équipes de jeunes garçons étaient postées en différents endroits avec la mission d'empêcher les pigeons d'aller nicher dans les bâtiments ou de les souiller.

L'administration du palais relevait de deux départements différents. L'administrateur avait pour fonction de commander les provisions et de gérer les resserres, de préparer les menus et de distribuer les provisions de chaque jour. Il était chargé du linge, uniformes du personnel compris. C'était en quelque sorte un super-intendant, gérant d'une manière générale la marche des affaires quotidiennes du palais. Il était secondé dans sa tâche par des assistants chargés de surveiller la buanderie, ou d'aller chercher, à la ferme qui fournissait le palais, les légumes, les œufs et le lait nécessaires.

L'autre département relevait du secrétaire militaire, dont les responsabilités consistaient à veiller sur les bâtiments, à faire exécuter les réparations nécessaires, à veiller sur le parc et les jardins, qui devaient être aussi impeccablement tenus que les bâtiments. Il était responsable des voitures qui servaient aux très nombreux visiteurs reçus à Rambagh. Un assistant veillait à l'entretien des garages et des véhicules, et un autre dirigeait le travail quotidien des jardiniers. Lorsque nous recevions des hôtes – ce qui arrivait très fréquemment – le secrétaire militaire devait s'entendre avec l'administrateur pour assigner les chambres aux invités, s'occuper des repas, placer les gens à table, et organiser leurs loisirs. Les ADC relevaient également de lui pour leurs horaires de service ou leur affectation à tel ou tel de nos hôtes. Trois d'entre eux se trouvaient en permanence au service de Jai. Jo Didi et moi en avions chacune un à notre disposition pour la journée et un pour la nuit. Tous ces détails étaient mis au point par le secrétaire militaire.

Enfin, en dehors du service de la maison elle-même, il y avait encore des gens chargés d'organiser les chasses et qui devaient, entre autres, procurer les appâts pour les tigres et rassembler les rabatteurs sur le lieu de la chasse. Là, également, il y avait d'autres services, et lorsque je pris en main l'administration de Rambagh, je m'aperçus que deux au moins des chefs de services relevant de l'organisation de la chasse, se considéraient comme étant à la tête de factions rivales. Le général Bhairon Singh, qui s'occupait des équipements tels que tentes et mobilier de camping, et le colonel Kesri Singh, dont le domaine était les armes, n'étaient d'accord sur rien et semblaient prendre plaisir à refuser de coopérer. J'imaginai un plan pour trancher ce différend, et les persuadai de faire une partie d'échecs dont le gagnant aurait à l'avenir le dernier mot en ce qui concerne les dispositions à prendre pour l'organisation des chasses et du campement. Je fis même sculpter une série de figures d'échecs, chacun des rois ayant le visage de l'un des joueurs, les autres pièces représentant les membres de leurs équipes respectives. Le colonel Kesri Singh gagna, mais cette partie qui devait mettre fin à leurs démêlés, ne modifia pas d'un iota leur comportement lors de la première chasse qui suivit.

Ce qui me surprit le plus, toutefois, fut l'énormité des réserves de Rambagh. Lorsque j'y jetai un premier coup œil, j'en demeurai interdite. On se serait cru dans quelque fantastique imitation de Fortnum & Mason. Toute de première qualité, et les commandes n'avaient pas été faites par caisses, mais par douzaines de caisses à la fois, « afin d'être assurés, Altesse, de ne jamais nous trouver à court », comme me l'expliqua un membre du personnel, voyant ma stupéfaction. Il y avait de quoi subsister des années – des vins, des liqueurs, des alcools, des cigarettes, du thé, des biscuits, des shampooings, des « crackers » de Noël, de la pâte dentifrice, des rouges à lèvres, des crèmes de beauté, des caramels, des chocolats, des conserves, et mille autres choses, toutes rangées dans un ordre parfait et soigneusement étiquetées. La moitié de ces réserves devait être là, sans doute depuis des années, et le gâchis de marchandises périssables était consternant.

Lorsque je m'enquis des noms de ceux qui avaient accès aux réserves, je découvris qu'il n'y avait pas l'ombre d'un contrôle. Le palais était le fournisseur de tout le personnel, des invités, des ADC et de leurs familles, et de quiconque se trouvait avoir envie de quelque chose. Lorsque je fis mon compte-rendu à Jai, cela mit fin à l'une de ses illusions. Pendant des années, il avait été touché par un geste de prévenance des différents hôtes de Jaipur chez lesquels il avait été reçu – on lui offrait toujours sa marque préférée de cigarettes égyptiennes, qu'il était difficile de se procurer. Grâce à mes recherches, il apprit qu'elles sortaient toutes de ses propres réserves. Jo Didi fut également choquée d'apprendre que l'eau d'Evian importée spécialement à son intention était couramment bue par ses femmes de chambre et même par les chiens de la gouvernante. Le gâchis dans la cuisine allait de pair avec celui des réserves. Le chef pour la cuisine occidentale comprit finalement qu'il fallait me prendre au sérieux lorsque je parlais de mettre un terme au gaspillage insensé et au détournement des provisions du palais à des fins privées, grâce à un incident risible ayant trait à la recette de la crème brûlée. J'ai avait invité le nouveau Ministre de l'Éducation et son épouse à déjeuner, et comme il était question d'affaires, il souhaitait un repas tout simple pour quatre. De toute évidence, le chef en second, ignorant que j'avais quelques lumières en économie domestique, pensa qu'il serait facile de m'abuser. Il commanda deux livres de crème pour sa crème brûlée. Outrée, je lui fis observer qu'avec une telle quantité de crème, son plat serait raté ; mais il répliqua que pour le maharajah, aucune quantité de crème n'était trop importante. Comme je ne cédais pas, il se plia à regret à-mes exigences, et à partir de ce moment, nos neuf cuisiniers – quatre pour les repas occidentaux et cinq pour la cuisine indienne – tinrent compte de mes instructions.

Quiconque venait au palais – et le nombre des visiteurs pouvait atteindre des douzaines par jour – se voyait offrir une boisson par les ADC. Pendant les mois chauds de l'été, le café glacé était très demandé. Nous avions notre propre ferme avec sa laiterie, et j'eus la désagréable surprise de découvrir qu'on coupait le lait destiné à notre consommation parce qu'il n'y en avait pas assez pour fournir le réfectoire des ADC. En exigeant que cessent toutes ces pratiques onéreuses et mal venues en temps de guerre, je me rendis, bien sûr, très impopulaire. Les domestiques se vengèrent en interprétant mes ordres avec un zèle exagéré. Le Ministre de l'Intérieur ayant demandé un jour un verre de café glacé, se vit ainsi répondre que « son Altesse Troisième avait interdit d'offrir aux visiteurs des boissons contenant du lait ». De même que, lorsque la gouvernante anglaise demanda du papier toilette, on lui répondit qu'il fallait attendre que je revienne de la chasse pour signer un bon, car j'avais donné des instructions pour qu'aucun approvisionnement ne soit distribué sans mon consentement. Ce fut tout de même un grand sujet de satisfaction de constater que, malgré le ressentiment que j'avais fait naître, j'étais parvenue, en l'espace d'un an, à réduire au moins de moitié les dépenses de Rambagh, et cela sans entraîner de sacrifices dans le domaine du confort ou de l'hospitalité.

Je me savais la cible de bien des critiques, et après toutes ces années de prodigalité sans frein, nombreux étaient ceux qu'indisposait ma façon de diriger ; mais du moment que Jai était satisfait, peut m'importait ce qu'on pouvait penser. Je n'avais toutefois pas soupçonné le volume de commentaires qu'avaient provoqué dans le public mes activités au palais ou à l'extérieur, jusqu'au jour où, des années plus tard, je lus un article écrit par Mme Bhartiya, qui était à l'époque inspectrice des écoles de Jaipur.

« La nouvelle maharani faisait des choses inimaginables : elle s'était mise à aller aux cuisines et à les surveiller ; elle se rendait sur le terrain pour jouer au badminton et au tennis ; elle s'était fait couper les cheveux, portait des pantalons, conduisait, assistait aux matchs de polo, et se montait à cheval, non seulement dans le domaine de Rambagh mais aussi sur les routes, aux côtés du maharajah. On racontait que les officiers et les employés de la maison étaient sur des charbons ardents à cause du coup d'œil vigilant et judicieux de cette impossible « Elle ». Elle faisait une tournée d'inspection, elle allait vérifier les comptes, elle allait faire moderniser le palais de Rambagh, elle modifiait l'ordonnance des pièces, elle commandait ceci, elle faisait démolir cela. Bref, « Elle » était un phénomène inédit qui avait surgi dans ce paysage de tranquille insouciance où elle introduisait des changements radicaux. La maharani Gayatri Devi était d'une autre trempe, et ne pouvait supporter que les choses restent figées. La maharani se mit à faire le tour des possibilités qui s'offraient et son premier pas consista à se rendre au club des femmes où elle rencontra sur un terrain qui leur était commun, des femmes des milieux les plus divers. Son exemple fut bientôt suivi, et grâce à ses efforts de persuasion, les Asurya Sparshas – les femmes confinées dans le purdah – consentirent à paraître dehors. Les dames rajputes au sang bleu, les femmes du monde comme les roturières, se mirent à fréquenter le club... En peu de temps, ce dernier devint un centre d'activités trépidantes ; on y organisa sous son égide, des parties de jeux et des matchs sportifs, des manifestations culturelles et des fêtes auxquelles toutes prenaient part avec entrain. »

Dès avant notre mariage, Jai m'avait confié qu'il nourrissait l'espoir que mon exemple, pour modeste que soit mon degré d'émancipation, inciterait les femmes de Jaipur à se libérer un tant soit peu du purdah. Mais nous savions bien que des coutumes profondément enracinées par les siècles, ne peuvent s'effacer du jour au lendemain. Je comprenais bien aussi qu'il était indispensable pour moi d'observer le purdah à Jaipur, lorsque je me trouvais en public, si je voulais éviter de choquer et de m'aliéner une noblesse profondément attachée aux traditions. Jai m'avait souvent exprimé son désir de parvenir à la longue à abolir le purdah à Jaipur – en fait j'irai même jusqu'à dire que, tout sentiment mis à part, une des raisons pour lesquelles il m'avait épousée était le désir qu'une maharani émancipée et ayant beaucoup voyagé puisse servir d'exemple en quelque sorte aux femmes orthodoxes de Jaipur. Il avait tenté de donner en mon honneur des réceptions auxquelles étaient invités fonctionnaires et ministres, ainsi que leurs épouses, mais ces dernières ne venaient que très rarement. Elles s'en tenaient à un purdah aussi strict que Jo Didi.

Je pensai que la création d'une école pour les filles serait peut-être un premier jalon sur la longue route de l'émancipation. Aujourd'hui, l'idée peut paraître évidente et assez anodine : mais dans les années 40, la chose soulevait d'innombrables problèmes et se heurtait à des obstacles inattendus. Je décidai d'ouvrir une école destinée principalement aux filles issues des familles nobles et des couches élevées de la société, car c'était dans ce milieu que le purdah était observé avec le plus de rigueur. Les filles des classes moyennes commençaient déjà à recevoir une certaine instruction, mais la noblesse avait des conceptions différentes et restait infiniment plus rétrograde. Beaucoup de ces familles possédaient d'immenses propriétés et vivaient dans des palais presque aussi royaux que le nôtre. Les femmes vivaient toutes dans des zénanas, et la plupart de leurs filles grandissaient sans aucune instruction, attendant simplement de parvenir à l'âge de faire un mariage convenable avec un homme choisi par leur père. Elles vivaient pour la plupart aux confins de l'État et pouvaient passer leur vie à aller d'un zénana à l'autre, sans jamais en sortir. Je pensais que peut-être, si elles venaient dans mon école, on apercevrait, d'ici une dizaine d'années, un début d'évolution.

Les Occidentaux comprennent difficilement comment ces femmes pouvaient se contenter d'une existence qui, vue de l'extérieur, paraît désespérément ennuyeuse et renfermée. Mais en fait, la vie en purdah était plus active et remplie qu'on ne l'imagine. A part le fait de diriger une vaste maisonnée, une femme, entourée de nombreux enfants, petits-enfants et parents divers, était le seul point central de la famille. Dans sa famille d'origine, elle avait acquis les connaissances de base indispensables à toute jeune fille hindoue : la cuisine, la couture, et les soins à donner aux enfants. Puis, jeune mariée, elle s'accoutumait aux habitudes de la famille de son mari et, avec le temps, devenue mère et grand-mère, elle voyait s'accroître son autorité et ses responsabilités. Elle ne manquerait jamais de compagnie et on aurait toujours besoin d'elle, ce qui sans doute était le plus important. Dans le zénana, l'horizon était certes très limité ; mais il y avait de solides et profondes compensations. Beaucoup de ces femmes se seraient senties perdues et menacées si elles s'étaient trouvées subitement aux prises avec le monde extérieur, et privées de cette protection à laquelle elles étaient habituées. C'était parmi de telles familles que j'espérais recruter les premières élèves de l'école Maharani Gayatri Devi, sachant que si j'y réussissais, les autres suivraient d'elles-mêmes. Je réussis à en convaincre plusieurs d'inscrire leurs filles, et me mis alors à la recherche d'une directrice pour cette école qui n'existait encore qu'à l'état de projet. Avec l'aide du Ministre de l'Éducation de Jaipur, nous fîmes paraître des annonces pour le poste de directrice, écrivîmes à des personnes qui nous avaient été recommandées, et en convoquâmes d'autres. Mais dès l'instant où nous rencontrâmes Miss Lilian Donnithorne Lutter, nous sûmes qu'elle était la personne idéale pour ce poste, et que nulle autre qu'elle ne ferait l'affaire.

Miss Lutter, qui était originaire d'Edimbourg, avait enseigné en Birmanie pendant quelques années avant la guerre. A l'arrivée des troupes japonaises, elle prit la tête de ses quelque quatre-vingts élèves et leur fit faire le long chemin à travers la jungle birmane jusqu'à la frontière indienne, où elles arrivèrent toutes indemnes. Elle était si manifestement bonne, sensée et efficace, que je n'eus pas un instant d'hésitation à l'engager, et je la quittai enchantée pour faire part à Jai de notre chance.

En 1943, l'école Maharani Gayatri Devi ouvrit ses portes à quarante élèves. Les familles n'étaient pas rassurées, et j'étais moi-même assaillie de doutes et d'incertitudes. Je ne comptais guère, à vrai dire que cette expérience passe le cap d'un trimestre. Pendant les premiers temps, il m'arrivait d'assister à certains cours. Je me souviens en particulier d'une classe de gymnastique, où j'eus le sentiment que personne ne pourrait jamais parvenir à inculquer une discipline quelconque à ce groupe de filles qui gloussaient, désemparées, incapables de comprendre l'intérêt d'une série d'exercices qui devaient leur paraître à la fois pénibles et indécents. Mais Miss Lutter, avec un tact, une patience et une persévérance infinis, mena son école jusqu'au terme de sa première année, pour en faire par la suite une des meilleures institutions du pays. Les élèves viennent aujourd'hui de toutes les parties de l'Inde, et même des communautés indiennes de l'étranger. Elles deviennent par la suite médecins, juristes ou professeurs après avoir accédé aux meilleures universités.

La charge grandissante de mes activités à Jaipur, était entrecoupée par les retours de Jai, et je laissais alors tout tomber pour passer le maximum de temps avec lui. En 1943, Delhi était devenu un centre militaire important ; le commandement du sud-ouest asiatique en avait fait son quartier général, ainsi que le service de renseignements interallié, l'U.S. Tactical Transport, le district de Delhi, et le haut commandement indien. Notre résidence dans la capitale, Jaipur

House, avait été affectée aux WRENS*. Des constructions provisoires avaient surgi partout dans la ville, pour héberger le personnel nouvellement arrivé ainsi que les camps de transit destinés aux unités de passage. Tout cela détruisait la belle ordonnance de la capitale dessinée par Edwin Lutyens. Beaucoup d'amis de Jai se trouvaient momentanément affectés à Delhi ou bien y faisaient un bref séjour avant de rejoindre leurs unités. L'atmosphère trépidante avait quelque chose d'irréel. Je me rappelle notamment avoir entendu des officiers dire à Jai qu'ils emportaient leurs équipements de polo sur le front oriental. Deux mois plus tard, la plupart d'entre eux étaient prisonniers des Japonais. Ce fut pendant cette période fiévreuse que je rencontrai pour la première fois Lord et Lady Mountbatten, si frappants par leur prestance, et si rassurants par la confiance qui émanait d'eux. Lord Mountbatten était alors commandant en chef des forces alliées du sud-est asiatique, et devint, après la guerre, le dernier vice-roi. Malgré les devoirs imposés par la guerre, Jai parvenait, lors de ses passages à Jaipur, à se tenir au courant de ce qui s'y passait, et à poursuivre le programme de construction qu'il avait commencé. Une grande partie de la ville moderne de Jaipur est son œuvre : les casernes Sawai Man Singh, qui abritent aujourd'hui la chancellerie ; l'hôpital Sawai Man Singh ; les nouveaux bâtiments de l'université du maharajah et de l'université de la maharani ; et une large partie des nouveaux quartiers résidentiels. Il cherchait constamment à s'assurer le concours des administrateurs les plus capables et, en 1942, nomma Sir Mirza Ismail comme Premier Ministre.

A cette époque, la part la plus importante du revenu de l'État de Jaipur provenait des impôts sur l'agriculture, qui étaient perçus de différentes manières. Dans certains cas, l'État avait directement affaire à un propriétaire terrien, ou bien, à travers celui-ci, à des fermiers locataires. Dans

---
* Femmes enrôlées dans les services auxiliaires de la Marine.

d'autres cas, de petits fermiers indépendants versaient directement à l'État un pourcentage de leur récolte ou du revenu qu'ils en tiraient. L'impôt sur le revenu n'existait pas, et tous les agriculteurs avaient licence de faire paître leurs troupeaux gratuitement sur les terres de l'État. Le chemin de fer était également une source de rentrées fiscales, ainsi que la douane et les taxes sur les produits importés. Un huitième environ des sommes perçues était versé dans la cassette du maharajah et le reste allait au Trésor.

Pendant les quatre ans qu'il passa avec nous, Sir Mirza Ismail consacra une partie importante des revenus de l'État, au financement d'un vaste programme de développement de l'éducation et l'amélioration du service de santé, ainsi que d'autres secteurs de l'administration. Il jouissait de l'appui total de Jai pour toutes ces réformes, et quand il écrivit ses mémoires, il fit ainsi l'éloge de Jai : « Un souverain éclairé qui, fidèle à sa promesse, m'accorda sans réserve son soutien. Ce que j'appréciai par-dessus tout à Jaipur, fut l'absence d'intrigues. Son Altesse ne supportait pas qu'autour de lui celles-ci découvrissent leur hideux visage. Il jugeait des choses par lui-même, sans se laisser influencer par les importuns et agissait en conséquence. »

Les réformes les plus importantes introduites au cours de ces années instables furent d'ordre constitutionnel. Jusque-là, l'État avait été gouverné par le seul maharajah, assisté d'un conseil des ministres qui donnait des avis. C'était au Premier ministre qu'il reviendrait désormais de présider les réunions du cabinet, bien que le maharajah dût toujours être consulté avant la mise en vigueur des décisions importantes. Plus décisive encore fut l'institution en 1944 de deux corps élus : un conseil législatif et une assemblée représentative. Le conseil avait pour attribution de discuter et de voter le budget, de soumettre des questions au gouvernement, et de voter des résolutions concernant le maintien de l'ordre et d'autres sujets d'intérêt général. L'assemblée, dont les membres étaient plus nombreux, entendait les griefs du public et exprimait des avis sur les questions que lui soumettait le gouvernement.

Ces réformes n'étaient peut-être pas très radicales en elles-mêmes ; elles ne diminuaient pas l'importance du rôle du maharajah dans la vie de ses sujets, et ne le rendaient pas moins accessible à son peuple. Mais elles plaçaient Jai, avec son consentement, un peu dans la situation d'un monarque constitutionnel, et elles marquèrent le début de ce que Sir Mirza appela un lent processus de démocratisation, sans que la tradition fût heurtée, ni l'efficacité compromise. Ce processus continua à se dérouler jusqu'en 1949, date à laquelle, l'État de Jaipur s'intégra dans l'union du Rajasthan, au sein de l'Inde indépendante.

Pendant les années de guerre, l'intérêt que je portais aux affaires de l'État de Jaipur et le temps que j'y consacrais allèrent en grandissant à mesure que s'amplifiait ma vie publique. Mais subitement, à la Noël 1944, mes responsabilités de famille s'accrurent à la suite du décès de la première épouse de Jai. Il était absent, à l'époque, et j'avais emmené les garçons, Bubbles, Joey et Pat, à la chasse à cent cinquante kilomètres de Jaipur. Avant de partir, nous étions tous allés au palais de la cité prendre congé de son Altesse Première. Par un des escaliers étroits du zénana, nous étions montés à son salon, dont les portes-fenêtres cintrées ouvraient sur une véranda surplombant une des cours, d'où l'on avait une vue admirable sur les montagnes au-delà d'Amber. Son mobilier occidental ne paraissait nullement déplacé dans cet appartement de style purement traditionnel.

Nous savions qu'elle n'allait pas bien à cause d'une maladie de foie dont elle souffrait depuis de longues années ; mais nous la trouvâmes habillée et installée sur un canapé. Nous avons parlé ensemble tandis que les garçons jouaient. Lorsque nous primes congé, elle leur recommanda de bien tirer et de lui rapporter des perdreaux. Rien ne pouvait me faire penser qu'elle fût aussi gravement malade. Le lendemain matin, on m'annonça qu'elle était décédée, en me priant instamment, de la part du tuteur des garçons, de ne pas leur en souffler mot pour le moment.

Je pris le premier prétexte venu pour les ramener à Jaipur, et téléphonai immédiatement à Jo Didi, qui logeait à ce moment-là au palais de la Cité. Je la suppliai de venir à Rambagh, mais elle refusa car il fallait qu'elle s'occupe des cérémonies de deuil, et je restai donc seule pour m'occuper des garçons. Joey, toujours aussi gai et joyeux, fit observer que cette veillée de Noël était bien terne et demanda si l'on se réunirait comme d'habitude et s'il y aurait des cadeaux. Bubbles, j'en suis convaincue, se doutait de quelque chose, car il restait silencieux, sans poser la moindre question. Je sentis qu'il fallait lui parler et lui dis finalement, que nous étions rentrés à Jaipur parce que sa mère était très malade, et que peut-être nous ne la reverrions plus. Le pauvre enfant, je crois, le savait déjà.

Le lendemain matin, Bubbles et Joey furent vêtus de jaquettes blanches et de turbans kakis et emmenés au palais de la Cité. Pat, le plus jeune, vint me trouver en me disant d'une voix étonnée : « Je ne sais pas ce qui se passe, mais Bubbles et Joey sont drôlement habillés, et ils sont partis quelque part. Ils n'ont pas voulu m'emmener. »

Avec beaucoup de ménagement, je tentai de lui expliquer ce qui était arrivé. Mais il était trop jeune pour comprendre, et me dit seulement avec incrédulité : « Je veux dire qu'on ne la reverra plus jamais ? »

Bubbles, en tant que fils aîné, devait diriger la cérémonie de la crémation, c'est-à-dire allumer le bûcher funéraire, épreuve terrible pour un jeune garçon de treize ans. Ce sinistre devoir accompli, les enfants vinrent dans ma chambre. Joey se forçait à sourire, et même à plaisanter ; mais Bubbles restait silencieux. Mon cœur se serrait en voyant l'état de choc et la tristesse dans lesquels il se trouvait, et je me promis de veiller sur lui à l'avenir, quoi qu'il arrivât. Sa sœur Mickey rentra d'une partie de chasse où elle s'était rendue avec des amis, un jour avant le retour de Jai. Elle passa la nuit dans ma chambre et ne cessa de me demander à quoi ressemblaient les morts. Ce ne fut qu'à l'arrivée de Jai, annonçant que nous partions avec tous les enfants pour le pavillon de chasse, que l'atmosphère s'allégea un peu et nous recommençâmes à vivre d'une façon à peu près normale.

L'année qui suivit apporta un autre malheur. Je me trouvais à Darjeeling avec Ma lorsqu'une dépêche nous parvint annonçant qu'Ila était gravement malade à la suite d'une intoxication alimentaire à la ptomaïne. Nous l'attendions à Darjeeling et j'étais impatiente de la voir arriver, car tout devenait bien plus amusant lorsqu'elle était là. Nous fûmes bien entendu très inquiètes d'apprendre sa maladie, mais nous ne pensions pas qu'elle fût si grave. Ma dépêcha notre médecin de Cooch Behar pour qu'il la soigne et qu'il la ramène avec lui dès qu'elle serait guérie. Sa mort nous laissa incrédules et paralysées par le choc.

C'était le premier décès dans ma famille directe. Mes deux frères, qui étaient dans l'armée, Bhaiya sur le front de Birmanie et Indrajit dans l'état-major de l'Inde du sud, vinrent nous rejoindre. A tous, il paraissait inconcevable qu'Ila, son intense vitalité et sa si grande joie de vivre, aient vraiment disparu. Elle n'avait que trente ans. Ses trois jeunes enfants vinrent nous rejoindre à Darjeeling. Personne n'avait eu le cœur de leur dire la vérité, nous pas davantage. J'emmenai plus tard les deux aînés à Jaipur avec moi, et, peu à peu, toujours sans rien leur avoir dit, ils semblèrent comprendre que leur mère les avait quittés pour toujours.

En dépit de ces deuils et des obligations militaires de Jai, les relations que nous entretenions avec les autres États princiers furent maintenues. Lorsque que Jai était à Jaipur, les réceptions occupaient une grande partie de notre temps et toute visite d'une famille princière impliquait un important cérémonial, pour autant que les circonstances le permissent. Bien que je me fusse mise à circuler seule et assez librement dans Jaipur, dans les occasions officielles, je me tenais encore à l'arrière-plan, sauf lorsque la maharani en visite, avait elle-même abandonné le purdah.

Jai allait accueillir nos hôtes à l'aéroport ou à la gare, accompagné des ministres et des nobles, tous en vêtements de Cour. On jouait l'hymne de Jaipur et celui du prince invité, on passait la garde d'honneur en revue, puis une voiture découverte conduisait les deux souverains à Rambagh.

A cette époque, aucun maharajah – à moins qu'il ne s'agit d'un proche parent venu pour une visite ultime – ne se déplaçait sans une suite d'au moins trente personnes et souvent bien davantage encore. Un des ministres au moins l'accompagnait toujours, ainsi que l'intendant de sa maison, plusieurs nobles, des ADC, des valets, les valets des ADC, et même les valets des valets. Aussi vaste que fût Rambagh, la place faisait souvent défaut et des tentes étaient dressées sur les pelouses, de part et d'autre du palais, pour abriter les visiteurs. Pendant la saison de polo, au mois de mars, le domaine se transformait en une sorte de campement permanent, et la maison des hôtes officiels, où pouvaient loger plus de deux cents personnes, était également remplie.

En retour, Jai et moi faisions des visites dans d'autres États. Nous nous rendions fréquemment à Jodhpur, berceau de ses deux premières épouses, dont le maharajah me témoigna beaucoup de bonté, me traitant comme une de ses propres filles. Jai lui était très attaché et l'appelait affectueusement « Monarque ». Le maharajah m'emmena voir le *pig-stiching,* cette dangereuse chasse au sanglier consistant à poursuivre la bête à cheval, et à la transpercer d'un coup de lance, sport pour lequel le Jodhpur s'est rendu célèbre. Un jour, nous allâmes dans le désert pour chasser le coq impérial. Je me souviens de ma satisfaction d'avoir tiré trente-cinq pièces, pour apprendre ensuite que personne n'en avait abattu moins de deux cents. Mais le maharajah reprocha à Jai de m'avoir armée d'un fusil de calibre seize, trop fort pour le gibier à plumes, et il m'offrit un merveilleux calibre vingt auquel j'attache le plus grand prix.

En 1943, nous fûmes invités, ainsi que la famille de Jodhpur, à nous rendre officiellement à Udaipur, État considéré comme le premier des États rajputs, dont le maharana (variante de maharajah) avait le pas sur tous les autres princes rajputs. C'était ma première visite, et j'étais impatiente de voir ses monuments historiques, comme le palais du lac qui est construit de telle manière qu'il semble flotter sur l'eau, ou l'ancienne et grande capitale fortifiée de Chitor. Mais j'étais loin de m'attendre à la rigueur du purdah que toutes les femmes étaient tenues d'observer à Udaipur. Jo Didi et moi voyageâmes par chemin de fer, dans le wagon spécial de l'État de Jaipur, Jai nous ayant précédé par avion.

A notre arrivée en gare d'Udaipur, le wagon fut aiguillé sur une voie purdah spéciale où nous attendait la maharani. Nous comprîmes immédiatement que nous serions totalement dérobées aux regards. Dans nos voitures purdah de Jaipur, les rideaux d'autrefois avaient été remplacés par du simple verre fumé ; mais celles d'Udaipur étaient munies de lourds volets de bois, enfermant les passagères dans une boîte aveugle et dépourvue d'aération.

Nous fîmes une promenade en bateau sur le lac, dans un esquif complètement voilé par des rideaux, et l'appareil de photographie dont je m'étais munie, se révéla à la fois inutile et embarrassant. Pendant le trajet, j'avais soulevé avec précaution un coin de rideau pour prendre une photo. Ce geste irréfléchi était sans doute venu à la connaissance du maharana, car le jour de notre départ, il m'offrit ostensiblement un album de photographies. Jai lui-même ne s'était pas douté du formalisme extrême des réceptions officielles à Udaipur. Lorsqu'on passait des boissons par exemple, chacun était censé boire au même rythme que le maharana, gorgée après gorgée. Et Jai nous aurait sûrement couverts de honte si le maharajah de Jodhpur, qui connaissait l'étiquette, ne l'avait poussé du coude pour le mettre au courant.

Je fus personnellement mise à rude épreuve lorsqu'on demanda aux dames s'il leur plairait de tirer un sanglier. La maharani de Jodhpur et Jo Didi eurent la sagesse de refuser ; mais, avant qu'elles eussent pu me faire signe de m'abstenir, j'avais déjà accepté avec enthousiasme. Elles me dirent alors que l'honneur du Jaipur souffrirait grandement si je ne faisais pas mouche, risque qui était loin d'être exclu, entourées comme nous l'étions par une cinquantaine de femmes. Il y eut un affreux moment de suspense, parce qu'il me fallait à tout prix réussir du premier coup. Piétinant les usages de la politesse, je me poussai sans vergogne à l'avant de notre groupe, et à mon grand soulagement, j'abattis du premier coup un gros mâle adulte.

Ces visites officielles de la période de la guerre sont restées gravées dans ma mémoire, parce que nous sentions tous, comme le maharana d'Udaipur et tous les autres princes indiens, qu'avec la fin de la Deuxième Guerre mondiale, de grands changements interviendraient dans toute l'Inde, qui seraient particulièrement sensibles pour nous. L'indépendance était déjà en train de prendre forme, et peu à peu nous nous rendions compte que l'ordre nouveau ne permettrait pas aux États princiers de conserver le même statut qu'autrefois.

L'INDÉPENDANCE

En mars 1947, Lord Mountbatten, nommé vice-roi par le gouvernement britannique, arriva avec la mission de conduire l'Inde à l'indépendance le plus rapidement possible. Il se mit à l'œuvre avec diligence et fit même distribuer à tous les fonctionnaires de haut rang des calendriers ou l'on pouvait lire : « Cent cinquante jours avant l'indépendance, cent quarante neuf jours avant l'indépendance... » et ainsi de suite, essayant ainsi de leur communiquer sa propre conviction quant à l'urgence d'arriver à une solution.

Ce fut une époque extraordinaire ; dans toute l'Inde régnait une atmosphère tendue, pleine d'attente et de suppositions. Après presque un siècle et demi, voilà qu'allait prendre fin la domination anglaise. Quelle sorte de nation allait-on voir naître ? Jai et moi attendions avec enthousiasme l'indépendance de notre pays, comme tous les maharajahs que nous connaissions, bien que les changements auxquels nous pouvions nous attendre dans nos vies personnelles fussent encore du domaine des hypothèses.

Ma nous avait toujours dit que l'avenir de l'Inde était dans la fusion de tous les petits royaumes, en une seule et puissante nation. Enfants, nous nous proclamions déjà pour l'indépendance ; le mahatma Gandhi et Jawaharlal Nehru étaient nos héros en classe, et nous récitions souvent les slogans du Congrès sur une Inde libre et unifiée. Suivant l'enseignement et l'exemple de Gandhi, nous avions chacun un petit rouet et nous filions scrupuleusement notre fil de coton sans comprendre la portée symbolique de ce que nous faisions. Lorsque Bhaiya alla à Harrow, nous apprîmes avec excitation qu'il occupait la chambre qui avait été celle de

Nehru, dont le nom, à notre grande fierté était gravé dans le bois du lit.

Le 15 août 1947, l'Inde accéda finalement à l'indépendance. Bien que Jai et moi fussions séparés en ce jour historique – il était allé conduire Bubbles et Joey à Harrow – nous entendîmes tous deux les paroles inoubliables et émouvantes de Nehru : « Il y a de nombreuses années, nous avions donné rendez-vous au destin, et l'heure est venue de tenir notre promesse. »

De Londres, Jai adressa le message suivant à son peuple : « L'Inde indépendante sera appelée à assumer de lourdes responsabilités, et j'ai entièrement confiance dans notre volonté, au Jaipur, de prendre de tout cœur notre part de ces responsabilités, et de contribuer, avec le meilleur de nous-mêmes, à la création d'une Inde qui prendra sa place légitime parmi les nations libres du monde. »

Pour l'Inde britannique, c'est-à-dire la partie du territoire qui ne relevait pas des gouvernements princiers, le passage à l'indépendance aurait dû se traduire par la remise du pouvoir entre les mains des ministères créés par le Congrès, dirigés par le pandit Nehru et assistés par l'administration indienne déjà magnifiquement rodée. Malheureusement, la partition du pays entre l'Inde et le Pakistan intervint au même moment. Sur l'instance de la Ligue Musulmane, et au profond désespoir du mahatma Gandhi, le partage se fit selon les croyances religieuses. Les territoires de l'extrême nord-ouest et de l'est, où dominaient les Musulmans, formèrent le Pakistan, tandis que toute la partie centrale du sous-continent située entre les deux Pakistans, restait indienne et, plus important encore, demeurait un État laïque. Pour moi, qui avait grandi au Cooch-Behar, dont 40% de la population étaient musulmans, cette déchirure de l'Inde était atroce car une longue expérience nous avait appris qu'Hindous et Musulmans pouvaient parfaitement vivre en paix côte à côte Le Cooch-Behar se trouva bordé de trois côtés par le Pakistan oriental, devenu aujourd'hui le Bangladesh. Au milieu de massacres et de souffrances terribles, des millions de réfugiés traversèrent les frontières, poussés par la terreur des persécutions, et la naissance de l'Inde nouvelle fut à la fois un martyre et un triomphe.

L'indépendance, dans les États princiers, avait pour les souverains comme pour les peuples, un sens différent et plus complexe. La plus simple façon de l'exprimer est peut-être celle-ci : si vous aviez demandé, avant 1947, à un habitant de l'Inde sous mandat britannique par qui il était gouverné aurait probablement répondu : « Les Anglais. » La même question posée à un sujet d'un État princier aurait donné : « Le maharajah. » Car pour lui, le résident, qui servait d'intermédiaire entre l'État le gouvernement de Delhi, était la seule manifestation de la présence anglaise, laquelle n'affectait pratiquement pas sa vie personnelle.

Pendant les années qui avaient précédé l'indépendance, le Congrès avait préconisé la démocratie et l'autonomie dans toute l'Inde, et c'est en partie pour répondre à ce climat politique que Jai avait invité ses Premiers ministres, d'abord Sir Mirza Ismail, puis Sir V.T. Krishnamachari, à mettre en œuvre leurs programmes de réforme constitutionnelle. Mais il était dès le départ bien évident qu'une fois l'indépendance acquise, les États princiers ne pourraient rester ce qu'ils étaient. Les souverains les plus conservateurs reconnaissaient eux-mêmes que, faute de fusion de leurs États avec le reste du pays, la nouvelle nation serait irrémédiablement morcelée. Il y avait, en effet, plus de six cents États princiers, certains d'entre eux n'étant que des flots au milieu de l'Inde britannique, alors que d'autres avaient des frontières communes et représentaient ensemble presque la moitié du territoire et de la population.

Bien que j'eusse admis l'idée que nous ferions partie de l'Inde indépendante, il ne me vint jamais réellement à l'esprit que nos vies pourraient changer de manière aussi radicale, lorsque nos États auraient renoncé à leur autonomie. J'imaginais confusément que notre relation particulière avec la population se maintiendrait, et que nous continuerions à jouer un rôle public.

Au cours des semaines précédant l'indépendance, Sardar Patel, ministre de l'Intérieur du gouvernement central, s'était attaqué au problème épineux de déterminer la place des États princiers dans le pays qui allait naître. Esprit brillant, Sardar Patel mit autant de force que de tact à appuyer la thèse de leur intégration dans l'Inde. Au début, les princes ne furent tenus de référer au gouvernement central qu'en matière de défense, de politique étrangère et de communications. Mais il ne tarda pas à convaincre beaucoup d'entre eux d'étendre cette fusion au domaine administratif, la nation nouvelle s'engageant solennellement à leur garantir à titre perpétuel une liste civile et certains privilèges de rang, cet engagement étant mentionné dans la Constitution. Les conventions conclues avec le gouvernement de l'Inde furent différentes selon les États, mais d'une manière générale la liste civile fut fixée à environ un dixième du revenu des petits États, et à un huitième de celui des plus grands.

Je me souviens que j'éprouvai une grande tristesse en apprenant que les États avaient été englobés dans l'Union, mais je n'avais guère l'esprit politique et n'en compris pas toutes les conséquences. Jai était naturellement plus directement concerné. Il signa lui-même l'acte d'intégration le 12 août 1947, rattachant ainsi son État à la nouvelle Inde, tout en restant le souverain.

Outre l'imprécision de mes notions politiques, un autre facteur m'empêcha d'imaginer dans l'immédiat que notre position vis-à-vis de notre peuple pourrait changer. Jai et Bhaiya avaient tous deux accédé au trône en 1922 et leurs jubilés d'argent furent célébrés à quelques mois d'intervalle. Les fêtes eurent lieu à Jaipur en décembre 1947, quatre mois à peine après l'indépendance. Tout le pays était en liesse, décoré et pavoisé de drapeaux, et les illuminations embrasaient la nuit, bâtiments publics, forteresses et palais. Les réjouissances se prolongèrent pendant des semaines, toute la population tenant à offrir une réception à son souverain. Il y eut des réceptions officielles et un carrousel militaire. On pesa Jai en public avec de l'argent provenant des réserves du Trésor que l'on distribua ensuite aux nécessiteux. Jo Didi et moi fûmes également pesées, mais en présence des seules dames de la Cour, revêtues pour la circonstance de leurs costumes les plus riches et les plus colorés.

Quatorze princes régnants, dont beaucoup étaient accompagnés de leurs maharanis, vinrent assister au jubilé à Jaipur, et toutes les maisons d'hôtes ainsi que le palais de la Cité et celui de Rambagh étaient remplis de monde. Jai, Mickey et moi nous transportâmes à Moti Doongri, tandis que Jo Didi et la plupart de nos parentes s'installaient au palais de la Cité, afin de libérer Rambagh pour les invités. L'ancienne demeure du Résident britannique, vide depuis l'indépendance, fut elle aussi convertie en maison d'hôtes. J'avais pour tâche de compléter et disposer le mobilier des chambres de nos très nombreux invités, et d'aider Jo Didi à recevoir les maharanis et leurs suites. Les deux faits marquants de ces fêtes furent un banquet d'apparat à Rambagh où les trésors de Jaipur resplendissaient sur de longues tables, auquel assistaient Lord et Lady Mountbatten, et un Durbar particulièrement grandiose au palais de la Cité, au cours duquel Lord Mountbatten conféra à Jai la dignité du grand commandeur de l'Étoile de l'Inde.

Nos journées, entièrement occupées par les fêtes et les distractions, ne nous laissaient aucun loisir pour parler de choses sérieuses ; mais je remarquai souvent, au cours des soirées, des groupes d'hommes soucieux, parlant à voix basse de l'avenir, ou bien faisant état de nouvelles entendues à la radio concernant les répercussions de la partition. A mesure que s'étendait la violence née des passions religieuses, des récits de massacres et de carnages épouvantables arrivaient de tout le nord de l'Inde. La presse rendait compte, chaque matin, de nouvelles explosions de violence et d'atrocités.

Un tiers de la population de Jaipur était musulman. Les Musulmans étaient également nombreux parmi le personnel du palais, et le risque était grand de voir se développer des antagonismes. Les Musulmans pouvaient, et non sans raison, craindre que les représailles exercées contre les minorités dans d'autres régions, ne s'étendent à l'État de Jaipur. Mais Jai était décidé à protéger ses sujets musulmans, et il veilla personnellement aux mesures de sécurité.

Tous les soirs après le dîner, il patrouillait les rues dans une Jeep découverte, accompagné du colonel musulman d'un de ses régiments, assurant les Musulmans de sa protection et menaçant des peines les plus sévères tout Hindou qui lèverait la main sur eux. Le colonel lui demanda un jour si sa présence à ses côtés n'était pas une gêne. « Ne soyez pas stupide, lui répondit-il, vous êtes la preuve que pour moi il n'y a aucune différence entre un Musulman et un Hindou. »

Le mahatma Gandhi, qui avait prévu les désordres et l'effusion de sang que déchaînerait la partition, était fermement opposé à l'indépendance si celle-ci devait entraîner la division du pays. Le 30 janvier 1948, il fut assassiné. Son meurtrier, par ironie du sort, appartenait à l'extrême-droite hindoue, pour laquelle Gandhi, par sa trop grande bienveillance envers les Musulmans, trahissait la cause de l'hindouisme authentique. Il mourut, et c'était conforme à son attitude passée, en se rendant à l'une de ses célèbres réunions de prières où se mêlaient les oraisons hindoues, chrétiennes, musulmanes et bouddhistes, et ses dernières paroles furent : « Ram, Ram », le nom de la divinité que tout Hindou espère invoquer sur son lit de mort, et qu'il prononça par piété envers la divinité et en signe de pardon pour ses meurtriers.

Au milieu de l'émotion soulevée par ce drame, et le deuil profond ressenti par tous les Indiens personnellement, qu'ils aient connu ou non le mahatma, un seul élément apportait un léger apaisement : au moins l'assassin n'était pas musulman. On n'osait imaginer quels déchaînements de sauvagerie auraient suivi, endeuillant encore davantage cette période troublée.

Il fallut bientôt nous occuper du flot de réfugiés hindous arrivant du Sind et de la partie du Punjab appartenant désormais au Pakistan. Le gouvernement de Jaipur dut prendre des dispositions pour l'installation de cet afflux subit de population.

Plusieurs semaines après le jubilé d'argent de Jai, nous nous rendîmes à Cooch Behar pour celui de Bhaiya. Là aussi, au milieu des réjouissances, on sentait la sombre menace de conflits entre Musulmans et Hindous, car une proportion non négligeable de la population était musulmane, et le fait que le Cooch Behar était limitrophe du Pakistan était un motif d'inquiétude supplémentaire. Mais Bhaiya, comme Jai, avait usé de son autorité personnelle pour garantir la sécurité de la minorité musulmane, et il n'y eut à déplorer aucun conflit religieux. Une de ces chasses au tigre qui faisaient la réputation du Cooch Behar, figurait au programme des fêtes du jubilé. En route, Bhaiya fut entouré par un groupe de Musulmans qui, les mains jointes et les larmes aux yeux, lui demandèrent ce qu'ils devaient faire : demeurer à Cooch Behar ou émigrer au Pakistan. Bhaiya, grave et triste, leur assura qu'ils seraient en sécurité s'ils restaient et, brusquement submergé par l'émotion, remonta précipitamment dans sa voiture.

Mon frère avait souhaité marquer son jubilé par la mise en chantier d'une école d'agriculture dont le besoin se faisait durement sentir. Jai en posa solennellement la première pierre. Elle est toujours là, avec le squelette de l'école qui devait la surmonter. Après l'intégration de l'État de Cooch Behar au Bengale occidental, la construction fut interrompue par le nouveau gouvernement. Et malgré les treize millions de roupies que Bhaiya avait laissés pour l'achèvement de ces programmes de construction, l'école n'est toujours qu'une coquille vide et sans toit.

Avant que ne se produisent ces tragiques événements,

avant même que nous n'eussions commencé à voir peu à peu changer notre style de vie et s'affaiblir l'identification que nous avions avec l'État – et en fait, à voir changer l'État lui-même – nous eûmes encore deux occasions de célébrer des fêtes. La première fut le mariage de Mickey avec le maharajah Kumar de Baria, un État situé dans le Gujarat, dans la partie occidentale du pays. Comme elle était l'aînée des enfants de Jai, son unique fille et la première princesse de Jaipur à se marier depuis plus d'un siècle, le mariage, les processions, les banquets et les spectacles qui le suivirent furent d'un luxe inégalé. Ce fut peut-être la dernière des manifestations grandioses de la magnificence de l'Inde des maharajahs.

La famille régnante de Jaipur étant alliée à toutes les grandes familles rajpoutes, la liste des invités était impressionnante. Il y avait en tête les parents de son Altesse Première et de Jo Didi, venant de Jodhpur et de Jamnagar, les membres de ma propre famille de Cooch Behar, et, en comptant les suites, les ADC, les dames d'honneur, les domestiques particuliers et tous les membres des différents entourages, nous avions environ huit cents invités. Certains des princes arrivèrent dans leurs avions personnels, d'autres dans leurs wagons particuliers, d'autres encore dans de véritables escadres automobiles. Jai allait à la rencontre de chacun d'entre eux ou, lorsque deux invités étaient attendus en même temps, déléguait à sa place un membre de la famille. Chaque groupe d'invités se voyait attribuer une voiture et un ADC, choisi parmi les fils de la noblesse locale.

Nous quittâmes tous Rambagh pour le palais de la Cité, ayant fait le nécessaire pour que l'on pût y recevoir quelque quatre-vingts invités, sans compter leurs suites. Des tentes avaient été dressées partout dans les jardins et on avait installé un campement séparé pour le fiancé et ses proches parents masculins. L'organisation de l'approvisionnement fut quelque chose de prodigieux. On distribua au personnel du palais et aux jeunes nobles qui nous prêtaient assistance un manuel d'instruction qui avait quatre centimètres d'épaisseur et donnait les détails de chaque réception, fête, cérémonie et spectacle, ainsi que les programmes prévus pour chaque groupe d'invités et pour leurs suites. Tout, jusqu'aux menus des domestiques et les places d'où ils regarderaient les cérémonies, avait été soigneusement étudié.

Les festivités s'étendirent sur deux semaines. Des soirées quotidiennes avaient lieu, en général sur la terrasse surplombant les jardins. Les jardiniers avaient travaillé depuis des mois pour être en mesure de fleurir chaque chambre et même de décorer le wagon qui emmènerait les jeunes mariés, sans pour autant déparer les jardins.

Après l'apéritif, les hommes de la proche famille descendaient rejoindre les autres invités masculins pour le dîner. Les femmes dînaient à part, beaucoup d'entre elles étant encore en purdah. Ce fut la seule fois que je vis le palais de la Cité animé et rempli de monde, tous les appartements du zénana occupés, les couleurs vives des fleurs et des vêtements rajputs éclatant partout, sur un fond sonore de rires et de musique, où se percevait le tintement des bracelets de cheville. Des terrasses, la vue portait au-delà de la ville, vers les montagnes où se détachait, dessinée par mille lumières, la silhouette de chacun des forts qui entourent Jaipur.

Pour le banquet de mariage, les longues tables étaient couvertes de fleurs et croulaient sous les différents plats du menu indien : curry, pilaf et sucreries recouvertes de feuilles d'or. D'un bout à l'autre, brillaient les *thals,* les bols et les gobelets d'or et d'argent. Un orchestre joua de la musique, pendant toute la durée du repas, tandis qu'on remplissait les *thals* des mets successifs.

La tâche de préparer le trousseau de Mickey m'avait été confiée mais l'étude des dispositions à prendre pour loger et distraire toutes les invitées ne me laissa pas le loisir de me rendre à Delhi ou à Bombay pour faire des achats. Les magasins les plus réputés dépêchèrent à Jaipur leurs représentants munis d'un vaste choix de vêtements, de linge, de tissus et de bijoux. Je choisis environ deux cents saris, et autant de jupes, corsages, jaquettes et voiles rajputs. Elle devait recevoir aussi plusieurs parures de bijoux traditionnels du Jaipur, dont le ravissant travail en émail et les merveilleux et délicats motifs de pierres précieuses serties dans d'autres pierres de couleurs différentes, étaient des spécialités de l'artisanat local. Elle reçut de Jai une parure de diamants comprenant un collier, des boucles d'oreilles, des bracelets, des bagues et des bracelets de cheville, et Jo Didi lui offrit une parure de perles.

Dans toute cette hâte et cette agitation, j'oubliai totalement d'acheter mon propre cadeau. Tous les présents reçus étaient exposés avec la liste des donateurs pour que la famille du marié puisse les voir. Je me trouvai très confuse de voir sur la liste un vide en face de mon nom et j'y griffonnai rapidement « parure d'émeraude » puisque personne, apparemment, ne la lui avait offerte. Quand je la retrouvai après la visite officielle aux cadeaux, Mickey était très ennuyée. « Tu sais, me dit-elle, lorsqu'on a lu la liste, j'ai entendu que tu m'avais offert des émeraudes, mais je n'ai pas pu les trouver. C'est affreux. Je suis très inquiète. Crois-tu que quelque chose ait pu leur arriver ? »

Je lui racontai ce qui s'était passé, et lui promis, dès que j'en aurais le temps, que j'irais lui chercher son cadeau. Finalement je lui offris de très jolies boucles d'oreilles ornées de perles en poire.

La cérémonie elle-même eut lieu, selon la coutume, dans le zénana du palais de la Cité. Je n'oublierai jamais cet instant où le marié, laissant derrière lui le groupe d'amis qui l'avait accompagné jusqu'au palais, se tint seul à l'entrée du zénana. Je fus profondément émue de le voir venir ainsi, tout seul, pour se marier. Il avait l'air si vulnérable debout là, dans sa tenue d'apparat, intimidé et muet, lorsqu'on souleva le rideau pour le laisser entrer.

Après, ce fut bien sûr la joie et la fête. Le grand banquet eut lieu, puis un feu d'artifice extraordinaire et féerique ; on porta de la nourriture aux brahmanes et aux pauvres, et on libéra un certain nombre de prisonniers. Tout fut fait avec une générosité vraiment royale. Le célèbre photographe Henri Cartier-Bresson était présent, et le mariage figura en première page de nombreux journaux. Dans *Le livre des records de Guiness*, il est cité comme « le mariage le plus coûteux du monde ».

Jai et moi partîmes ensuite pour l'Angleterre. C'était la première fois depuis dix ans que j'y retournais, et c'était aussi la première fois que nous partions ensemble à l'étranger. Je fus enchantée de retrouver Londres, et je passai le plus clair de mon temps à faire du lèche-vitrines, car bien que l'austérité fût, aux dires de mes amis, plus sévère encore qu'elle ne l'avait été pendant les années de guerre, les étalages semblaient un miracle d'opulence comparés à ceux de l'Inde. Nous quittâmes l'Angleterre pour nous rendre aux États-Unis. Ce voyage, qui était notre premier contact avec ce pays fut merveilleux, car nous ne rencontrâmes que des gens très chaleureux et hospitaliers.

Nous avions embarqué sur le *Queen Elizabeth* qui venait d'être lancé, et nous nous émerveillâmes bien entendu à la vue de la statue de la Liberté et de l'extraordinaire silhouette des gratte-ciel de Manhattan, que nous n'avions jamais vus, ni l'un ni l'autre. Nous fûmes submergés par les journalistes dès notre arrivée à quai, ce qui était pour nous une expérience nouvelle. Ils nous posèrent toutes sortes de questions, et interrogèrent Jai sur le nombre de ses épouses. Cela nous amusa beaucoup la première fois, mais comme cette question revenait à chaque étape de notre voyage, cela finit par devenir agaçant.

Des amis nous avaient trouvé une maison à New York, et même une femme de chambre. Mais je ne dormis pas la première nuit, incapable de quitter les fenêtres d'où je voyais briller la ville de toutes ses lumières. La richesse de tout ce que je voyais me fit une énorme impression – la nourriture, les magasins, les voitures, les vêtements que portaient les gens. Et je fus stupéfaite de l'efficacité du système téléphonique et de la grande courtoisie des opératrices.

En circulant dans New York, je fus immédiatement charmée par la cordialité des gens. J'aimais m'entendre appeler « mignonne » ou « ma petite » par les vendeuses. Une fois, un chauffeur de taxi me demanda si j'étais originaire de Porto-Rico. Lorsque je lui eus répondu : « Non, de l'Inde », il se mit en devoir de m'expliquer tout ce que je pouvais faire et voir à New York sans dépenser un sou. « C'est gratuit. », me répétait-il, en énumérant Central Park, le zoo, différents musées et encore d'autres choses. J'imagine que dans son esprit, tout Indien devait être nécessairement pauvre. Et j'en vins même à me demander si je n'avais pas une allure de réfugiée.

Jai retrouva beaucoup de ses amis joueurs de polo qu'il n'avait pas revus, pour la plupart, depuis la guerre, et ils nous invitèrent à assister à un match à Meadowbrook, Long Island. Plus tard nous nous rendîmes à Washington, invités par l'ambassadeur Sir Benegal Rama Rau. Washington me rappelait un peu la Nouvelle Delhi, mais à une bien plus vaste échelle. Pour finir, en bons touristes que nous étions, nous passâmes une semaine extrêmement agréable à Hollywood, et fûmes plutôt impressionnés lorsqu'on nous présenta des acteurs célèbres. Très peu de temps après notre retour en Inde, Jai fut engagé dans des négociations qui allaient changer notre vie et celle de l'Inde elle-même.

LE RAJPRAMUKH DU RAJASTHAN

Jai fut accaparé par les longues et laborieuses négociations qui devaient aboutir à la fusion de la plupart des États rajputs en un groupement administratif nouveau, au sein de la République indienne, l'Union du grand Rajasthan. Avec l'aide de son Premier ministre, Sir V.T. Krishnamachari, il mit au point les détails de l'entrée du Jaipur dans cet ensemble ; il se montra si avisé que les fonctionnaires du gouvernement indien firent par la suite appel à son aide et à ses conseils pour les négociations qu'ils menaient avec d'autres princes.

Jai avait bien essayé de me démontrer le caractère inéluctable des mesures qu'il prenait : l'idée qu'il cesserait d'être le souverain de Jaipur ne m'en choquait pas moins considérablement. Un des principaux représentants du gouvernement indien, dont c'était le rôle de préparer les accords avec les États princiers, me confia un soir pendant un de ses fréquents séjours à Jaipur, qu'il trouvait épuisantes ces constantes allées et venues en avion qu'exigeait sa mission politique. Cet instant est resté gravé dans ma mémoire car, incapable de me contenir, je transgressai le code qui exige des princes une courtoisie de tous les moments, et lui demandai tout net pourquoi, dans ces conditions, il ne nous laissait pas tranquilles et n'allait pas se reposer.

Pour Jai, évidemment, la fusion du Jaipur dans l'Union du Grand Rajasthan était une mesure dictée par la marche l'histoire, et elle était politiquement fort sage. Il n'aurait été impossible au Jaipur d'être le seul État rajput à résister – et d'ailleurs Jai ne l'avait pas souhaité – même s'il lui était douloureux de renoncer à son État et à cette responsabilité envers son peuple, qu'il ressentait de façon si personnelle et si profonde. Mais il savait aussi que l'intérêt du pays devait passer avant ses propres sentiments. Les difficultés de cette époque s'accrurent du fait d'un grave accident d'avion dont il fut la victime en plein milieu des négociations. Il devait se rendre à Delhi pour continuer celles-ci, et s'était rendu d'avance à l'aéroport, dans le but d'examiner un nouvel appareil que lui avaient ramené des pilotes américains. C'était un bimoteur qui avait la particularité de pouvoir atterrir ou décoller sur un seul des deux moteurs. Les pilotes souhaitaient emmener Jai faire un vol d'essai. Le Premier ministre avaient prié Jai de ne rien en faire, et ce dernier avait promis qu'il s'en tiendrait au rôle d'observateur. Mais comme quiconque le connaissait bien devait s'en douter, la tentation fut trop forte.

Je devais l'accompagner à Delhi et fus assez surprise mais non vraiment inquiète, de ne pas le trouver à l'aéroport. Notre pilote me dit que l'invitation des Américains avait été irrésistible et qu'il était monté avec eux. Nous eûmes un sourire complice, connaissant sa passion de voler, quand, tout à coup, retentit le signal d'alarme et nous aperçûmes au loin un nuage de fumée. Nous sautâmes tous deux dans une Jeep et nous précipitâmes vers la carcasse fumante. Jai était étendu, inanimé, la tête posée sur les genoux d'un paysan, un filet de sang s'écoulant du coin de ses lèvres. Tout le monde était complètement affolé ; et quant à moi je n'avais qu'une seule pensée : l'éloigner d'urgence de l'épave. Je demandai qu'on apporte du village un sommier, ou n'importe quoi qui puisse servir de brancard. Le fermier m'offrit un de ces cadres tendu de ficelles qui sert de lit aux villageois, et nous y plaçâmes Jai pour l'éloigner du lieu de l'accident.

Il n'était que temps. Une minute plus tard, il y eut une formidable explosion et toute la zone entourant la carcasse de l'avion s'embrasa. J'emmenai Jai tout droit à l'hôpital et, le laissant aux soins des médecins, me rendis à Amber. Là, dans le palais de l'ancienne capitale, je fis des prières pour son rétablissement, devant l'autel de la famille. Par chance les pilotes américains ne furent pas gravement atteints ; mais les blessures de Jai étaient sérieuses, et des semaines se passèrent avant qu'il pût être transporté, ne fût-ce qu'à Rambagh.

Il était encore en convalescence, quand, en décembre 1948, le Congrès national indien, le Parti qui avait pris la tête de la lutte pour l'indépendance, vint tenir à Jaipur sa session annuelle. Pour les États princiers, cet événement revêtait une importance particulière, car à cette occasion, seraient divulguées les structures d'ensemble de la République indienne dans laquelle nos États allaient trouver place. Le pandit Nehru et Mme Sarojini Naidu, poétesse, amie et disciple de Gandhi, et membre important du Congrès, étaient nos hôtes. Je me souviens du langage analytique et incisif de Nehru, exigeant de nous, par le seul ton de sa voix, un enthousiasme égal au sien pour nous atteler à la tâche de bâtir la nouvelle nation. Il nous raconta que lorsqu'on lui demandait quel avait été le moment le plus captivant de sa vie, il répondait au début que c'était la période initiale de la lutte, les passages en prison, l'exaltation de participer à un mouvement ample et justifié. Il avait pensé ensuite que cela avait été le moment même où l'indépendance était proclamée, celui où l'on tenait enfin le succès, où pour la première fois les trois couleurs indiennes étaient hissées sur le Fort Rouge de Delhi. Mais sa beauté fut défigurée par le douloureux et sanglant partage de l'Inde et, bientôt après, par l'assassinat insensé de Gandhi. Aujourd'hui il pensait que le moment le plus intéressant était maintenant même, alors que nous allions tous prendre part à cette tâche si importante et exaltante, qui justifiait toutes les années passées en prison, les meetings, les marches, toute l'agitation et les discours. Maintenant nous allions, tous unis, créer un grand pays, libre et moral. Il appelait cela « la grande expérience ».

Madame Naidu, au contraire, était une personne spirituelle et irrévérencieuse, qui nous faisait rire avec les anecdotes qu'elle racontait à propos d'autres dirigeants du Congrès – elle appelait Gandhi « Mickey » à cause de ses grandes oreilles décollées et taquinait sans pitié le pandit Nehru au sujet de sa belle mine et de sa coquetterie – mais sous son bavardage et ses commérages, elle aussi travaillait sérieusement pour le succès de « la grande expérience ». Elle quitta Jaipur tôt un matin me laissant une lettre de remerciements commençant par « Chère petite reine d'un pays de contes de fées. » Après m'avoir exprimé ses remerciements, elle me parlait de l'affection qu'elle portait à ma grand-mère de Baroda et à ma mère, affection qui m'englobait désormais, ainsi que les deux jeunes enfants d'Ila. Elle espérait qu'ils trouveraient chez moi un foyer heureux, et terminait avec le souhait que mes yeux « ne soient jamais brouillés par les larmes ».

Certaines des facettes de l'Inde nouvelle commencèrent à nous apparaître en mars 1949, lors de la fusion des États rajputs de Jaisalmer, Jodhpur, Bikaner et Jaipur, dans la nouvelle union du grand Rajasthan, elle-même partie de l'Union Indienne. Je finis par me rendre tristement à l'évidence : la personnalité du Jaipur en tant qu'État indépendant était maintenant une chose du passé et Jai avait cessé d'être responsable du bien-être de ce peuple qu'il aimait et sur lequel il avait été destiné à régner. Il eut l'honneur, qui n'était guère une compensation, d'être nommé à vie *rajpramukh,* ou « chef de l'État » de la nouvelle union. A ce titre, il était responsable de l'administration de la province entière.

La cérémonie modeste et sobre qui marqua l'inauguration de l'union et la nomination de Jai comme rajpramukh eut lieu le 30 mars, au palais de la Cité. Huit des dix-neuf maharajahs des ex-États qui avaient formé la province du Rajputana y assistaient. Nous étions quelque peu inquiets quant à la manière dont les choses se dérouleraient ; car quelques jours auparavant, un certain nombre de personnes m'avaient dit être prêtes, si nous le souhaitions, à créer des incidents pour empêcher la cérémonie de se dérouler. Je répondis d'un « non » épouvanté ; mais cela m'intéressa de constater qu'elles aussi envisageaient la disparition de l'État de Jaipur avec un courroux mêlé de pressentiments sinistres. Une inquiétude supplémentaire nous prit le jour même de l'inauguration, lorsqu'on apprit, après une attente interminable, que l'avion qui amenait de Delhi le ministre de l'Intérieur, Sardar Patel, avait été contraint d'atterrir à soixante kilomètres de la ville de Jaipur. Mais quoi que l'on ait pu augurer de ces événements, les discours et les formalités de cette cérémonie se déroulèrent sans le moindre accroc. J'y assistai derrière un écran de treillage, pour découvrir que certains, parmi les éminents visiteurs, y avaient vu la marque de ma désapprobation. La vraie raison était bien sûr, qu'à cette époque, je ne paraissais jamais aux cérémonies publiques.

La ville de Jaipur fut choisie comme capitale de la nouvelle Union, choix justifié étant donné sa situation centrale, son accessibilité par la voie aérienne, le chemin de fer et la route, et les nombreux édifices qui avaient été construits sous le règne de Jai. A ma très grande joie, cela signifiait que nous continuerions à résider à Rambagh, promu résidence officielle du rajpramukh. En vertu de ses nouvelles attributions, Jai gouvernait tout l'État du Rajasthan, mais ses devoirs avaient un caractère plus cérémonial – nominal presque – et bien moins astreignant qu'à l'époque que nous appelions déjà « le bon vieux temps ». Il avait la charge d'ouvrir les sessions de l'assemblée législative de l'État, de recevoir les prestations de serment des ministres, et ce n'était qu'en cas d'impasse totale qu'il avait autorité pour essayer de résoudre les difficultés ou d'en appeler, avec l'assentiment du gouvernement central, aux électeurs. Pour le reste, ses obligations sociales étaient sensiblement les mêmes qu'auparavant. Le maharajah de Kota fut désigné pour être son adjoint et le remplacer en cas d'absence, et le maharana d'Udaipur reçut, en tant qu'aîné de tous les princes, le titre de maharajpramukh ; il prenait le pas sur Jai dans toutes les occasions solennelles, mais aucune fonction officielle ne lui incombait.

Un des premiers devoirs de Jai fut de présider au licenciement des forces armées du Rajputana qui englobaient évidemment les troupes de l'État de Jaipur. La première de ces cérémonies eut lieu devant le nouveau secrétariat, édifice que Jai avait fait construire pour servir à l'origine de caserne. Un vaste espace était réservé sur le devant, qui servait jusque-là de terrain de manœuvres. C'est là que défila, dans un style impeccable, l'infanterie du Jaipur ; Jai reçut son salut, après quoi les couleurs lui furent remises. Puis suivirent les régiments de cavalerie, dont les noms historiques évocateurs de courage, dataient de plusieurs siècles avant le Raj britannique – le régiment monté Katchwaba, les gardes Rajendra Hazari, ainsi que certains régiments appartenant à d'autres États – qui défilèrent, remettant l'un après l'autre leurs étendards à Jai.

Nous autres, les spectateurs, sentions les larmes nous monter aux yeux ; mais Jai, fier et sombre, observait le défilé parfait de ses hommes, saluait les couleurs et les prenait à mesure que les officiers les lui tendaient. Seul son régiment préféré, celui des gardes Sawai Man, qu'il avait lui-même créé, conserva son nom lorsqu'on l'incorpora dans l'armée indienne. Il est connu aujourd'hui encore sous le nom de 17e Rajputana Rifles (Sawai Man Guards). Tous les autres régiments de cavalerie de Jaipur, ainsi que plusieurs régiments appartenant à d'autres États, furent incorporés dans le 61e régiment de cavalerie, la seule troupe montée existant encore aujourd'hui en Inde.

Au printemps de 1949, pendant que ces changements capitaux intervenaient dans notre existence, un souci et un espoir personnels eurent pour moi le pas sur tous les événements publics. Les médecins confirmèrent que j'étais enceinte, et me recommandèrent la plus grande prudence, étant donné qu'à deux reprises déjà j'avais perdu l'enfant que je portais. Cet été-là, il n'était pas question que Jai puisse se rendre à l'étranger à cause de toutes les responsabilités qu'entraînait sa nouvelle fonction. Nous passâmes le majeure partie de notre temps à Jaipur, et fîmes une escapade de quinze jours au Cachemire pendant les grandes chaleurs.

Au début d'octobre, je me rendis à Bombay, où Ma possédait un appartement, afin d'attendre la venue de mon enfant, dans la demeure de ma mère, selon la coutume. Mon fils naquit deux semaines avant terme, juste avant la fête de Diwali, le nouvel an indien, cette fête saluée par les lumières et les feux d'artifices. Pendant ces premières journées de sa vie, son petit corps sursautait de peur chaque fois qu'un pétard éclatait dehors sous mes fenêtres.

J'étais alarmée de voir mon fils si petit et craignais sans arrêt qu'il ne lui arrive malheur. Ma remarqua mon anxiété et me dit : « Mais que t'arrive-t-il ? Tu devrais te réjouir d'avoir un bébé et au lieu de cela, tu as l'air malheureux. »

Je lui fis part de mes craintes et elle se mit à rire puis m'assura que le fait d'être petit, n'est pas chez un enfant un signe de faiblesse ; le mien était tout à fait normal et bien portant. Bhaiya se réjouit particulièrement de cette naissance et vint exprès à Bombay pour voir son neveu.

Bien que le Jaipur ne possédât plus le statut d'État indépendant, aux yeux du peuple, nous étions toujours la famille régnante. Il y eut de grandes réjouissances publiques pour la naissance de mon fils. Le gouvernement du Rajasthan décida que ce serait jour férié pour la ville de Jaipur, et salua la naissance au canon, tandis que le Premier ministre et d'autres fonctionnaires arrivaient à Rambagh pour féliciter Jai. La coutume veut que la première personne à annoncer au maharajah la naissance d'un fils soit généreusement récompensée. A Bombay, il y eut une course éperdue entre Bébé et une de mes dames d'honneur, à qui arriverait la première au téléphone, mais elles constatèrent immédiatement qu'il était en dérangement. A Jaipur, ce fut un de nos ADC qui apprit le premier la naissance. Il se précipita chez Jai pour lui communiquer la nouvelle et fut gratifié ultérieurement d'une voiture neuve. Ma dame d'honneur fut la première à annoncer la naissance à Ma ; elle reçut des clips d'oreilles en diamants et rubis. Le pandit qui établit l'horoscope de notre fils, déclara que l'initiale de son nom devait être R ou J. Jai le nomma Jagat Singh, en mémoire d'un de ses illustres ancêtres.

C'était Bubbles, le fils aîné, qui était bien entendu l'héritier apparent. Il est d'usage que le souverain accorde à ses autres fils un titre et des domaines. Pat et Joey, les fils de Jo Didi, avaient reçu des terres et des titres, et Jagat fut également nanti. Quelques années plus tard, le frère aîné de Jai Bahadur Singh, qui n'avait pas de fils, « adopta » Jagat pour qu'il puisse hériter le titre et les domaines d'Isarda.

La nouvelle de l'adoption fut divulguée dans la presse sous le titre : « La maharani fait don de son fils de cinq ans » et, soit par la nurse, soit par les bavardages des domestiques, la chose vint à la connaissance de Jagat. Pendant des jours, il se montra abattu et soucieux et je ne parvenais pas à comprendre ce qu'il avait. Quand enfin il se décida à me parler, il me demanda : « Est-ce que papa et toi vous allez vraiment me donner à mon oncle ? »

Furieuse que le personnel ait pu l'inquiéter ainsi je l'assurai que papa et maman n'auraient jamais l'idée de le « donner » ; mais que son oncle, qui n'avait pas de fils, voulait lui faire un gros cadeau quand il serait grand, et voilà tout. J'eus du mal à le convaincre, mais finalement il s'apaisa.

Pendant les deux années qui suivirent la naissance de Jagat, la vie que nous menions restait encore un peu à l'image de celle d'avant-guerre. Le polo fut de nouveau à l'honneur, et si la disparition de l'État et la mécanisation des régiments de cavalerie en limitaient l'importance et l'éclat, Jai était de nouveau un héros célèbre. En 1950, l'équipe d'Argentine vint jouer en Inde, et trois mois de matchs passionnants se succédèrent à Bombay, Delhi et Jaipur. Jai se mit bientôt à jouer également en Angleterre, où le prince Philip, récemment rentré de Malte, était en train d'insuffler une vie nouvelle à ce sport. Nous fîmes l'acquisition d'une ferme près de Grinstead, nommée « Saint Hill », et louâmes un appartement dans Grosvenor Square à Londres. Avec Bubbles, Joey et Pat, tous successivement élèves à Harrow, l'Angleterre devenait notre seconde patrie.

Le cours paisible de notre vie fut interrompu, en 1951, par

un événement tragique. Indrajit trouva la mort dans l'incendie de la maison où il séjournait à Darjeeling. Nous fûmes accablés, comme l'était la population de Cooch Behar, et même des districts avoisinants, dont certains avaient été rattachés au Pakistan oriental. Indrajit était très aimé, et ces gens, comme ceux de Cooch Behar, fermèrent leurs boutiques et leurs bureaux en signe de respect et d'affection.

Ce décès me porta un coup cruel, et j'en éprouvais un chagrin profond ; mais lorsque la période de deuil eut pris fin, il me fallut bien reprendre mon activité quotidienne. La seule ressource dans une peine aussi profonde était de m'occuper, en laissant au temps le soin d'émousser ma douleur, ce qui à Jaipur, était chose facile.

Au début des années 50, le rôle de Jai l'obligeait encore à beaucoup de réceptions officielles, et j'eus l'occasion de faire la connaissance d'un grand nombre de personnalités intéressantes et mondialement connues. Parmi les premières d'entre elles, se trouvaient Lord et Lady Mountbatten. Lord Mountbatten connaissait bien Jai depuis que celui-ci jouait au polo en Angleterre. Lady Mountbatten l'avait vu pour la première fois, lors d'une visite à Jaipur en 1921, alors qu'il était encore adolescent et qu'il représentait son père adoptif. Elle l'avait trouvé charmant et fit toujours preuve par la suite de beaucoup de gentillesse à son égard. Je fus très frappée par le caractère chaleureux de Lady Mountbatten, et par l'intérêt qu'elle portait à toute chose – intérêt qui n'était pas fugitif. Pendant que je lui faisais les honneurs de l'école Gayatri Devi, Miss Lutter fit allusion, dans le cours de la conversation, au souci qu'elle se faisait au sujet d'une de ses anciennes élèves qui se trouvait en Birmanie. Miss Lutter reçut, une semaine après le départ de Lady Mountbatten, des nouvelles au sujet de cette élève.

Chakravarty Rajagopalachari, le successeur de Lord Mountbatten comme gouverneur général de l'Inde, nous rendit visite, ainsi que le Dr Rajendra Prasad, premier Président de la République indienne. Beaucoup d'autres dignitaires indiens et certains étrangers vinrent alors à Jaipur, et j'ai la mémoire pleine de menus incidents qui m'avaient touchée, déconcertée ou amusée Le Dr Ambedkar, leader des Harijans, m'émut beaucoup lorsque il me parla de la dette de reconnaissance envers mon grand-père de Baroda qui l'avait fait instruire alors qu'il était un enfant sans ressources, et lui avait fait faire ses premiers pas dans la vie publique.

Une visite de Mme Eleanor Roosevelt nous causa quelque embarras. Son arrivée était en effet prévue le jour même où la fête de Holi était célébrée à Jaipur. Jai pria le gouvernement central de changer la date, car les gens de Jaipur « jouent » Holi avec un entrain forcené, et Mme Roosevelt avait toutes les chances d'être bombardée de boulettes de cire et aspergée d'eau et de poudre colorée. Mais le gouvernement ne pouvait modifier la date, et nous attendîmes avec appréhension l'arrivée de notre invitée. Jai fut d'avis que la meilleure chose à faire, était, dès son arrivée, de lui barbouiller les joues de poudre rouge car ainsi, ceux qui la verraient penseraient qu'elle avait déjà eu sa part des festivités et chercheraient une autre proie. Les choses se passèrent exactement comme il les avait prévues : Mme Roosevelt arriva à Rambagh, les joues écarlates et l'air étonné, mais sans avoir subi aucune avanie.

Lorsque Boulganine et Khrouchtchev vinrent à Jaipur, nous donnâmes un grand banquet au palais de la Cité. Boulganine, lorsqu'il vit la splendeur du décor, s'écria avec joie : « C'est magnifique ! ». Ce qui m'incita à m'adresser à lui en français ; mais après un vaillant et bref effort, qui resta stérile, je dus m'en remettre aux interprètes pour échanger quelques propos pendant la suite du repas.

Tout au long de nos années de vie commune, Jai ne m'avait jamais dit grand-chose de son travail et de ses fonctions officielles. Et à vrai dire, je n'éprouvais pas un grand désir de connaître les finesses de l'art de gouverner. Il me donnait ses lettres et rapports les plus confidentiels à taper et quoique tirant fierté de cette marque de confiance, je ne me sentais guère concernée par les affaires de l'État.

Jusqu'à ce qu'il devînt rajpramukh, aucune activité officielle ne m'était incombée, pas même celle de recevoir. Je surprenais parfois des bribes de conversations à propos de divers problèmes et me réjouissais de n'avoir pas la charge de les résoudre. Je n'avais pas de peine à croire, qu'avec son tact et sa patience infinis, Jai parviendrait à aplanir les rivalités internes de l'union du Rajasthan, et à s'acquitter de la tâche plus épineuse encore de répartir les responsabilités. Pat confirmait souvent ma foi en sa compétence disant : « C'est le plus habile de tous les esprits politiques. » Aussi fallut-il attendre 1952, date des premières élections générales en Inde, pour que la politique commence à jouer un rôle dans ma vie.

LE NOUVEAU GOUVERNEMENT DE L'INDE

Chaque Indien était intéressé, bien entendu, par les élections, cette première épreuve nationale de la démocratie, mais nous nous sentions concernés de façon plus personnelle, du fait que le jeune maharajah de Jodhpur était candidat à l'assemblée législative de l'État du Rajasthan. Il était cousin germain de Jo Didi et se présentait dans une circonscription de son propre État, contre le plus puissant des leaders du Congrès à Jodhpur, Jai Narin Vyas. Nos vœux, évidemment, allaient au maharajah ; mais nous ne pouvions pas nous permettre de dire ou faire quoi que ce fût qui pût être interprété comme un appui ou une aide. En tant que rajpramukh, Jai devait rester au-dessus de toute politique partisane.

Aucun parti, à cette époque, n'était vraiment en mesure de s'opposer au parti du Congrès qui se prétendait, et à juste titre, le parti du « peuple », celui qui avait été à l'avant-garde de la lutte pour l'indépendance. Les communistes ne représentaient pas vraiment une menace, pas plus que les candidats du parti réactionnaire orthodoxe Hindu Mahasabha. Quiconque se présentait contre le candidat du Congrès, se mesurait à un adversaire puissant. Le maharajah eut pourtant le courage de se présenter, en tant qu'indépendant, sans l'appui d'aucun parti, et il suscita d'autres candidatures dans le Rajasthan contre le parti du Congrès.

Nous avions toujours connu le maharajah plein d'allant, enthousiasmé pas ses projets de réforme, et vivement intéressé par les affaires publiques et la politique. Il croyait fermement à la nécessité de susciter au Rajasthan une opposition influente. Le premier objectif était de gagner autant de sièges que possible dans l'assemblée locale, afin de pouvoir freiner et empêcher le Congrès d'avoir la haute main sur tout.

Vers la fin du mois de janvier, alors que nous dînions en nombreuse compagnie à Rambagh, Jai fut subitement appelé. Au lieu de revenir à table, il me fit appeler et m'apprit qu'une nouvelle tragique venait de lui parvenir de Jodhpur : le maharajah avait fait un tour en avion pour se délasser, après sa dure campagne électorale, et l'appareil s'était écrasé.

Nous fûmes tous profondément affectés. Jai gagna Jodhpur dès le lendemain, accompagné de Jai Narain Vyas, l'adversaire du maharajah. Le palais de Jodhpur était envahi par une foule que la mort de leur souverain bien-aimé plongeait dans la tristesse. De folles rumeurs circulaient, évoquant le sabotage, et lorsque les gens aperçurent Jai Narain Vyas, ils devinrent menaçants. Ils se précipitèrent, essayant de pénétrer à sa suite dans le palais, et ce ne fut qu'avec la plus grande difficulté qu'il put s'échapper ignominieusement dans une voiture purdah en passant par le zénana.

Deux jours plus tard, quand les résultats de l'élection furent connus, les gros titres des journaux annoncèrent que le maharajah de Jodhpur avait remporté une majorité de dix mille voix. Jai Narain Vyas avait obtenu si peu de votes qu'il avait perdu sa caution. Dans les circonscriptions avoisinantes, trente-trois sur les trente-cinq candidats qu'avait soutenus le maharajah étaient victorieux nous éprouvions tous une grande tristesse qu'il ne fût pas là pour voir le résultat de ses efforts. Mais au cours de l'élection partielle, Jai Narain Vyas, qui n'avait pratiquement pas d'adversaire, fut élu et devint Premier ministre du Rajasthan. Avec la mort du maharajah, l'opposition avait perdu son chef.

La mort tragique et vaine du maharajah de Jodhpur et le résultat de l'élection partielle qui la suivit, m'amenèrent à réfléchir aux raisons qui avaient poussé les habitants de son État à voter comme ils l'avaient fait. Quelle que soit la situation dans le reste de l'Inde, dans les territoires autrefois princiers, les gens votaient, lorsque l'occasion s'en présentait, sans perdre la conscience du lien séculaire qui unissait un souverain indien à ses sujets. La plate-forme politique en elle-même n'avait qu'un rôle secondaire. Les dirigeants du Congrès connaissaient bien ces liens de fidélité, ancrés dans le passé, et dès avant les élections, ils avaient sollicité l'appui des princes, et demandé aux membres des différentes familles royales de faire acte de candidature au nom du Congrès. Ils savaient d'avance le succès qui attendaient ces candidats, mais furent néanmoins contrariés lorsque des princes, opposés au parti du Congrès, l'emportèrent par une large majorité. Leur mécontentement fut tel qu'il les incita à lancer une violente campagne sur le thème des fautes de gouvernement dont les États avaient été les victimes.

En tant que membre d'une de ces familles régnantes, il m'était difficile de réfuter une telle accusation sans paraître avoir un esprit prévenu ou partisan. Comme la plupart des princes de ma connaissance, j'admettais, certes, que la qualité de l'administration variait grandement selon les États, et qu'il y eût sans doute à déplorer des cas de mauvaise administration ou d'exploitation. Mais la majorité des souverains avaient fait de leur mieux pour leurs sujets, et dans certains États – le Mysore, le Gondal et le Baroda, par exemple – l'adepte le plus convaincu du parti du Congrès ne pourrait s'empêcher de reconnaître que l'administration y avait été meilleure que dans les régions avoisinantes. Mais le fait qui peut-être les étonna le plus, et qui ressortit si clairement lors des élections, fut que les liens d'affection et de respect mutuel existant entre la plupart des souverains et leurs sujets étaient loin d'avoir été détruits par la fusion de ces États avec le reste de l'Inde. En fait, les élections mises à part, je crois n'avoir jamais vu les sentiments de fidélité se manifester à Jaipur avec une chaleur aussi impressionnante que lors du premier anniversaire de Jai qui suivit la fusion. Le peuple agit exactement comme si Jai était toujours le souverain, l'acclamant chaque fois qu'il paraissait en public, et faisant pleuvoir sur lui des paroles bienveillantes. Il n'est pas impossible que de telles manifestations fussent à l'origine de la prudence et de la méfiance grandissantes dont fit preuve le gouvernement à l'égard des princes pendant les années qui suivirent.

Certaines de ces observations se logèrent confusément dans mon esprit ; mais j'étais encore bien trop engagée par ailleurs, pour prêter une attention suivie aux questions politiques. On venait de m'élire présidente de l'Association indienne de badminton, rôle que je prenais à cœur, me rendant dans toute l'Inde et même à l'étranger pour assister à des réunions. J'étais également la vice-présidente de l'Association indienne de tennis, qui, elle aussi, impliquait de nombreux voyages et me prenait beaucoup de temps. Outre mes activités dans le domaine sportif, je m'intéressais beaucoup à la All India Woman's Conference, l'organisation féminine la plus importante du pays, dont ma grand-mère de Baroda avait été présidente. Ses membres militaient pour le progrès social et le développement de l'instruction, et bien qu'elle n'eût pas un rôle à proprement parler politique, il débordait dans certains cas – comme dans son action en faveur du vote des femmes – sur le domaine politique. Je me souviens clairement d'une de ces réunions de la Conférence car elle était typique de la manière bizarre, inégale et déséquilibrée dont les idées de progrès social gagnaient du terrain en Inde. Ce jour-là, les déléguées, des femmes énergiques et émancipées, s'attaquèrent avec force à la situation faites aux femmes par l'ancien code hindou. Elles exigeaient pour les femmes hindoues le droit d'hériter, le droit pour les veuves de se remarier, et le droit d'intenter une action en divorce. J'admirais le courage de ces revendications ; mais la dame d'honneur qui m'accompagnait fut bouleversée par tout ce qu'elle venait d'entendre. Pourquoi les déléguées voulaient-elles introduire le divorce ? me demanda-t-elle. La situation des femmes indiennes était sans aucun doute bien meilleure telle qu'elle était. Si elles pouvaient divorcer, qui donc les épouserait ? Et qui les vêtirait, les nourrirait, leur assurerait un toit ? Quel homme supporterait jamais une chose aussi impudique ? C'était là toute la litanie des arguments en faveur du zénana, et j'entendais à travers elle la protestation de toutes les femmes du palais. Et je m'étonnais de ce curieux mélange que j'étais moi-même devenue, comprenant et partageant en partie le mode de penser du zénana, tout en étant intégralement ce que l'éducation cosmopolite de Ma m'avait faite.

Chaque fois que nous allions à Delhi, nous descendions bien sûr à Jaipur House. Il fut un temps où toutes les terres sur lesquelles s'érige la Nouvelle Delhi étaient la propriété personnelle des maharajahs de Jaipur ; mais le père adoptif de Jai en avait fait don, il y a longtemps, au gouvernement, pour construire une nouvelle capitale, en échange de quelques villages dans le Punjab. Aujourd'hui, seul un haut pilier en grès, « Jaipur Column », dressé devant le palais du Président, commémore cet acte généreux d'autrefois.

Dans le Delhi des années 50, la vie mondaine se développait sans cesse, à mesure qu'augmentait le nombre des ambassades accréditées auprès du gouvernement indien. Jaipur House devint le centre d'activités incessantes, et en tant qu'hôtesse, je trouvais dans mes obligations sociales et dans le degré de perfection qu'exigeait Jai, un défi et une préoccupation permanente. Il encourageait certains de mes projets personnels, comme celui d'organiser à Delhi, une exposition de l'artisanat du Jaipur. Je lui demandai, avec un certain embarras, s'il pensait que le Premier ministre, le pandit Jawaharlal Nehru, consentirait à l'inaugurer. « Tu ne le sauras jamais si tu ne lui demandes pas. », me répondit-il avec vivacité. A ma surprise et à mon grand soulagement, le pandit Nehru accepta mon invitation, ajoutant, ce qui me remplit d'aise, qu'il n'acceptait normalement pas ce genre d'obligation, mais qu'il ferait pour cette fois une exception

Le jour de l'inauguration, j'étais toute tremblante et terrifiée par le nombre de gens qui étaient venus, et totalement paniquée à l'idée de devoir prononcer quelques paroles en public, pour accueillir le Premier ministre et l'inviter à ouvrir l'exposition. Lorsqu'il arriva, j'attendais palpitante à l'entrée, et tout ce que je pus dire fut que j'étais heureuse de sa venue, et que c'était vraiment très aimable à lui d'en avoir trouvé le temps. Il acquiesça d'un air absent et me demanda ce qu'on attendait de lui. « Eh bien..., hum..., je pense... eh bien déclarer tout simplement que l'exposition est ouverte. Est-ce que vous croyez que ça peut aller ? » lui dis-je.

« Pourquoi pas ? » répondit-il, et prenant les ciseaux que je lui tendais, il coupa le ruban qui barrait l'entrée et prononça : « Je déclare cette exposition ouverte au public. »

Tout fut fini en quelques instants, je m'en étais tirée sans discours, et pouvais maintenant m'offrir le plaisir de faire au Premier ministre les honneurs du très beau travail des artisans du Jaipur, dont j'étais sincèrement très fière pour le compte de l'État. Avec un grand charme et un enthousiasme quasi juvénile, il fut extrêmement élogieux. Jai et moi le voyions assez souvent à cette époque, à des réceptions officielles ou à des réunions plus intimes. Il aimait assister aux matchs de polo, ce qui le rapprochait de Jai, et il nous inspira toujours à tous deux la plus grande estime doublée d'une chaude affection.

En octobre 1956, le ministre de l'Intérieur, le Premier ministre Nehru et le Président, le Dr Rajendra Prasad, écrivirent à Jai qu'ils avaient apprécié la manière dont il s'était « acquitté » des lourdes responsabilités de sa charge, mais que sa fonction de rajpramukh était appelée à disparaître. Cette nouvelle nous fit tomber des nues. Jai n'avait à aucun moment été consulté ni prévenu, et il s'en trouva blessé et dérouté. Lorsqu'on l'avait nommé, on lui avait assuré que c'était à vie, et la création de cette haute charge avait été incorporée dans la Constitution.

Dans la réponse qu'il leur fit, Jai appela leur attention sur ces faits, ajoutant : « Je trouve particulièrement pénible qu'en dépit de la collaboration sincère et du loyalisme sans faille dont j'ai fait preuve, au cours de ces sept années, mes relations officielles avec l'administration de l'État puissent prendre fin d'une manière aussi abrupte. » Il avait, après tout, fait confiance au gouvernement pour honorer ses engagements.

Je me sentis très affectée, bien que Jai, profondément touché, n'ait cependant jamais eu un mot d'amertume, même lorsque le pandit Nehru lui répondit sèchement que « la Constitution ne saurait être pétrifiée ». C'est alors que je commençai à m'interroger sur la probité d'un gouvernement capable de renier avec une telle désinvolture un engagement consacré par la Constitution. Il était certes nécessaire pour le bien du pays que des changements fussent introduits ; mais certainement pas sans consultation de toutes les parties concernées.

Notre fils Jagat revint un jour de l'école tout ému et décontenancé. Ses camarades lui avaient dit que son père n'était plus l'homme le plus important de Jaipur. Il fallut lui expliquer que papa avait été quelque chose qui s'appelait un rajpramukh, ce qui était plus important que d'être un maharajah ; qu'il n'y aurait désormais plus de rajpramukh, mais un nouveau gouverneur du Rajasthan, mais que la position de papa vis-à-vis du peuple de Jaipur demeurait la même qu'avant. Je ne sais pas vraiment ce qu'il comprit de nos explications ; mais il saisit très vite, et jusque dans leurs implications pratiques, les autres changements que Jai était en train d'introduire. Celui-ci avait par exemple pris la décision de réduire notre train de vie, et comme premier pas, de sacrifier notre avion particulier. L'ayant eu à ma disposition depuis l'âge de vingt et un ans, j'étais très gâtée. Jagat, avec ses sept ans me consola. « Ne te désole pas, maman. Papa et toi, vous continuerez à aller partout. Il n'y a que Kismet et moi qui en souffrirons » Kismet était un berger allemand de Jai le dernier d'une longue série. Ce raisonnement plein de bon sens me ravit et je me résignai bientôt à me passer d'avion privé.

Avec son ressort habituel, Jai se trouva bientôt absorbé par d'autres préoccupations. L'Inde avait été conviée à envoyer une équipe de polo en Angleterre pour participer à une série de matchs internationaux, qui devaient avoir lieu dans le courant de l'été 1957. En tant que président de l'Association indienne de polo, c'était à Jai de sélectionner les joueurs et de prendre les dispositions nécessaires Pour la première fois, une équipe représentant le pays entier se rendait à l'étranger – jusqu'alors, les équipes n'avaient représenté que l'un ou l'autre des différents États – et la désignation de ses membres comme l'organisation générale de l'expédition était compliquée et demandait beaucoup de temps. Des offres généreuses de prêter à l'équipe les meilleurs poneys venaient de partout, même lorsqu'aucun joueur local n'avait été sélectionné. Mais la fermeture du canal de Suez intervint à ce moment-là, ce qui interdisait tout transport de poneys vers l'Angleterre. Ces animaux si bien entraînés, n'aurait, en effet, pas supporté le long trajet par le Cap de Bonne Espérance ; et d'ailleurs, ils ne seraient pas parvenus à temps en Angleterre. Il fallait donc trouver des montures en Europe même.

Tandis que Jai s'affairait à mettre au point tous les détails de ces matchs importants, j'eus la surprise d'être sollicitée – moi parmi toutes ! – pour assumer un rôle politique. Le ministre en chef du Rajasthan me rendit visite un soir, et me demanda, comme si c'était la chose la plus naturelle du monde, si je n'envisageais pas de faire acte de candidature au nom du parti du Congrès dans la circonscription de Jaipur.

Ma première réaction fut un étonnement total que quiconque ait pu m'attribuer la moindre intention de me présenter aux élections. La seconde, tout aussi spontanée, fut que je serais incapable d'aller dans le public faire campagne et prononcer des discours. Bien que je fusse beaucoup plus libre de mon emploi du temps et de mes déplacements que lors de mon arrivée à Jaipur, il n'était pas facile de se débarrasser des habitudes anciennes. Ma troisième réaction, après quelque réflexion, fut que je n'étais pas certaine d'être en accord avec la politique suivie par le parti du Congrès.

Celui-ci, dans différentes régions, commençait à s'acquérir une réputation de népotisme et de corruption. Au Rajasthan, comme ailleurs, les ministres plaçaient leurs protégés, ou ceux qui les avaient aidés lors des élections, à des postes de responsabilité pour lesquels ils n'étaient qualifiés, ni par leur formation, ni par leur expérience. La rumeur disait que les contrats du gouvernement tendaient à aller aux entreprises offrant les dessous-de-table les plus substantiels au ministre responsable. Les effets de ces pratiques apparaissaient dans les circonstances ordinaires de la vie que pouvait apprécier tout contribuable. L'état des routes, par exemple, était déplorable. Elles étaient envahies de nids de poule, et, par endroits, les pluies les avaient même complètement emportées. Des crédits avaient été affectés à leur remise en état, mais nul ne savait ce qu'ils étaient devenus.

L'État de Jaipur était connu pour son réseau d'irrigation et ses digues, datant en grande partie du grand-père adoptif de Jai. Ils s'étaient très bien maintenus à travers les inondations et les périodes de sécheresse, grâce à leur excellente construction et à un entretien méticuleux. Lorsque le gouvernement prit les choses en mains, l'entretien des digues fut confié à de nouveaux entrepreneurs, choisis en vertu de critères politiques. Ils employèrent des matériaux de qualité inférieure et n'exercèrent qu'une surveillance symbolique sur l'ensemble du système. Un jour de pluie diluvienne, une des digues se rompit – calamité qui aurait été facilement évitée si l'on avait songé à ouvrir les vannes. Mais le responsable était à ce moment-là au cinéma à Jaipur. Des dizaines de villages furent inondés et la récolte totalement perdue.

Les intrigues politiques déterminaient jusqu'à la sélection des étudiants auxquels des bourses seraient accordées ou qui seraient admis dans les établissements d'enseignement. A Jaipur, il était patent qu'un certain nombre de places y étaient réservées à la parentèle des ministres. Quelque temps auparavant, Jai avait écrit au pandit Nehru pour l'avertir que la corruption parmi les agents du gouvernement de l'État allait entraîner la faillite de l'administration et de la justice. Mais cette lettre ne provoqua aucune réaction apparente.

De toute façon, je répondis ce soir-là au ministre qu'il me faudrait consulter mon mari. Il m'assura qu'il n'y avait aucune urgence, et que j'avais le temps de réfléchir et de lui donner ma réponse dans les deux ou trois jours qui suivaient.

Je me précipitai chez Jai pour lui faire part de cette proposition stupéfiante ; mais il se borna à me regarder avec un sourire amusé. Je compris alors que le ministre en chef ne me l'aurait jamais faite sans avoir, au préalable, consulté Jai et que c'était sur son conseil qu'il m'en avait directement fait part. Et avec son sens de l'humour typique, il ne m'en avait soufflé mot afin de pouvoir jouir ensuite de ma stupéfaction.

La question fut maintes et maintes fois débattue entre nous. Je commençai à voir que, bien que je n'aie accordé consciemment que très peu d'attention aux problèmes politiques, des idées, des opinions et des arguments s'étaient cristallisés dans mon esprit. Et lorsque Jai me dit qu'à son avis je pourrais être utile à Jaipur, en m'inscrivant au parti du Congrès, j'eus le sentiment que c'était malhonnête, car j'étais loin d'être convaincue du bien-fondé de sa politique, et n'avais qu'une piètre opinion des résultats de son administration. Tout avait les couleurs de l'espoir lorsque Gandhi dirigeait le mouvement et que les membres du Parti étaient des idéalistes voués à la lutte pour l'indépendance. Mais aujourd'hui, lui dis-je avec emportement, voyez le résultat ! Le parti du Congrès, en prenant le pouvoir, était devenu lui-même l'Establishment et, pour autant que je pouvais en juger, rassemblait des gens dont le souci majeur était de réussir une carrière lucrative, plutôt que de contribuer au bien du pays. Et que signifiait toute cette austérité qu'ils préconisaient, en incitant les autres à se serrer la ceinture ? On ne les voyait guère, eux, se serrer la leur ! Au contraire ! Les membres du parti du Congrès se considéraient, semble-t-il comme une classe privilégiée, et s'enrichissaient jour après jour. Comme Gandhi aurait été malheureux ! Il avait toujours préconisé la dissolution du parti du Congrès une fois l'indépendance acquise, afin que puissent se former de nouveaux partis. Au lieu de cela, le gouvernement du Congrès demeurait comme un monolithe, et ce que nous pouvions faire de plus utile serait de prêter nos efforts à la formation d'une opposition puissante, qui soit réellement en mesure de contraindre le parti du Congrès à rester fidèle à ses premiers principes.

Chose à peine croyable, voilà que j'avais prononcé un véritable discours politique. Et Jai était là, assis, souriant toujours. Il m'engagea à pousser mon raisonnement plus loin, à exprimer mon sentiment, qui devenait chaque pur plus clair, que les gens n'étaient pas heureux, pour en arriver finalement à la conclusion que ce n'était peut-être qu'en prenant part moi-même, à la vie politique, que je pourrais contribuer à remédier à la situation.

Constamment, des groupes se formaient, comme ils l'avaient toujours fait, aux portes de Rambagh pour attirer l'attention de Jai, et se plaindre des nouveaux impôts et de la hausse des prix. Ils arrivaient à peine à joindre les deux bouts, et personne au gouvernement n'avait le temps d'écouter leurs doléances, personne ne se sentait tenu de s'occuper d'eux. Lorsque Jai était rajpramukh, il avait pu négocier avec les fonctionnaires du gouvernement pour le compte de son peuple ; mais il n'avait plus qualité aujourd'hui pour intervenir, et si même il essayait, il était presque impossible de découvrir quel était le fonctionnaire responsable, et bien moins encore d'obtenir le moindre résultat. Il ne pouvait que regarder les choses aller de mal en pis dans cet État qui lui était si cher. Ce fut la raison, j'imagine, pour laquelle il m'incita à bien réfléchir à la question, en espérant me voir arriver à la conclusion que je pourrais, effectivement, être utile en devenant membre du Parlement.

La rumeur de mon éventuelle adhésion au parti du Congrès se propagea comme une traînée de feu. Un jeune homme qui avait été dans la garde personnelle de Jai vint me voir. C'était un des nobles de Jaipur qui s'étaient ralliés à l'opposition derrière le jeune maharajah de Jodhpur, dont on a vu la mort tragique. Il m'apprit la création d'un nouveau parti d'opposition au Rajasthan, formation qui serait considérablement affaiblie si j'entrais au parti du Congrès. Aussi me pria-t-il de réexaminer la situation avant de prendre une décision quelconque. Cette brève entrevue suffit à orienter mon choix. Si mes principes avaient un sens, je ne pouvais accepter d'affaiblir un parti d'opposition honnête, même si je n'étais pas encore au point de me rallier à celui-ci. Je répondis le jour même au Premier ministre qu'il m'était impossible d'accepter sa proposition.

Sollicité également par les chefs de l'opposition qui l'avaient prié de parler en leur nom, Jai persistait à penser que, bien que n'étant plus rajpramukh, il devait se tenir en dehors des querelles partisanes. De sorte qu'aux élections de 1957, aucun membre de notre famille ne fut candidat, et que, oubliant pour l'été toute la politique, nous accompagnâmes l'équipe de polo en Angleterre.

Jamais le terrain de Cowdray Park n'avait été aussi splendide, les fringants gauchos argentins se mesurant avec les Indiens aux turbans éclatants, dans le cadre magnifique de la campagne anglaise. Notre équipe eut une série d'accidents et ne remporta pas tous les succès escomptés ; mais à l'issue de la saison anglaise, elle fut invitée à Deauville, où nous fûmes les hôtes d'Ali Khan, qui ne parlait que de courses pendant que Jai parlait de polo, tous deux donnant libre cours à leur passion des chevaux. Le séjour à Deauville fut plein de gaieté et d'insouciance, les courses et le polo occupant les journées qui s'achevaient au casino, par des soirées de gala spectaculaires ; et, pour, couronner le tout, il y eut le triomphe de l'équipe indienne qui remporta la Coupe d'or. On pouvait facilement chasser de son esprit ce qui se passait en Inde.

Nous rentrâmes chez nous d'une humeur triomphante. Mais presque immédiatement, je fus, pour la première fois, aux prises avec le gouvernement – et pour ainsi dire sur le seuil de notre propre demeure. Nous constatâmes avec horreur qu'on était en train d'abattre les anciennes murailles et les portes de la cité, construites autrefois pour protéger la ville contre les envahisseurs, et liées intimement à toute son histoire. C'était à mes yeux un acte de pur vandalisme – et qui plus est, un vandalisme ordonné par État.

La construction était dans le marasme depuis la passation des pouvoirs. Et aujourd'hui encore, la plupart des écoles, des universités, des hôpitaux, des réservoirs d'eau et des parcs, datent d'il y a vingt-cinq ans au moins. Les bâtiments publics étaient mal entretenus, et il semblait d'ailleurs n'y avoir aucun programme d'entretien ou de prévisions. Jai avait prohibé toute construction nouvelle à l'intérieur des murailles de la cité, où la population atteignait une densité limite, et avait exigé que le développement se fasse en banlieue en conformité avec des plans d'aménagement. Mais tout cela était oublié, comme la politique de réinstallation et de reclassement des centaines de milliers de réfugiés venus du Pakistan. On avait toléré qu'ils construisent des boutiques et des cabanes au pied des murailles de la ville, ce qui ajoutait au caractère sordide d'une zone déjà surpeuplée. Le nouveau gouvernement de l'État avait laissé nommer des fonctionnaires très peu doués du sens des responsabilités sociales, et dépourvus de toute expérience dans le domaine de l'urbanisme, et à qui on avait laissé le champ libre pour faire exactement ce qui leur plaisait.

Jai était chez lui à Jaipur. Il aimait sa belle capitale et en était à juste titre fier. Sous son règne, tout avait été convenablement entretenu ; on avait régulièrement repeint les édifices, de ce rose caractéristique du Jaipur, et le style des constructions, devenu traditionnel depuis l'époque du maharajah Sawai Jai Singh, fondateur de la ville de Jaipur avait été protégé contre toute atteinte. Chaque souverain avait ajouté des bâtiments pour embellir la ville, et non pour la défigurer. Jai, moins que quiconque, n'aurait jamais accepté qu'on permît avec une telle légèreté de la détériorer d'aussi lamentable façon.

Les arcades qui bordaient les rues principales, et sous lesquelles les piétons pouvaient circuler à l'ombre, disparaissaient à mesure que les commerçants les annexaient pour leur usage personnel. Balcons, terrasses commençaient à s'effriter, la fange s'accumulait dans les ruisseaux et contre les murs et les trottoirs, les façades étaient défigurées par des affiches grossières et criardes, et les autorités fermaient les yeux sur les constructions qu'on faisait sans autorisation, dans les espaces ouverts des parcs et terrains communaux. Lorsque ceux qui visitent aujourd'hui Jaipur s'imaginent que j'exagère, je leur montre d'anciennes photographies de la ville, si vif est le souvenir qu'elles réveillent de la beauté d'autrefois.

A notre retour d'Angleterre, voyant l'inutile destruction des belles murailles de la cité, je poussai Jai à agir pour mettre fin à cette profanation. Il me fit observer qu'il ne jouissait plus d'aucune autorité, et que tout entretien serait très difficile avec des gens qui, de toute évidence, considéraient qu'il fallait démolir de vieux murs tout à fait inutiles. En désespoir de cause, j'essayai de voir le Premier ministre ; mais toujours occupé, il refusa de me recevoir.

J'étais désespérée, mais je savais qu'il restait une personne, au moins, qui viendrait à mon secours : le Premier ministre de l'Inde, le pandit Nehru. Il avait un respect profond pour notre histoire et notre héritage culturel. J'étais certaine qu'il réprouverait ce qu'on faisait de Jaipur. Mais je le savais aussi très occupé, et j'hésitais à le déranger pour ce qui pourrait sembler une affaire locale de peu d'importance. Je lui écrivis deux lettres que je déchirai aussitôt. Finalement, j'en écrivis une troisième, que j'expédiai immédiatement avant d'avoir eu le temps de changer d'avis et de la déchirer elle aussi.

Deux jours après, la réponse me parvint :

Chère Ayesha,

J'ai reçu votre lettre. Ce qu'ils font à Jaipur est un sacrilège. J'écris au Premier ministre qu'il faut mettre fin immédiatement à ces travaux.

Bien à vous.

(signé) *Jawaharlal Nehru.*

A la suite de quoi, le gouvernement décida que rien ne devait être entrepris qui pût changer le caractère de la ville, et que si des transformations s'avéraient nécessaires Jai devait être consulté. Si j'avais été plus cynique, ou pourvue simplement de plus d'expérience, j'aurais compris que cet armistice serait de courte durée, que les destructions reprendraient, et que nous étions destinés, finalement, à voir Jaipur se défigurer et dégénérer en une ville assez sordide. Mais sur le moment, je crus avoir remporté pour Jaipur une victoire éclatante.

Peu de temps après, un autre changement radical nous toucha de plus près encore, et jusque dans notre vie intime. Pendant la saison de polo, j'étais allée avec Bubbles à un déjeuner offert par les Oberois, les plus importants hôteliers de l'Inde, au cours duquel nous surprîmes des propos faisant allusion à une transformation de Rambagh en hôtel. Nous n'avions jamais entendu parler ni l'un ni l'autre d'un tel projet, et nous étant donné le mot, nous nous excusâmes pour nous précipiter à la maison et en parler à Jai. Nous lui fîmes part de ce que nous avions entendu, certains qu'il s'agissait d'une rumeur stupide qu'il démentirait aussitôt. Mais au lieu de cela, il se contenta de sourire. Je le connaissais bien, ce sourire. Il signifiait qu'il était au courant, et que la chose était vraie.

Il n'avait pas voulu nous en parler avant que tout ne fût décidé, sachant que nous serions bouleversés.

Bouleversés ! Nous étions sans voix. Patiemment, Jai nous expliqua que les temps avaient changé, qu'il n'était plus possible d'entretenir Rambagh comme nous l'avions toujours fait, et comme ce palais méritait de l'être. Il estimait que n'étant plus maintenant rajpramukh, ni même souverain de Jaipur, nous n'avions plus besoin de vivre sur le même pied qu'auparavant. Pour que Rambagh puisse être convenablement entretenu, il fallait en faire un établissement public. Or Jaipur avait justement besoin d'un excellent hôtel.

Je faisais triste mine, de même que Jo Didi, dès qu'elle apprit la nouvelle. L'une et l'autre, nous étions venues jeunes mariées à Rambagh. Le palais avait été pendant presque la moitié de mon existence – et plus longtemps encore dans le cas de Jo Didi – le centre de mes occupations et l'objet de mon attachement. C'était mon foyer. Nous suppliâmes Jai de revenir sur sa décision, sans réussir à le convaincre. D'autres maharajahs le critiquèrent lorsqu'ils apprirent ce projet, qui symbolisait de façon si concrète la disparition de notre mode de vie d'autrefois. Jai fut le premier des princes à transformer son palais en hôtel ; mais son exemple fut suivi par d'autres quelques années plus tard.

Le sort voulut que Jo Didi ne quitte jamais Rambagh. En cet été de 1958, nous avions confié Jagat à sa garde pour nous rendre en Angleterre, en passant par Delhi. Je savais qu'elle souffrait depuis quelque temps d'une affection de la vésicule biliaire ; mais lorsque je pris congé d'elle, elle semblait en excellente forme et plaisanta même au sujet de sa maladie, disant que c'était une façon très pratique de perdre du poids, mais parlant néanmoins d'aller se faire soigner à Delhi.

Peu de temps après notre départ, elle s'écroula soudain. Elle refusa de voir un médecin, et ses dames d'honneur étaient, hélas, trop respectueuses de ses désirs pour prendre l'initiative d'en convoquer un. Jagat, qui n'avait que neuf ans, était le seul à réclamer avec insistance un médecin ; mais personne ne prêtait attention aux exigences d'un petit garçon. Et en l'espace de quelques heures, Jo Didi était morte.

La nouvelle fut téléphonée à Bubbles, qui était alors adjudant dans la garde personnelle du Président à Delhi. Il la transmit à Jai, qu'il finit par joindre à l'aéroport. Lorsque j'y arrivai peu après, je le trouvai accablé et sans voix, et Bubbles m'apprit dans un murmure ce qui était arrivé. Nous remontâmes alors en voiture pour parcourir les trois cents kilomètres qui nous séparaient de Jaipur. On envoya chercher Joey et Pat, qui travaillaient à Calcutta, et ce fut un petit groupe très affligé qui se rassembla à Rambagh, pour les treize jours de deuil traditionnels, les derniers que nous devions passer dans notre demeure. Recevant au palais de la Cité les visites de condoléances, j'eus amplement le temps de laisser ma pensée regarder en arrière, vers toutes ces années vécues avec Jo Didi, me souvenant d'elle quand elle était jeune et jolie, et de joyeuse compagnie.

Avec tristesse, je me remémorai ce temps où nous étions tous à Bangalore, pendant notre lune de miel Quelqu'un m'avait fait part d'une remarque anodine entendue aux courses. Il faisait du vent, et mes cheveux ainsi que l'extrémité de mon sari, volaient comme d'habitude dans tous les sens. Un des spectateurs, me voyant pour la première fois, avait dit : « C'est elle la nouvelle maharani ? Son Altesse deuxième est bien plus élégante. » Mais surtout, je pensais combien extraordinaire était l'intimité qui s'était établie entre Jo Didi et moi qui étions heureuses dans la compagnie l'une de l'autre, nous confiant mutuellement nos enfants, riant et bavardant souvent ensemble.

C'était comme une ironie du sort que nos derniers jours à Rambagh fussent empreints d'une telle tristesse, alors que cet endroit était lié pour moi et pour Jai et les garçons aussi, j'en suis sûre, à toute la gaieté et au bon temps que nous y avions vécu ensemble. J'étais pleine de souvenirs des réunions joyeuses d'autrefois, ainsi que de détails insignifiants comme ces cris de paons qui me réveillaient les matins d'été, et les chants d'oiseaux des autres saisons. Le petit Jagat lui-même était saisi par cette atmosphère de regret et d'adieu. Le premier soir, il était dans sa chambre, et son valet lui dit de se dépêcher d'aller au lit, car il se faisait tard. Jagat regarda en l'air, et dit : « Je me demande si je reverrai jamais ce plafond et si je boirai encore du lait dans cette chambre. »

Notre nouvelle résidence était très proche de Rambagh. C'était l'ancienne demeure du Résident britannique, dont nous avions fait une maison d'hôte lors du mariage de Mickey, et que nous venions de faire transformer pour notre usage. Elle était bien plus petite que Rambagh ; mais lorsque les ouvriers en eurent terminé, elle avait du charme et du caractère, et dégageait une atmosphère agréablement dépourvue de cérémonie. Nous la baptisâmes Rajmahal « résidence royale » et nous nous y installâmes à la fin de l'année. Peu après, Rambagh ouvrait ses portes en tant qu'hôtel de luxe.

Pendant longtemps, je fus incapable d'imaginer des gens allant et venant à leur guise dans notre ancien domaine, et Jai se plaignait mi-amusé, mi-fâché, que je considère les clients de l'hôtel comme des intrus. Un jour, avant que la piscine de Rajmahal ne fût prête, il arriva à celle de Rambagh pour trouver ma femme de chambre en train de monter la garde afin d'éloigner les clients pendant que je prenais mon bain. Il insista alors vraiment pour que je me mette une fois pour toutes dans la tête que, dès lors qu'ils avaient réglé leur note, les clients de l'hôtel avaient autant de droits que moi à se trouver dans le palais.

Un des effets positifs de la réduction de notre train de vie fut la création d'un musée dans le palais de la Cité. Les trésors de la famille de Jaipur y étaient depuis longtemps entreposés ; mais bien avant que l'autorisation de consulter les manuscrits anciens ait été donnée à des érudits, et que d'autres aient pu visiter les bâtiments ou la fabuleuse collection de tapis, le palais n'avait jamais été ouvert au public. Avec l'abandon de Rambagh devenu un hôtel, et de la résidence de Delhi à laquelle nous avions également renoncé, nous étions à la tête de beaucoup de mobilier et d'objets à mettre en réserve. Nous décidâmes de vider les resserres du palais de la Cité pour faire place au contenu de Rambagh et de Jaipur House.

On donna l'ordre au personnel de sortir tout le contenu des réserves et de le répartir en petits lots d'une valeur de quatre livres sterling environ chacun, qui seraient vendus aux enchères. Il y avait d'innombrables articles depuis les cuivres et ustensiles de cuisine, jusqu'à d'anciens costumes et châles rajputs. Beaucoup n'avaient qu'une valeur ou un intérêt médiocre ; mais il se trouvait aussi quelques antiquités très belles qui n'auraient jamais dû sortir de la collection du Jaipur. Lorsque je pense à la désinvolture avec laquelle tout cela fut bradé, pour une faible partie de sa valeur réelle, je me reproche de m'être sentie accablée par la masse d'objets, et de n'avoir pas exercé un contrôle suffisant sur les opérations. J'assistai aux enchères, et bien des numéros me séduisirent : de charmantes petites maisons de poupées de style indien que je laissai partir, faute de pouvoir leur trouver une destination. Mais je mis de côté une série de verres moghols que je trouvais très beaux, pour découvrir plus tard qu'ils avaient une grande valeur.

Lorsque je vis qu'on allait vendre les harnachements du *pilkhanna,* je m'y opposai, mue peut-être par mes sentiments personnels envers les éléphants. On m'expliqua que nous possédions d'énormes quantités de ce genre de matériel, et qu'il fallait bien s'en débarrasser d'une partie. J'en référai à Jai et lui demandai de conserver les bijoux qui ornaient les éléphants aux cérémonies et aux fêtes : les bracelets d'argent et d'or incrustés de joyaux, les plaques frontales, ainsi que les somptueux brocarts qui les caparaçonnaient et couvraient les howdahs. Il y avait aussi les harnachements des chevaux, des chameaux et des bœufs qui tiraient les charrettes de cérémonie. Ce n'était pas que je fusse irritée de penser que tous ces objets seraient vendus au-dessous de leur valeur ; mais j'étais d'avis que leur place était parmi les collections du Jaipur, dans un musée où l'on pourrait les voir dans leur cadre historique. Ils faisaient partie de l'héritage culturel de la population de l'État de Jaipur, et pas seulement de la famille régnante. Jai donna son accord et tous ces bijoux et décorations furent rangés en attendant d'être exposés aux yeux du public.

Lorsque tout fut en place pour que le musée du palais de la Cité pût ouvrir, les collections du Jaipur furent offertes à la vue de la population et du nombre croissant des touristes visitant la ville. Outre la collection de manuscrits et de tapis, le musée présente, aujourd'hui, de superbes miniatures, des armes forgées avec un art consommé et ornées de ciselures traditionnelles, des textiles, qui vont des broderies d'or de Bénarès, aux châles les plus moelleux du Cachemire. Les maharajahs avaient protégé les arts pendant des siècles, et constitué leurs collections au fil des années avec un goût et une magnificence de connaisseurs.

En m'occupant de la fondation du musée, j'en vins à mieux connaître ces collections et à en apprécier la qualité. J'aimais entre toutes, les nombreuses peintures rajputs et mogholes, exécutées sur un papier de riz d'une extrême finesse, dessinées avec un pinceau à un seul poil, peintes de couleurs contenant les ingrédients les plus coûteux et les plus éclatants, tels que rubis, lapis-lazuli et or pulvérisés. Je passai des heures à contempler ces peintures, essayant vainement de déterminer celle que je préférais. Il y avait des scènes de la mythologie hindoue, des épisodes de la vie des grands empereurs moghols, des portraits d'anciens souverains de Jaipur, et contrastant avec l'extrême finesse des miniatures, de grandes peintures aux vives couleurs exubérantes, représentant des scènes d'amour entre le seigneur Krishna et Radha.

La salle d'audience principale, dans laquelle Jai avait tenu ses durbars publics et d'autres cérémonies, devint une galerie de tableaux. Une autre salle devint la bibliothèque royale, qui renferme aujourd'hui cinquante mille manuscrits, dont certains remontent au XIIe siècle. C'est une des bibliothèques privées orientales les plus complètes du monde. A peu près toutes les langues principales de l'Inde y sont représentées – le sanskrit, le hindi l'ourdou, le bengali, le marathi, l'assamais, l'oriya, le gujarati, l'arabe – et elle couvre un vaste éventail de sujets, comprenant entre autres les textes sacrés sanskrits, l'histoire, la philosophie, le tantrisme, la poésie, le théâtre, la lexicographie, la musique, l'érotisme, la médecine et la science vétérinaire. Dans une galerie à l'étage, on exposa les textiles, tandis qu'un autre groupe de pièces formait la salle des armes. Cette salle est réputée une des plus intéressantes de l'Inde, et contient virtuellement toutes les armes anciennes imaginables, ainsi que certaines curiosités, tels ces canons spécialement conçus pour pouvoir être tirés à dos de chameau, ou ces merveilleuses épées de cérémonie que porte encore la noblesse. Je n'avais jamais imaginé, avant de voir cette salle des armes, quelle pouvait être la beauté des outils de la guerre. Il y avait des cornets à poudre en ivoire, sculptés de motifs compliqués, ou fabriqués avec la délicate coquille des oursins dont on dit qu'il fallait une année entière à un maître artisan pour en fabriquer un seul. Il y avait des poignards dorés aux poignées de cristal taillé, des fusils aux canons cerclés d'or, et aux crosses incrustées d'ivoire et de nacre, des épées de cérémonie incrustées de pierres précieuses et des poignards dont la poignée figurait des têtes d'animaux.

Depuis son ouverture, le musée a attiré un flot régulier de visiteurs, dont beaucoup viennent d'outre-mer. De sorte qu'à la profonde satisfaction ressentie pour avoir contribué à préserver les objets prestigieux de la collection de Jaipur, s'est ajouté le bonheur de voir ces trésors faire l'admiration et la joie, non seulement du peuple de Jaipur, mais d'un public plus vaste encore.

Entre-temps, le complexe de résidences qui constituait le palais de la Cité a été démantelé. Avec la mort de la maharani douairière, puis de son Altesse première, pus plus récemment de Jo Didi, le zénana se dépeuplait peu à peu.

Beaucoup des membres de leurs suites trouvèrent un emploi au musée, ceux qui ne pouvaient en trouver aucun – les eunuques et les domestiques très âgés – reçurent de Jai une terre ou une pension. Aujourd'hui, le personnel du musée et les prêtres du temple habitent au palais de la Cité et l'impression de vie est donnée par les allées et venues des touristes qui se pressent dans les antiques cours.

LE PARTI SWATANTRA

C'est en 1960 que je fis mon entrée officielle dans la vie politique. L'année précédente, lorsque j'étais allée avec Jai rendre visite à Ma à Bombay, nos amis nous avaient parlé avec enthousiasme d'un nouveau parti politique appelé le parti Swatantra « Indépendant ». Il y avait enfin, du moins le disait-on, quelque espoir de voir une opposition agissante se dresser en face du parti du Congrès, à la fois dans tout le pays et au parlement de La Nouvelle-Delhi.

Le chef de ce nouveau parti était Chakravarty Rajagopalachari, un homme éminent, doyen reconnu des hommes d'État indiens, qui avait été parmi les proches de Gandhi, durant la longue marche pour l'indépendance, et avait ensuite été désigné à la quasi-unanimité, pour succéder à Lord Mountbatten, comme gouverneur général de Inde. Il avait rompu l'année précédente avec le parti du Congrès, parce que, il l'avait dit maintes fois sans ambages, il pensait que l'adoption chimérique de la doctrine socialiste par le pandit Nehru n'était conforme ni aux besoins, ni aux souhaits, ni à l'entendement de la plupart des Indiens.

Le point de rupture entre Rajaji comme il était universellement et respectueusement nommé, et le parti du Congrès, intervint à propos des fermes collectives. Les dirigeants et les économistes du Congrès s'efforçaient d'imposer l'idée de fermes collectives et de faire valoir les avantages économiques qu'elles procureraient aux centaines de millions de paysans de l'Inde. Rajaji pensait que ce projet coûteux et absurde n'avait aucun avenir dans un pays aussi enraciné dans la tradition de la propriété ancestrale, et parmi un peuple dont le sentiment de sécurité reposait sur la possession de la terre, si petite fût elle, héritée de leurs pères, qu'ils travailleraient et transmettraient à leurs fils. Ce n'était pas le seul point sur lequel Rajaji et le parti du Congrès étaient en désaccord ; mais c'était le plus fondamental et le plus important.

Rajaji obtint bientôt des adhésions et des soutiens nombreux au nouveau parti Swatantra, parmi lesquels celles d'ex-membres du parti du Congrès, déçus par son action depuis qu'il avait accédé au pouvoir. Beaucoup, comme moi, n'avaient jamais appartenu à aucun parti politique, et d'ailleurs, quand bien même ils l'auraient voulu, ils n'auraient pu en trouver un qui fût modéré ou libéral. Ils rejetaient les tendances socialistes confuses du parti du Congrès, comme les projets plus inapplicables encore des socialistes (dont on disait, à l'époque, qu'ils avaient « l'esprit si ouvert que leur cerveau s'en échappait »), et ne pouvaient se rallier ni aux communistes, ni au parti de droite religieux et orthodoxe du Hindu Jana Sangh.

Rajaji partageait l'opinion de Gandhi, que le meilleur gouvernement est celui qui intervient le moins dans la vie des citoyens. Le parti Swatantra et le réalisme intelligent et sans illusions de Rajaji nous semblaient un îlot de bon sens au sein des flots turbulents qui nous entouraient. Je rencontrai Rajaji pour la première fois à l'occasion d'une visite officielle qu'il fit à Jaipur, alors qu'il était gouverneur général. C'était un vieux monsieur, extrêmement maigre et très droit, vêtu du dhoti et de la chemise de coton filée à la main, d'un blanc immaculé et tout raides d'amidon, originaires de son pays natal, Madras, dans le sud de l'Inde. L'éminence de son poste et toute la pompe dont il était entouré n'avaient pas modifié d'un iota ses habitudes. En bon brahmane tamoul, il était strictement végétarien, ne fumait ni ne buvait d'alcool, se couchait tôt et se levait avant l'aube. Aussi ennuyeuse et lassante que puisse sembler cette piété, ses contraintes n'entravaient en rien le plaisir qu'il prenait à la conversation et aux discussions bien informées, pas plus qu'elles ne laissaient deviner son charme, son esprit, son amour de la musique classique indienne, et sa sagesse tempérée d'humour. Il avait le crâne haut et dégarni, de petites rides creusées par le rire entouraient ses yeux au regard aigu et observateur, il avait un large et ironique sourire, et s'exprimait en un anglais littéraire élégant et démodé, aux phrases parfaitement tournées. C'était un intellectuel et un véritable érudit ; mais il savait aussi captiver l'imagination de la foule dans un meeting politique. Il fit de la prison pour des actes de désobéissance civile commis pour soutenir la cause nationale, mais il passait ses loisirs à traduire brillamment les grandes épopées hindoues, le Ramayana et le Mahabharata, du sanskrit au tamoul, et en anglais.

Son poste de gouverneur général était le plus prestigieux de tous et tous les partis s'accordaient pour le considérer comme le plus qualifié pour l'occuper ; mais il était capable, non sans un certain humour, de nous avoir avertis, en 1949, que, peut-être, le nouveau gouvernement de l'Inde ne verrait aucune nécessité à conserver pour la postérité les nombreux monuments historiques que Jai lui avait remis. Il pensait aux palais, aux temples des souverains du Jaipur à Bénarès, à Mathura, à l'observatoire de Delhi ; mais il s'inquiéta tout spécialement d'Amber, la merveilleuse capitale ancienne du Jaipur. Et comme les événements devaient lui donner raison !

De nombreuses années s'écoulèrent avant que je ne le revisse, et dans cet intervalle, le pays, ainsi que nos propres existences, avaient changé au-delà de tout ce qu'on aurait pu imaginer. Jai et moi fûmes immédiatement attirés par le parti Swatantra. Voici qu'il y avait, enfin, quelqu'un pour affirmer que la démocratie devait survivre en Inde, il était indispensable que se constituât une opposition raisonnable, mais efficace, au parti du Congrès, et pour faire quelque chose en vue de regrouper cette opposition. Enfin, quelqu'un s'élevait contre l'ingérence excessive de l'État et les résultats désastreux de la politique économique imposée par le parti du Congrès, et préconisait une approche plus empirique qui ne soit plus définie par des dogmes de visionnaires. Jai, toutefois, n'était pas enclin à s'engager dans la politique partisane. Il persistait à penser que dans sa situation – et c'était une situation assez peu courante – il se devait de rester neutre. Et moi, sa femme, j'avais admis jusque-là la nécessité de calquer ma conduite sur la sienne. Mais maintenant, pour la première fois, j'étais réellement tentée de me rallier à l'opposition. Il était évident que, tout autour de nous, le peuple était mécontent et envisageait l'avenir avec pessimisme. En fait, les seuls à paraître satisfaits étaient ceux qui cultivaient des liens étroits avec le parti du Congrès. Il y avait peu d'espoir de remédier à la situation, si ce n'était en prenant des mesures constructives pour que le parti du Congrès se trouvât en butte à une opposition au Parlement et dans les assemblées locales.

Non seulement le parti régnant avait failli à l'engagement qui avait nommé Jai rajpramukh, mais encore il semblait décidé, désormais, à isoler celui-ci complètement. Depuis que Jai avait cessé d'exercer la fonction de rajpramukh, nous n'étions que rarement invités aux manifestations officielles. Il devint bientôt évident que la popularité persistante de Jai auprès des habitants du Jaipur, qui le saluaient toujours avec enthousiasme dés qu'il paraissait en public, suscitait l'envie et la méfiance des membres du gouvernement de l'État du Rajasthan.

Un incident tout à fait typique eut lieu peu après qu'il se fût remis d'une rougeole. A quelque vingt-cinq kilomètres de la ville de Jaipur, se trouve un temple où se rendent, au mois de mars, tous ceux qui ont récemment contracté la rougeole, la varicelle ou la variole, pour rendre grâce à la déesse Sitla de leur guérison. Jai était toujours fidèle aux coutumes locales, aussi prit-il le volant pour se rendre, seul, au temple. Il n'avait nullement prévu la réaction de la foule qui s'y trouvait réunie. Dés que les gens l'eurent reconnu, ils se pressèrent autour de sa voiture et lui firent un accueil frénétique. Ces manifestations spontanées d'attachement, qu'aucun membre du parti du Congrès ne suscitait autour de sa personne, déplaisaient au gouvernement.

Les matchs de polo n'étaient pas faits pour détendre la situation, car, dès son apparition, Jai était assiégé, alors qu'on se désintéressait du gouverneur et des autres fonctionnaires. Un ministre, un jour, convia Jai à une exposition industrielle, le priant de venir la veille de l'inauguration. J'appris avec une délectation secrète que la nouvelle de sa visite, que l'on avait tue à dessein, s'était malgré cela répandue par la ville en moins d'une demi-heure, et qu'une foule s'était précipitée pour le saluer, repoussant le malheureux ministre, ignoré de tous, dans un coin.

Quiconque aurait souhaité la preuve visible qu'un lien profond et réel unissait la population de la plupart des États princiers à leurs souverains, n'aurait eu qu'à suivre, un jour quelconque, les déplacements de Jai dans la ville de Jaipur. Il n'était pas surprenant que le gouvernement, se montrant incapable de juguler le coût de la vie et instituant constamment des impôts nouveaux, la population trouvât que son sort était autrefois plus enviable. Jai se garda de faire quoi que ce soit qui pût être interprété comme déloyal vis-à-vis du gouvernement ; mais, ce dernier, loin de s'assurer son concours et d'utiliser sa grande influence sur la population, réagit en essayant de le couper de toute vie publique. On lui proposa bien, lorsque prirent fin ses fonctions de rajpramukh, d'accepter la charge d'ambassadeur en Argentine ; mais, comme le firent remarquer certains, cette offre d'un poste si lointain cachait peut-être quelque motif secret. Sa passion pour le polo aurait pu l'incliner à accepter ; mais il jugea inopportun de s'éloigner aussi longtemps qu'une incertitude planerait sur les accords qu'il avait pris avec le gouvernement de l'Inde lors de l'unification. Je ne pouvais que partager sa profonde déception, et cela jouait aussi, sans doute, dans ma désaffection grandissante à l'égard du parti au pouvoir.

Sous l'effet de ces sentiments inexprimés, et percevant de plus en plus le mécontentement des gens autour de nous, j'en vins, avec le temps, à jouer avec l'idée d'agir et de m'inscrire au parti Swatantra. Mon intention était de participer ensuite aux campagnes électorales de ses représentants et, peut-être, de m'efforcer de rassembler des fonds en organisant des fêtes, comme je l'avais vu faire pour leur parti, par mes amies anglaises. Je ne songeais nullement à faire acte de candidature ou à faire carrière dans la politique. Je ne nourrissais aucune ambition personnelle, et malgré la déception que me causait le gouvernement, je n'éprouvais d'animosité envers personne.

Je pensais qu'il fallait que les princes trouvent des candidats représentatifs, qu'ils les soutiennent et les aident dans leurs campagnes pour entrer au parlement de Delhi, ou aux assemblées locales. Ainsi, pensais-je, pourrait naître une opposition modérée. Mue par ces idées et par le désir assez informe de faire quelque chose pour mon pays, je sautai enfin le pas et rejoignis le Swatantra. Mais le moment que je choisis faillit être une cause d'embarras.

On avait annoncé, l'été précèdent, que la reine se rendrait en Inde, et Jai, qui l'avait rencontrée lors d'un match de polo à Windsor, lui demanda si elle lui ferait l'honneur de visiter Jaipur. Elle répondit qu'elle se ferait un plaisir d'accepter, s'il voulait bien organiser un séjour. Il se mit aussitôt en relation avec Sir Michael Adeane, secrétaire particulier de la reine, ainsi qu'avec Mme Vijayalaxmi Pandit, haut commissaire de l'Inde à Londres. En temps voulu, l'itinéraire de la reine se vit ajouter une visite à Jaipur, où il fut décidé qu'elle viendrait le 23 janvier 1961, deux jours après son arrivée à Delhi, son séjour y serait, autant que possible, dépourvu de cérémonies, lui laissant amplement le temps de se reposer avant de continuer son périple en Inde et au Pakistan.

Les voyages de cette sorte doivent être préparés dans les plus infimes détails, et les fonctionnaires du palais de Buckingham, du Foreign Office, et de la direction du protocole à Delhi, furent bientôt à l'œuvre, vérifiant que les dispositions nécessaires avaient été prises et qu'elles donnaient satisfaction, que des programmes de remplacement avaient été envisagés dans l'éventualité d'un imprévu quelconque ; lorsqu'on annonça toutefois, au bout de quelques semaines, que la reine serait reçue à l'un de nos pavillons pour une chasse au tigre, l'Anti-Blood-Sports group* se mit à protester en Angleterre, et peu après, la presse indienne fit écho à ses protestations. Le pandit Nehru s'en émut, et écrivit à Jai, lui demandant expressément de veiller à ce qu'aucun leurre vivant ne soit utilisé pour cette chasse.

Certains journaux indiens avaient, en même temps publié le programme du séjour de la reine et avaient affirmé que Jai tiendrait un durbar en l'honneur de la souveraine. Une telle cérémonie n'aurait pu, évidemment qu'offenser la susceptibilité des Indiens, qui ne relevaient plus de l'autorité britannique. Une fois de plus le pandit Nehru écrivit à Jai, qui répondit en marquant sa surprise à l'idée que le Premier ministre ait pu lui imputer un projet aussi irresponsable. Il était parfaitement clair, selon les termes mêmes de l'invitation à la réception donnée en l'honneur de la reine et du duc d'Edimbourg, qu'il n'était nullement question d'un durbar. On demanda alors à Jai pourquoi les invités étaient priés de venir coiffés de leurs turbans et en grande tenue. Jai fit observer que c'était le costume traditionnel du Jaipur, et que les nobles, dans toutes les occasions solennelles, revêtaient des *achkans* et des turbans, et portaient l'épée. Il en avait justement été ainsi, peu de temps avant la venue de la reine, lors des fiançailles de Pat et de la fille de ma sœur Ila, qui avaient eu lieu au palais de la Cité.

J'ignore ce qui me poussa à choisir précisément ce jour-là pour prendre une décision, de ma part assez extraordinaire. Le matin de la cérémonie, je me souviens d'avoir, au réveil, demandé à Jai si je pouvais m'inscrire au parti Swatantra. Il était encore tout ensommeillé, mais enfin il me répondit « oui » ; de sorte qu'en quittant Rajmahal pour ma sortie

---

* Groupe d'action contre les sports sanglants.

matinale, je priai l'ADC de service de se renseigner pour savoir qui était le représentant local du parti Swatantra, et de l'inviter à prendre le petit déjeuner avec moi.

A mon retour, mon invité m'attendait, et je lui demandai comment il fallait m'y prendre pour adhérer à un parti politique. S'il fut surpris, il ne le montra pas, et se borna à répondre que c'était fort simple ; il suffisait de verser une cotisation et de remplir un questionnaire. Ce que je fis sur le champ. Pat était à table avec moi et fut le seul témoin de la scène. Tout fut terminé en une minute ; après quoi nous nous rendîmes tous deux au palais de la Cité pour la cérémonie des fiançailles.

Parmi nos invités était une amie de longue date, petite-fille d'un des plus grands combattants de la Liberté, et pendant que nous regardions la cérémonie, il se trouva que je fis une allusion à ma toute récente adhésion au parti Swatantra. Elle me regarda les yeux ronds, atterrée, et me dit : « Tu es folle. »

« Pourquoi ? lui dis-je. Toi aussi tu as des sympathies pour ce parti. »

« Mais la reine est sur le point de rendre visite à Jai ! »

« Cela n'a rien à voir. »

« Mais enfin, si tu viens d'adhérer à un parti d'opposition, cela sera interprété comme une injure délibérée envers le gouvernement, et tu n'échapperas pas à un flot de critiques et de commentaires. La reine est tout de même l'invitée du gouvernement. »

« Je ne pense pas que mon inscription au parti Swatantra soit une nouvelle bien sensationnelle pour la presse. », répondis-je, commençant à me sentir ébranlée.

« Mais au nom du Ciel, n'en souffle pas mot d'ici la fin de la visite. »

De retour à Rajmahal, je demandai à l'ADC s'il y avait eu des appels téléphoniques en mon absence.

« Oui, en effet, me dit-il, les journalistes ont téléphoné toute la journée pour demander s'il est exact que vous ayez adhéré au parti Swatantra. »

Heureusement il ne savait rien, aussi avait-il énergiquement démenti la rumeur. Je le priai de continuer. En fait Jai lui-même ignorait que j'avais agi aussi rapidement, car avec toutes les cérémonies de fiançailles, il avait été pris la matinée entière, et je ne le vis pas avant l'heure du déjeuner. Ma précipitation le surprit un peu, et il trouva que j'aurais dû en discuter plus longtemps avec lui avant de prendre une décision aux implications peut-être explosives. Il fut tout à fait d'accord avec moi pour garder le secret qui ne fut levé que plus d'une semaine après le départ de la reine.

Le séjour de celle-ci à Jaipur fut un grand succès. La réception au palais de la Cité fut vraiment brillante. Tandis qu'elle parcourait les rues de la ville, suivie du prince Philip et de Bubbles dans la voiture suivante, la population accourait pour la saluer, parée comme pour une grande fête. Arrivés aux portes par lesquelles les visiteurs importants font leur entrée au palais, ils descendirent de voiture et entrèrent dans le parc à dos d'éléphant.

Tout autour de la cour rose du palais étaient rangés des éléphants, des chameaux, des chevaux et des charrettes à bœufs splendidement ornés, et ce fut là, dans le pavillon d'audience, que je reçus Sa Majesté. J'avais été témoin de bien des cérémonies au palais de la Cité, mais celle-ci fut la plus spectaculaire, avec tous les nobles en tenue de brocart, les ornements d'or et d'argent des éléphants scintillant sous le feu supplémentaire des projecteurs de la télévision. Au moment où la reine fit son entrée, les crieurs avertirent toutes les personnes présentes d'avoir à se préparer pour recevoir l'hôte très distingué du Maharajah, Sa Majesté, la maharani Elizabeth d'Angleterre.

La suite de la visite fut empreinte de moins de cérémonial. Après le dîner à Rajmahal, un train spécial nous conduisit à notre pavillon de chasse favori. Nous voyagions dans un wagon de luxe fourni par le gouvernement, accompagnés seulement des quatre fils de Jai et du colonel Kesri Singh, qui était toujours chargé des équipements de chasse. Chaque compartiment était équipé d'un poste téléphonique, ce qui enchanta Jai, tandis que tous prenaient plaisir à l'absence de formalisme du voyage.

Dès le premier jour, le duc d'Edimbourg fit un superbe coup de fusil et abattit un tigre, après quoi il y eut un pique-nique, suivi par un tour en voiture dans la jungle pour observer les animaux sauvages. Le lendemain, sir Christopher Bonham-Carter abattit un autre tigre, et nous allâmes ensuite visiter l'imprenable fort de Ranthambhor, qui s'étire sur les sommets des collines. Les dîners au pavillon de chasse étaient merveilleusement libres de contrainte et fort distrayants, le colonel Kesri Singh amusant tout le monde avec les récits incongrus de chasses auxquelles il avait participé. Il avait absolument tenu à revêtir un de ses trésors les plus chers – un veston d'intérieur en velours rouge taillé dans un rideau qui avait appartenu, dit-on, à la reine Victoria, et qu'il avait acheté aux enchères à Bognor Regis, il ne put résister à la tentation de dire à Sa Majesté qu'il était habillé avec un rideau de sa trisaïeule.

Le temps ne passa que trop vite jusqu'au départ de la reine et du prince Philip et notre propre retour à Jaipur J'écrivis à Rajaji lui annonçant mon adhésion à son parti et je reçus une lettre me remerciant et me disant courageuse. J'en fus d'abord étonnée, ne voyant pas où était le courage à devenir membre d'un parti d'opposition dans un pays démocratique. En février, la presse fit éclat de ma prise de position politique, et je fus prise de court par l'intérêt suscité par la nouvelle, comme par la réaction des chefs du parti du Congrès de Rajasthan. Ce même ministre en chef, qui m'avait demandé quatre ans plus tôt d'entrer dans les rangs du Congrès, menaça en pleine assemblée locale les princes qui s'engageraient dans la vie politique de se voir supprimer leur liste civile. Un membre de l'Assemblée indépendant demanda si la menace valait également pour les ex-souverains membres du parti du Congrès, question qui eut sur l'orateur un effet calmant.

Puis au mois d'avril, le chef du parti Swatantra au

Rajasthan invita Rajaji à Jaipur, et je fus atterrée d'apprendre qu'on attendait de moi que je parle à un meeting où il prononcerait lui-même un discours. Bien que j'eusse complètement abandonné le purdah quelque temps auparavant, circulant sans restrictions au volant de ma voiture de sport, je ne paraissais que très rarement dans des circonstances officielles. Une maharani s'adressant au public du haut d'une plate-forme ferait une révolution à Jaipur. Comme toujours, je me précipitai pour demander l'avis de Jai. Il me fit remarquer que du moment que j'avais adhéré au Parti, mon devoir était de contribuer à son action, et il m'autorisa à paraître au meeting. J'avais entretenu le secret espoir qu'il me fournirait quelque excuse me permettant de couper à cette épreuve.

En fait, outre ma famille, un grand nombre d'habitants de Jaipur voyaient d'un œil inquiet ma participation à la vie politique. Beaucoup étaient simplement choqués par l'idée de leur maharani prenant part à la vie publique, tandis que les miens craignaient de voir la famille en butte à des mesures de représailles.

Mais il n'y avait, semble-t-il, aucun moyen de m'en sortir. Je ne voyais pas comment me tirer de la situation où je m'étais mise, et il fallait bien que je me fasse maintenant à l'idée de paraître au gigantesque meeting en plein air, où mon rôle se bornerait d'ailleurs à présenter Rajaji. Je n'avais que quatre phrases à prononcer, et encore me les avait-on écrites. Je n'en eus pas moins, des jours à l'avance, la bouche et les lèvres desséchées par l'angoisse. Enfin, il arriva, ce jour dont j'avais espéré qu'il ne viendrait jamais, et je n'oublierai jamais la série d'obsessions qui s'emparèrent de moi. Est-ce que j'allais bafouiller, ou oublier mon texte ? ou perdre la feuille de papier et demeurer muette ? Est-ce que les gens seraient indulgents ? Peut-être n'y aurait-il pas de meeting du tout ? Un des nobles et son épouse m'accompagnèrent, et lorsque j'exprimai mes craintes qu'il n'y eût personne, ils éclatèrent de rire et me rappelèrent qu'à Jaipur, il suffit que deux singes dansent pour former aussitôt un attroupement autour d'eux. Inutile d'ajouter qu'un tel propos n'était guère fait pour me rassurer. En approchant du lieu de rassemblement, nous vîmes une foule immense pressée devant l'estrade, et mon appréhension augmenta encore. Mais après m'être acquittée du rôle modeste qui m'était dévolu, je pris grand plaisir à ce meeting, le premier auquel j'assistai. Rajaji s'était montré très prévenant à mon égard et semblait comprendre mon affolement. Mais dès qu'il eut pris la parole, j'oubliai mes soucis d'amour-propre, pour être captivée par la clarté logique et le courageux bon-sens de ses paroles. Jamais auparavant, je n'avais entendu critiquer aussi ouvertement le gouvernement, et je pus voir avec satisfaction que l'immense foule des assistants était également frappée. Plus tard seulement, je fus surprise d'en avoir été à ce moment-là étonnée ; n'est-ce pas après tout, un des droits fondamentaux du peuple, dans une démocratie que de pouvoir critiquer ouvertement le gouvernement ? Peu de temps après Rajaji publia un article dans le journal du Parti, dont il était le directeur, où j'étais comparée à la rani de Jhansi comparaison quelque peu exagérée : la rani de Jhansi une héroïne indienne, avait pris la tête de ses trou au nom de la liberté dans le combat contre les Anglais alors que je m'étais bornée à donner mon adhésion à un parti politique dans un pays libre et démocratique Ce fut que plus tard que je découvris que l'appartenance à un parti d'opposition n'allait pas sans risques.

LA CAMPAGNE ÉLECTORALE

L'été de cette année-là fut sans histoires. Comme d'habitude, nous nous rendîmes en Angleterre pour la saison. La nouvelle de mon engagement politique avait circulé parmi nos amis, et Lord Mountbatten, qui avait de l'affection pour Jai, me reprocha d'avoir manqué de réflexion, jusqu'au moment où je lui dis avoir adhéré au parti swatantra, fondé par Rajaji, son propre successeur au poste de gouverneur général de l'Inde. Mais la plupart du temps, loin de mon pays, j'oubliais mon entrée, peut-être inconsidérée, sur la scène politique et m'abandonnais aux plaisirs de l'été anglais. Jai jouait beaucoup au polo, principalement à Windsor, Cowdray Park et Cirencester, tandis que je m'occupais de l'installation de la maison que nous venions d'acheter près d'Ascot. Elle était plus petite que « Saint Hill », car Jai trouvait que ses fils aînés étant adultes et travaillant en Inde, nous n'avions plus besoin d'une maison aussi grande en Angleterre. Jagat, qui était alors élève au collège Mayo en Inde, entra à l'école préparatoire de Ludgrove, proche de la maison. J'avais souhaité le laisser au collège Mayo, car il me semblait préférable pour lui de recevoir une éducation entièrement indienne et de grandir parmi ses compatriotes. Mais Jai ne partageait pas mon sentiment et, comme d'habitude, je finis par céder.

Peu après notre retour en Inde, à l'automne de 1961, le secrétaire général du parti swatantra m'écrivit pour me demander si j'envisageais de poser ma candidature au siège de Jaipur aux prochaines élections. Je fus atterrée. Il ne m'était vraiment jamais venu à l'esprit qu'on me ferait une telle proposition. Mes intentions se bornaient à soutenir le parti et à faire campagne pour ses candidats. Jai me fit observer qu'il avait été parfaitement clair, dès le départ, que les choses se passeraient ainsi car étant son épouse, je bénéficiais automatiquement d'une popularité considérable. Ma peur étant la seule excuse que je pusse invoquer pour me soustraire à cette épreuve, je répondis avec l'accord de Jai, en acceptant. Je crois, toutefois, qu'il s'inquiétait autant que moi des suites de cette aventure.

En 1962, le parti swatantra affrontait les élections pour la première fois. Certains des chefs du Parti se réunirent à Jaipur, et décidèrent que, non seulement je me présenterais, mais serais, en outre, responsable de la campagne électorale dans toutes les circonscriptions comprises à l'intérieur des anciennes frontières de l'État. Pour quelqu'un n'ayant aucune expérience de la politique, c'était une responsabilité effarante. L'État de Jaipur s'étendait sur quelque vingt-quatre mille kilomètres carrés. Il comptait cinq sièges au Parlement, et quarante à l'Assemblée législative du Rajasthan. Le problème immédiat fut de trouver des candidats représentatifs. Le Swatantra était de création récente, et de plus, nombreux furent les citoyens éminents qui déclinèrent nos avances, craignant que leur candidature dans un parti d'opposition ne leur attire des pressions ou des représailles de la part du gouvernement. Les hommes d'affaires craignaient de se voir refuser les licences d'importation, ou retarder la livraison des matières premières indispensables. Nous arrivâmes finalement à attirer plusieurs candidats excellents ; mais pendant toutes ces démarches préliminaires, je pris conscience de mon ignorance quant au lancement d'une campagne politique. Je n'avais jamais entendu parler de listes électorales, j'ignorais le nom des différentes circonscriptions, et ne m'étais pas avisée que des sièges étaient spécifiquement réservés aux Harijans et aux représentants des tribus. J'ignorais tout des agents électoraux, des nominations, des désistements ou des groupes parlementaires. Heureusement, j'étais entourée de conseillers expérimentés et d'assistants délégués par le Parti, ainsi que d'un agent électoral doublé d'une équipe de militants infatigables qui firent tous merveille, autant pour ma formation personnelle que pour l'organisation de la campagne.

Dès que l'on sut que j'allais réellement me présenter, des gens issus de toutes les couches de la société se succédèrent à Rajmahal, priant Jai et d'autres membres de la famille de se porter candidats. Jai était déterminé à rester à l'écart de toute politique, et personne ne put le faire changer d'avis ; mais Joey et Pat se laissèrent convaincre – Joey se porta candidat à l'Assemblée législative locale, dans une circonscription où il aurait pour adversaire le ministre de l'Intérieur du Rajasthan, et Pat, au dernier moment, posa sa candidature au Parlement dans la circonscription de la première capitale de ses ancêtres.

Il avait été prévu, à l'origine, que ce siège serait brigué par le Secrétaire général du parti swatantra ; mais celui-ci jugea qu'il rendrait plus de services en faisant des tournées dans tout le pays pendant la campagne électorale, quitte à se présenter lui-même, plus tard, lors d'une élection partielle. Il laissa à Jai le soin de lui trouver un remplaçant. Jai organisa un meeting dans cette circonscription, et demanda à la population de lui désigner un candidat. Il suggéra plusieurs noms d'avocats et de personnalités éminentes ; mais le public exigeait qu'il se présente lui-même ou bien désigne, à défaut, un membre de sa famille. Bubbles était exclu, puisqu'il était dans l'armée, et Joey se présentait déjà ailleurs. Restait Pat, qui approchait de la trentaine, et dirigeait à Calcutta une entreprise de fabrication de pièces détachées de machines agricoles, qu'il avait récemment créée.

Je téléphonai donc ce matin-là à Pat, lui demandant s'il accepterait de se présenter, dans l'éventualité où Jai ne parviendrait pas à faire accepter une autre candidature. Il se montra très réticent, n'ayant pas de temps à consacrer à une campagne électorale, et voyant mal comment, s'il était élu, il lui serait possible de défendre les intérêts de ses électeurs du Jaipur, alors que ses affaires le retenaient à Calcutta. Je lui donnai l'assurance que son nom ne serait déposé qu'en cas de nécessité absolue. Avec impatience, nous attendions le retour de Jai, et minuit avait sonné depuis longtemps lorsqu'on entendit arriver son équipage. Épuisé et couvert de poussière, Jai monta en disant simplement : « Eh bien, c'est Pat. »

Nous rappelâmes Pat le lendemain matin, et il se montra furieux, disant qu'il ne pourrait pas consacrer plus de dix jours à sa campagne. Nous nous efforçâmes de le calmer en insistant pour qu'il vint à Jaipur immédiatement, la date limite pour le dépôt des candidatures étant fixée trois jours plus tard à 15 heures. Il nous dit qu'il irait par avion à Delhi, et continuerait à partir de là en voiture mais le troisième jour, à l'heure du déjeuner, il n'était pas encore arrivé, et nous étions tous sur la terrasse de Rajmahal à l'attendre avec impatience.

Le téléphone sonnait sans arrêt, la presse et des sympathisants s'inquiétant de son arrivée. Il arriva enfin à 14 h 30 et, prenant à peine le temps de dire bonjour, se précipita chez l'administrateur et déposa sa candidature juste avant la clôture de la liste, pour repartir aussitôt, jusqu'à la dernière quinzaine de la campagne.

Une fois trouvés les candidats, aussi réticents fussent-ils, la campagne commença pour de bon. Tout d'abord, Jai m'emmena dans une région de l'ancien État du Jaipur où je n'étais allée qu'une fois auparavant, n'y ayant passé d'ailleurs qu'une seule journée. C'était une région déserte, privée d'eau, où un système d'irrigation très sommaire ne permettait, dans la meilleure hypothèse, qu'une seule récolte par an. Les hommes, particulièrement vigoureux dans cette région, s'engagent en grand nombre dans l'armée, où ils sont réputés pour leur efficacité de soldats rudes et disciplinés. On y trouve aussi les domaines ancestraux que conservent de nombreux hommes d'affaires importants dont les firmes industrielles ou commerciales se trouvent ailleurs, mais qui gardent leurs attaches avec le berceau de leur famille. Nous y passâmes trois jours, Jai rencontrant un grand nombre d'anciens militaires et discutant de leurs problèmes, tandis que je faisais campagne, apprenant péniblement à vaincre ma timidité et commençant pour la première fois à éprouver cette chaleur stimulante qui naît de la communication avec un auditoire attentif.

Nous nous rendîmes dans un certain nombre de villes et de villages, en voiture lorsqu'il existait une route, et en Jeep sur les chemins de terre. Notre venue avait été annoncée, et des arceaux de bienvenue enjambaient les routes. La population se pressait sur notre parcours, nous saluant par des exclamations, arrêtant souvent notre véhicule pour nous offrir des fruits et des légumes frais. Parfois il y avait des chants et des danses locales. Les discours de bienvenue étaient toujours dans un style des plus fleuris.

Peu à peu je m'habituais à parler devant la foule, soutenant les candidats locaux en décrivant succinctement le mouvement que nous lancions et en demandant aux villageois de nous aider par leur vote. Il m'arrivait d'oublier complètement la foule, et de prêter à peine attention aux autres orateurs, le regard attiré par les fresques qui ornent les maisons des villes de cette région désolée. Les portes étaient faites d'un métal à reflet argenté, entièrement ouvragé, et il était visible que dans cette terre pauvre, beaucoup de richesses acquises ailleurs étaient apportées dans leur pays d'origine par les marchands, pour y construire des écoles et des établissements d'enseignement supérieur, et embellir les façades de leurs demeures.

Au cours des deux mois qui suivirent, je parcourus des milliers de kilomètres, principalement en Jeep, menant campagne pour d'autres candidats plutôt que moi-même et je découvris avec étonnement que la moindre rumeur annonçant mon arrivée suffisait pour rassembler dans les coins les plus reculés de l'État, une foule plus nombreuse que j'aurais imaginé. Je me mettais en route à 6 heures du matin, pour rentrer à minuit ou plus tard, à mon gîte du moment. Je passais les nuits dans toutes sortes d'endroits et dans des conditions les plus variées. J'avais emporté ma literie, et je n'oublierai jamais l'impression de confort luxueux éprouvé au contact de draps frais et d'un mol oreiller, après la fatigue de ces longues journées. Je ne pus rien organiser en matière de salle de bain, et dus me contenter de ce qui se présentait, tabouret de bois et seau eau, et parfois même pas cela. Je me souviens de ma joie lorsque il y avait, au village où je devais passer la nuit, un gîte du gouvernement, ou lorsqu'un membre de la petite noblesse ou un gros propriétaire vivait dans les environs, dans un de ces nombreux petits forts qui ponctuent le paysage du Jaipur. Là du moins, je savais que ma chambre, pour spartiate qu'elle fût, serait propre.

Pendant ces tournées, nous étions contraints, mon équipe et moi de nous arrêter presque chaque demi-heure dans un village ou une petite ville, que ces arrêts aient été prévus ou non, de sorte que nous arrivions souvent avec un retard considérable aux réunions qui, elles, avaient été programmées.

Chose surprenante, la foule ne se fâchait aucunement de ces longues attentes. Comme toutes les foules indiennes, elle s'arrangeait pour transformer cette attente en une fête impromptue. Les étals des marchands de sucreries surgissaient comme par miracle aux abords les enfants couraient en tous sens, les femmes en tenue de fête, assises par terre en groupes, échangeaient les nouvelles et bavardaient ; des bateleurs divertissaient l'assistance. Tout respirait la bonne humeur et la patience.

Il me semblait seyant de paraître à ces réunions vêtue aussi simplement que possible. Aussi portais-je mes habituels saris de mousseline, sans bijoux fastueux – simplement un collier de perles et des bracelets de verre. Mais je m'aperçus que lorsque les villageois s'approchaient pour voir leur maharani, ils étaient déçus ; les femmes surtout, étaient atterrées de me voir pratiquement sans bijoux, sans même les bracelets de cheville que possédaient même les plus pauvres d'entre elles.

Aux difficultés de cette tournée – la chaleur, la poussière, les longues étapes dans des Jeeps cahotantes, par les pistes du désert ou les rues tortueuses et sans revêtement des villages – s'ajoutaient celles des discours eux-mêmes. Bien que n'ayant jamais vraiment appris le hindi, je savais lire l'écriture phonétique devanagari. De sorte que je rédigeais d'abord, en anglais, faisant ensuite traduire et écrire en hindi, puis apprenant laborieusement le tout par cœur. A la fin de la campagne, j'en étais à pouvoir prévoir les questions les plus fréquemment posées et même à y répondre dans mon hindi incertain, bégayant avec hésitation dans le micro, mais me débrouillant finalement sans texte et avec assez d'assurance pour que cela passe pour spontané.

Cette campagne fut peut-être la période la plus extraordinaire de ma vie. En voyant et en rencontrant le peuple de l'Inde, comme je le fis alors, je commençai à mesurer mon ignorance de la vie des paysans. Le monde n'a que trop tendance à se représenter l'Inde comme recouverte d'un linceul uniforme de pauvreté, d'où émergent seules les très grosses fortunes. Or, je découvris au contraire chez la plupart des paysans, malgré l'austérité de leur vie et l'épreuve cruelle de la perte des récoltes et de la famine, une dignité et un amour-propre frappants, et un équilibre moral fondé sur une philosophie de la vie qui fit mon admiration, et même, d'une certaine façon, presque mon envie. Leur attitude était à mille lieues de celles des mendiants obséquieux qui hantent les bas-quartiers de Delhi, Bombay ou Calcutta.

L'hospitalité est une de leurs grandes traditions, ils l'auraient offerte à tout étranger, n'eût-il fait que demander sa route en passant. Partout où nous allions, on nous apportait des verres de lait, de thé ou d'une eau précieuse. On nous pressait d'accepter des sucreries et des corbeilles de fruits, puis on nous donnait des pois frais ou tout autre légume de saison, pour la suite de notre voyage. Je vis immédiatement et de manière éclatante que l'élément primordial de leur vie était l'eau. Une bonne mousson apportait une certaine aisance, peut-être une bicyclette ou même – luxe inouï – un transistor. L'absence de pluie signifiait au contraire la faim, la mort du bétail et peut-être de la famille elle-même. La sécheresse est loin d'être rare au Rajasthan, et les maharajahs rajputs d'antan s'efforçaient d'y parer à l'avance, en veillant à faire entreposer dans les gares des réserves d'eau et de céréales où les villageois pouvaient venir se ravitailler, et à constituer des dépôts de fourrage le long des routes pour les troupeaux migrants. Mais après l'intégration des différents États dans l'Union indienne, le nouveau gouvernement ne sembla plus voir un caractère d'urgence à prendre ces mesures. Dès qu'eut disparu le lien personnel entre les autorités et la population, toute précaution fut négligée, et les souffrances des paysans du Rajasthan furent plus terribles que jamais auparavant.

Il faut reconnaître toutefois qu'en 1962 on creusait davantage de puits ; mais l'eau se trouvait à une grande profondeur. Les programmes d'électrification, qui auraient pu apporter une solution à ce problème, n'étaient mis en œuvre qu'avec une extrême lenteur, et aujourd'hui même, ils ne couvrent pas plus d'un huitième de l'État. En traversant par les étroites pistes sablonneuses des villages, des kilomètres et des kilomètres de terre calcinée par le soleil, nous avions de temps en temps l'heureuse surprise de voir des taches d'un vert éclatant, signe de forage réussi d'un puits qui avait permis la naissance d'un champ florissant de blé ou de millet au milieu de la campagne quasi désertique. Souvent, parcourant le pays saris apercevoir autre chose que de temps en temps une charrette à bœufs ou un chameau, on avait peine à croire que tout ce vide roussi se trouvait dans un des pays les plus peuplés du monde. Puis, lorsque nous arrivions à l'un de ces villages cachés derrière leurs murs de boue séchée, et que les hommes, les femmes et les enfants surgissaient de leurs maisons, je voyais avec tristesse que le nombre des enfants dépassait de loin celui des adultes.

C'était épuisée, couverte de poussière, et désirant pardessus tout prendre un vrai bain et dormir, que je rentrais à

Rajmahal après ces tournées, pour y trouver des invités, parfois importants, assemblés pour le dîner. Je n'en étais plus à prier qu'on excuse le désordre de ma tenue, et souvent, je me bornais à prendre un verre avec eux avant de monter me coucher, laissant à Jai le soin de présider la soirée. La seule émotion dont j'étais encore capable, était le soulagement de retrouver le confort et la propreté. J'étais totalement incapable de me remettre aux conversations banales qui étaient l'indispensable pilier de la plupart de mes rapports mondains. Dans la mesure où j'étais encore capable de penser, c'était pour me dire combien j'aurais aimé emmener avec moi tous nos amis pour leur montrer cette autre vie que je découvrais. De temps en temps je m'efforçais de la leur décrire, sans trop de succès, et pour ne susciter qu'une incrédulité muette ou indulgente à l'idée que je puisse employer mon temps d'une façon aussi excentrique. Jai seul, comprenait, appréciait et encourageait cette aventure étrange dans laquelle je m'étais lancée.

Mes repas consistaient pour la plupart en casse-croûte, consommés froids, au moment où c'était possible. Lorsque la tournée prévue était plus longue, j'emmenais un cuisinier, qui s'approvisionnait de son mieux pendant que je tenais les meetings, et nous servait pour clore une journée fatigante un repas chaud, que nous prenions dans un quasi-silence, trop épuisés pour parler ou même retracer les événements de la journée. Au début, mon agent électoral s'était efforcé d'organiser notre programme de façon que nous nous trouvions à l'heure du déjeuner à proximité de la résidence d'un des propriétaires terriens, chez qui nous étions bien entendu conviés, tous les vingt et quelques que nous étions, à partager le repas avec sa famille. Mais je vis bientôt que ces agapes nous prenaient trop de temps – près de deux heures, en tenant compte des longues politesses d'usage – et je les rayai bientôt de notre programme. Peut-être ai-je ainsi offensé certains de ces nobles ; mais il me paraissait bien plus important de passer ce temps précieux parmi les paysans, à écouter leurs doléances, à répondre à leurs questions, et à acquérir d'une façon générale une connaissance plus réelle du peuple du Jaipur. Parfois, l'un ou l'autre des grands propriétaires locaux, ayant eu vent de notre arrivée, organisait un fastueux banquet où figuraient de grands *thals* remplis de mets exquis auxquels nous ne pouvions résister ; mais après que nous nous fussions plusieurs fois péniblement hissés sur nos Jeeps, en luttant contre le sommeil, pour faire route vers l'étape suivante, j'appris à refuser, avec autant de grâce que possible, ce genre d'invitation. Nos chauffeurs, nos militants et tous nos assistants étaient conviés à ces festins ; mais s'ils furent déçus que j'aie mis fin à ces intermèdes délicieux dans notre éreintante routine, ils n'en firent jamais état devant moi.

Pour moi la plus grande surprise de cette campagne ne fut pas de découvrir « comment vivait l'autre moitié de la société », mais le fait étonnant d'assister et de participer à ce que je ne puis nommer autrement qu'une campagne d'amour. Je fus accueillie partout par les arceaux de bienvenue traditionnels, auprès desquels des groupes de femmes entonnaient des chants de bienvenue, au milieu des décorations et de tous les signes d'une fête. Cela s'adressait non seulement à moi, mais aussi à Pat et à Joey, et à tout parent de la famille régnante. C'était extrêmement émouvant et assez alarmant. C'est en voyant cette réaction joyeuse et confiante de la foule – certains avaient parcouru jusqu'à soixante-quinze kilomètres pour assister au meeting – que je commençai à mesurer l'ampleur des responsabilités que nous avions choisi d'assumer.

Il y avait un piège que j'étais absolument décidée à éviter : celui des promesses fallacieuses. Souvent, on me poussa à faire un discours plus percutant, en ouvrant devant les villageois toutes sortes de perspectives heureuses s'ils votaient pour nous. Mais je déclarai forfait. C'était le peuple du Jaipur que j'avais en face de moi et à défaut d'autre chose, je leur devais, en tout cas, la vérité. C'était d'ailleurs pour moi la voie la plus facile. Je ne connaissais pratiquement rien à l'agriculture et à l'élevage, ni aux problèmes particuliers de cette région ; mais je pouvais du moins m'instruire en écoutant et, par-dessus tout, éviter de faire miroiter de futures et improbables richesses avec la fin des privations. Je savais qu'autrefois, à part une taxe sur les récoltes, ils ne payaient pas d'impôts et pouvaient faire paître gratuitement, sur les terrains communaux, chameaux, bœufs, vaches et chèvres, et que maintenant, ils étaient astreints à verser au gouvernement une petite somme par animal – somme qui devenait écrasante à la fin de chaque année. Mais notre position m'apparut sous un jour réellement inquiétant, quand Pat me dit, avec son esprit froid et pratique, dans les premiers jours de la campagne : « Vous ne savez pas ? Tous ces gens vont probablement voter pour nous ; et si nous gagnons, savez-vous à quoi ils vont s'attendre ? Ils s'attendront à voir subitement disparaître les impositions et diminuer les prix, à voir l'eau surgir miraculeusement dans les puits, et tout devenir idéal. Et alors, demanda-t-il, qu'est-ce que vous ferez ? »

Je savais que cela ne servirait pratiquement à rien d'essayer de faire comprendre à la foule que nous étions désormais en démocratie, et que le maximum de ce que nous pouvions faire était de transmettre leurs doléances et nous efforcer d'obtenir du gouvernement qu'il prenne des mesures en leur faveur ; mais que nous ne pouvions malheureusement rien leur garantir. Ils étaient incapables d'assimiler ces dures vérités, et leur attitude en général découlait d'une tradition quasi-féodale. Elle signifiait en fait : c'est vous qui êtes responsables de nous, c'est vous qui êtes notre père et notre mère. C'est vous qui veillerez à ce qu'on s'occupe de nous.

Ma décision de me présenter aux élections avait vraiment fait sensation. La presse étrangère l'avait commentée – titrant : « La maharani se présente à des élections démocratiques » ou autres phrases de ce genre – et ma campagne fut souvent accompagnée de caméras de télévision. Certaines enregistraient cet aspect à mes yeux le plus significatif de la campagne : l'accueil chaleureux des paysans, convaincus que j'étais vraiment mue par l'intention de leur venir en aide. Ils savaient qu'en me présentant sous l'étiquette de l'opposition je ne pouvais avantager ni ma famille ni moi-même. Et lorsque je regarde en arrière, mon souvenir le plus cher est la conviction que je sentais chez ces gens de la pureté de nos intentions, et l'attachement qu'ils nous témoignaient.

A la veille de la clôture de la campagne, le parti du Congrès, le Jana Sangh (parti de l'extrême droite), et le parti swatantra tinrent chacun un ultime meeting à Jaipur. Le parti swatantra avait choisi comme lieu de réunion cette esplanade derrière le palais de la Cité où défilaient les processions les jours de fête. Elle pouvait contenir près de deux cent mille personnes, soit vingt fois plus environ que les places choisies par les deux autres partis. Je craignais que cet espace ne fut trop grand, étant donné que les meetings des deux partis rivaux avaient lieu au même moment. Mais à ma joyeuse surprise, l'assistance remplit toute l'esplanade.

Nous avions invité Jai à prendre la parole, ainsi que trois avocats qui se présentaient pour la ville, et je devais, moi-même, prendre la parole. Le parti du Congrès avait, par émulation, organisé une procession des stars du cinéma indien, auxquels il avait adjoint une maharani – la maharani de Patiala – qui faisait campagne en sa faveur. Le Jana Sangh, plus modeste, se reposait sur la puissance d'attraction de son orthodoxie hindoue. Notre meeting, pourtant, battit tous les records. Les trois avocats étaient tous bons orateurs, et ils donnèrent le ton au meeting. Je m'étais promis de prononcer le meilleur discours de ma carrière ; mais finalement j'éprouvais tant d'angoisse et d'appréhension que ce fut, je crois, le plus mauvais.

Jai prit ensuite la parole. Je fus inquiète de l'entendre s'adresser à l'immense foule par le tu familier, craignant que cela ne soit pris en mauvaise part. Mais il parlait comme il l'avait toujours fait au cours des années où il avait été maharajah, sur un ton dicté par la relation traditionnelle, celle de père à enfants. « Pendant des années, leur dit-il, ma famille a régné sur vous, nous avons tissé des liens d'affection pendant de nombreuses générations. Le nouveau gouvernement m'a dépouillé de mon État ; mais il peut bien m'arracher ma chemise sans que je m'en soucie, pourvu que je conserve votre confiance et votre affection. Ses membres me reprochent de présenter ma femme et mes deux fils aux élections. Ils disent que si j'avais cent soixante-seize fils – il y avait cent soixante-seize sièges à l'Assemblée locale du Rajasthan – je les présenterais tous. Mais ils ne savent pas, n'est-ce pas – et ce disant, il fit un geste de confiance désarmant en direction de la foule – que j'ai bien plus de cent soixante-seize fils. »

Un rugissement énorme s'enfla alors dans la foule. Puis les gens, excités et joyeux, nous jetèrent des fleurs ; que nous leur renvoyâmes avec la même gaieté spontanée. Je compris à ce moment-là que j'allais être élue.

Le jour du vote arriva enfin. Bébé, Menaka et d'autres amies, qui étaient venues pour être auprès de moi pendant la fin de la campagne, s'exclamaient souvent d'un air désespéré, tout en m'aidant à expliquer le processus électoral à des groupes de femmes : « Mais elles n'ont aucune idée de ce qu'ils sont en train de faire ! » Les Indiens étant pour la plupart illettrés, les gens votaient en se guidant d'un symbole visuel représentant leur parti. Celui du Congrès figurait deux boeufs attelés à un joug, symbole de l'effort commun ; les socialistes avaient choisi un vaste banian dont les racines aériennes représentaient le développement continu du socialisme ; les communistes arboraient la faucille habituelle, le marteau étant remplacé par trois tiges de blé, et ainsi de suite. Le parti swatantra était représenté par une étoile. Avec Bébé et tous mes autres aides, je passai d'interminables heures très décevantes à m'efforcer d'expliquer aux femmes comment voter pour l'étoile. Mais ce n'était pas simple. Elles voyaient l'emblème d'un autre parti qui représentait un cheval et son cavalier, et pensaient que puisque la maharani faisait du cheval, cet emblème devait être le sien. « Non, non, ce n'est pas celui-là », leur répétions-nous. Puis elles voyaient un autre emblème figurant une fleur. Ah, la fleur de Jaipur – cela ne peut être que le signe de la maharani. « Non non ce n'est pas la fleur ! » Bon, alors allons-y pour l'étoile. « Elle convient parfaitement à la maharani ; mais voyez, là, il y a le soleil. Si la maharani est une étoile, alors le soleil doit représenter le maharajah. Nous voterons pour les deux. » Un tel vote aurait été nul évidemment. Jusqu'au dernier moment, Bébé et moi doutions de nous être vraiment fait comprendre.

En Inde, une élection est une fête joyeuse et décontractée. Les femmes s'habillent avec recherche et se rendent aux urnes avec leur mari et leurs enfants, en chantant tout au long de la route. Les paysans arrivent juchés sur leurs charrettes ornées de fleurs et de morceaux de tissus multicolores, tirées par leurs boeufs également couverts de guirlandes, dans une atmosphère de vacances ; les amuseurs, les marchands de sucreries et les conteurs dressent leurs auvents aux alentours des isoloirs, afin de distraire la foule et d'en tirer quelque profit. Je parcourus ce jour-là ma circonscription, ne m'arrêtant que quelques instants à chaque endroit, car la campagne prend fin également vingt-quatre heures avant le scrutin. Comme la foule s'assemblait dès que je paraissais, je voulais éviter de paraître enfreindre la loi.

Jaï m'ayant déclaré que, pour l'honneur de la famille, je me devais d'obtenir une majorité d'au moins cinq mille voix sur mon rival le plus proche, j'étais doublement anxieuse. Le petit Jagat m'adressa un câble d'Angleterre, me souhaitant de l'emporter avec mille voix d'avance. Toute cette journée je restai assise, incapable de fixer mon attention sur quoi que ce fût d'autre, à attendre les nouvelles des résultats.

Dès que ceux-ci commencèrent à être connus, mon agent électoral m'assura que j'allais l'emporter par une énorme majorité, et que nous devrions envisager une procession pour fêter la victoire. J'éprouvai à cette idée pleine de présomption, la crainte superstitieuse de défier le sort, et la chassai de mon esprit, jusqu'au moment où j'appris que nous avions déjà obtenu dix-neuf sièges. Je me mis alors à mettre sur pied l'organisation d'une procession. Pat et Joey étaient tous deux élus (Joey ayant battu le ministre de l'Intérieur en exercice). Dans tout le district de Jaipur, un seul membre du parti du Congrès avait été élu.

On proclama enfin le résultat définitif : j'avais obtenu une majorité de 175 000 voix sur le candidat du parti du Congrès, et tous mes adversaires avaient perdu leur dépôt de garantie. La famille de Jaipur figure maintenant deux fois dans le Livre des records de Guiness, à deux titres complètement différents : pour le mariage le plus coûteux du monde, celui de Mickey, et pour mon élection où j'obtins la plus large majorité jamais atteinte dans un pays démocratique. Sans doute la juxtaposition de ces deux mentions pourrait-elle inspirer quelque moralité ironique mais ne sachant pas au juste quel enseignement en tirer, je m'en tins à la pensée que la population de Jaipur faisait toujours confiance à ses ex-souverains.

La procession était formée ce soir-là de camions et de Jeeps portant les noms des circonscriptions où nous l'avions emporté. La population triomphante sortit dans la rue en masse – et jusqu'à mes adversaires du Congrès, qui ne voulaient pas manquer le spectacle et qui faisaient des signes du bras sur les toits. Jamais je ne m'étais sentie autant aimée. J'étais émue et heureuse du plaisir que prenait Jai à ma victoire et de sa grande générosité d'esprit, me souvenant que Ma m'avait dit un jour : « Comme tu as de la chance d'avoir un mari qui te soutient dans tout ce que tu entreprends. Peux-tu imaginer qu'il y a des maris qui sont envieux de leurs femmes ? »

Mais je savais que ma victoire était en réalité celle de Jai. D'un des balcons du palais, avec Menaka et d'autres membres de la famille, il regardait approcher la procession. Puis il jeta des pièces d'or, comme il en avait coutume lorsque il régnait sur le Jaipur.

NOUS DEVENONS PARLEMENTAIRES

Lorsque l'effervescence et l'enthousiasme des élections furent retombés, il était difficile de ne pas éprouver un certain vide ; mais le moment où je siégeai pour la première fois au Parlement fut exaltant. Je partis avec Jai et Pat pour Delhi, où Jai, que l'assemblée locale du Rajasthan avait élu au Rajya Sahba, la Chambre Haute, avait également des fonctions à assumer. Lorsque le Président parut pour ouvrir la nouvelle session parlementaire, nous étions quatre membres de la famille dans le hall central : Jai, Pat et moi, ainsi que Bubbles qui était dans la suite du Président en tant que major de sa garde du corps. (Joey, lui, siégeait à l'assemblée locale.) L'air très digne, Bubbles entra derrière le Président, et bien que Pat s'efforçât d'attirer son attention, il ne jeta pas un seul regard dans notre direction.

Comme la plupart des bâtiments officiels de Delhi, le Look Sabla, la Chambre Basse du Parlement, est l'œuvre de Sir Edwin Luttants. Les 535 députés siègent sur des bancs disposés en demi-cercle en face du Président. Les membres du parti majoritaire, qui étaient presque 300, étaient à sa droite, et l'opposition à gauche. Les plus nombreux parmi celle-ci étaient les communistes, dont les membres se trouvaient le plus près du Président. Puis venaient le parti swatantra, le parti d'extrême-droite Jana Sangh, les socialistes et, finalement, les indépendants et les petits partis locaux. Quelque temps plus tard, lorsqu'eut lieu la scission du parti communiste à propos de l'invasion chinoise, le parti swatantra devint le plus important de l'opposition, et nous occupâmes alors les places les plus proches du Président. La procédure parlementaire s'inspirait du parlement de Westminster, avec cette différence, qu'au lieu d'exprimer notre vote en passant dans des vestibules, nous le faisions en appuyant sur un bouton placé devant chaque siège.

Pat et moi, nous nous sentions, au début, très peu sûrs de nous. La prestation de serment fut un moment émouvant car elle fit revivre en nous tout ce qui l'avait précédée : la campagne électorale, l'accueil des foules, les ovations, l'amour et la confiance de la population du Jaipur. Menaka et son mari, le maharajah de Dewas, étaient dans les tribunes, et elle me confia, plus tard, son inquiétude à l'idée que nous pourrions nous embrouiller dans les paroles. J'étais à peine remise qu'on m'annonçait que j'aurais à prononcer mon premier discours. Il n'y avait que trois jours que j'avais prêté serment, et je n'étais nullement prête à affronter une nouvelle épreuve.

On ne m'avait prévenue que quelques heures à l'avance, et comme il s'agissait de mon tout premier discours, il fut admis que je pourrais le lire. Je devais parler du discours que le Président lui-même avait adressé au Parlement, et la secrétaire d'un de mes collègues m'en avait tapé le texte. Je pris place sans savoir quand viendrait mon tour. Un député me dit que ce serait autour de 14 heures ; mais j'étais à ce moment-là dans un véritable état de panique, m'étant aperçue, en relisant mon texte, qu'il manquait les deux dernières pages.

Je restai là, ne pouvant partir, à espérer que les autres discours seraient suffisamment longs pour empêcher mon tour de venir. Par miracle, peu avant qu'on appelle mon nom, un huissier vint m'apporter les pages manquantes.

Une fois lancée, j'oubliai toutes mes craintes, et constatai que ma voix était assez forte et portait bien. En réponse au Président, qui avait comme d'habitude fait un résumé des événements et des progrès du pays depuis la session précédente, j'exprimai l'avis qu'il avait accordé trop peu de place à la hausse des prix et à la pénurie de certains produits de base, qui avait été dramatique pour les plus démunis.

Pat et moi connaissions quelques députés ; mais comme notre parti était de création récente, nous n'avions pas encore eu l'occasion de faire la connaissance de notre leader, le maharajah de Kalahandi, dont la circonscription se trouvait en Orissa, état situé dans la baie du Bengale et comptant de nombreuses régions tribales, qu'on ne pouvait classer dans aucune catégorie courante de la vie indienne. Il nous réunit tous et mit sur pied des rencontres périodiques au cours desquelles on répartissait entre nous les sujets sur lesquels nous étions invités à parler. Plusieurs autres familles princières étaient représentées dans le parti swatantra ; mais bien que la majorité de ses membres n'eussent aucun lien avec les anciens souverains, le pandit Nehru eut l'astuce de nous nommer « le parti des princes ». Cette appellation inappropriée fit malheureusement long feu, bien qu'un pointage des plus sommaires eût suffi pour monter que les princes étaient, en fait, plus nombreux au parti du Congrès qu'au Swatantra.

Nous installons dans nos nouvelles fonctions, Pat et moi trouvâmes la vie parlementaire tout à fait absorbante. Nous nous faisions un devoir d'être présents chaque fois que parlait le pandit Nehru ; notre avenir et celui du pays étaient entre ses mains. En tant que députés, nous avions droit à un logement à Delhi. Jai étant membre de la Chambre Haute et moi de la Chambre Basse, au lieu de nous donner l'appartement auquel nous avions droit, on nous donna une maison dans une rue charmante du quartier résidentiel de Delhi, tandis qu'un appartement personnel était attribué à Pat. Mais, alors que nous nous habituions peu à peu à la routine de notre nouvelle existence, nous dûmes interrompre notre séjour à Delhi et retourner à Jaipur où Mme Kennedy, épouse du président des États-Unis, devait être notre hôte pour quelques jours pendant son voyage en Inde.

Cette visite, qui n'était qu'à demi officielle, entraîna toutes sortes de complications. Le gouvernement du Rajasthan ainsi que l'ambassadeur des États-Unis, Mr Galbraith, entretenaient, semble-t-il, l'idée absurde que nous pensions en tirer quelque avantage politique. Mr Galbraith écrivit même au président Kennedy pour lui conseiller de prier sa femme de renoncer à son séjour à Jaipur. Mais le Président répondit qu'il n'avait pas l'habitude d'intervenir dans les dispositions que prenait son épouse dans le domaine de sa vie personnelle.

En ce qui nous concernait, cette invitation était essentiellement privée et amicale. Lorsque Lee Radziwill, la sœur de Jackie Kennedy, avait informé Jai de leur projet de se rendre en Inde, il les avait spontanément invitées à venir passer quelques jours à Jaipur.

Son invitation impromptue avait été acceptée dans le même esprit de cordiale amitié. Nous projetions de distraire nos invitées en nous bornant à leur offrir un peu de tourisme, un match de polo, des moments de détente autour de la piscine et, si elles le désiraient, des promenades à cheval.

Bien entendu la partie touristique prévoyait la visite du palais de la Cité. Il eût été absurde que Jackie, qui s'intéressait tant à l'art, ne voie pas les collections du Jaipur, et de toute façon, Jai aimait faire l'honneur à ses hôtes de la demeure de ses ancêtres. Je me trouvai donc très décontenancée par la réaction de Jackie, lorsque je lui annonçai, le second jour, que nous allions visiter le palais : « Mais Ayesha, me dit-elle, on m'a dit que je n'étais pas autorisée à y aller. »

Elle m'expliqua qu'on lui avait fait observer que si elle se rendait au palais avec Jai, on en concluerait qu'il voulait donner l'impression d'être toujours le souverain du Jaipur. L'ambassadeur des États-Unis craignait que cela n'indispose le gouvernement. Tout cela semblait trop absurde pour être cru ; mais en fait, Mr Galbraith, qui accompagnait Jackie à Jaipur, eut un long entretien par téléphone avec les leaders du Congrès avant que l'autorisation ne fut accordée, et encore était-ce sous réserve que la visite passe aussi inaperçue que possible – stipulation absurde, puisque chacun de ses gestes intéressait la chronique. Nous fîmes de notre mieux pour nous conformer à ces exigences mesquines, et la visite eut lieu la nuit, afin que personne ne vît Jackie arriver avec Jai. Je m'y rendis en avance pour la recevoir, et nous fûmes les seuls à lui faire l'honneur du palais.

Dans son *Journal d'un ambassadeur,* Mr Galbraith ne cache pas sa conviction que nous étions mus par quelque dessein politique, et je n'ai pas besoin d'affirmer qu'il était dans l'erreur. Son impression lui avait peut-être été suggérée par les fonctionnaires du gouvernement, et particulièrement ceux du Rajasthan, toujours mal à l'aise lorsque nous recevions des hôtes éminents ; pour notre part, nous fûmes ravis d'avoir Jackie chez nous et son séjour renforça notre amitié. Et ce fut avec grand plaisir que nous acceptâmes à notre tour son invitation à nous rendre à Washington.

Outre mes occupations au parlement de Delhi et celles entraînées par la réception d'hôtes importants, ma vie à Jaipur était plus remplie que jamais. Mes électeurs venaient en foule à Rajmahal, et en député consciencieux, je les recevais quelle que fût l'heure. La plus grande partie de leurs problèmes tournait autour de conflits familiaux relatifs à des héritages ou à des questions telles que : « Ma belle-mère est un tyran épouvantable. Que puis-je faire ? »

Mais tant de plaignants évoquaient des vexations subies du fait des fonctionnaires du gouvernement, les uns parce qu'ils avaient refusé ou été dans l'incapacité de verser des pots-de-vin, d'autres simplement parce qu'on savait qu'ils avaient voté pour l'opposition, que nous dûmes engager un avocat à plein temps pour prendre ces affaires en main. Beaucoup de ces requêtes, je le découvris peu à peu, étaient celles auxquelles doit s'attendre tout élu : demandes de subventions pour construire des écoles, des hôpitaux, pour le réseau électrique et autres commodités. Parfois, en appelant l'attention des autorités locales, Je pouvais fournir la solution. Dans d'autres cas, les requêtes semblaient si raisonnables et si urgentes que j'avançai moi-même les fonds nécessaires. Je fus très aidée par la fondation charitable fondée par Jai pour venir en aide à ses anciens sujets, et à laquelle il avait donné le nom de son grand ancêtre le maharajah Sawai Jai Singh, lui allouant sur sa caisse personnelle un montant annuel de 150 000 roupies (environ 30 000 dollars de l'époque).

Il eut un moment qui me rappela fortement celui où, en 1945, les fermiers de Cooch Behar arrivèrent en foule au palais, exigeant de voir le maharajah. Ils venaient d'apprendre que l'exportation des surplus de riz avait été prohibée. Il revenait à Bhaiya de leur expliquer le motif de l'interdiction, due à la pénurie des récoltes dans plusieurs régions du Bengale, qui avait entraîné une crise des approvisionnements. On prédisait la famine pour l'année suivante, et s'ils exportaient maintenant leur surplus, ils se trouveraient alors sans rien à manger. L'explication de Bhaiya leur parut suffisamment valable pour qu'ils s'en retournent chez eux. Si une preuve de vigilance de l'administration de leur État leur avait été nécessaire, elle leur fut donnée l'année suivante lors de la grande famine au Bengale qui fit plus d'un million de victimes, alors que pas un seul décès pour cause de famine ne fut enregistré à Cooch Behar. En fait, malgré son exiguïté, cet État put donner refuge à des milliers d'affamés venus des terres avoisinantes.

Ma propre expérience fut moins spectaculaire ; mais elle me parut à la fois nouvelle et surprenante. Je me retrouvai à la tête d'un magasin de grains. Le précédent maharajah, le père adoptif de Jai, était un homme pieux, qui faisait chaque matin des offrandes à la divinité en la priant de le guider dans l'exécution de ses devoirs envers ses sujets. Ses prières terminées, un de ses hommes lui apportait non pas les nouvelles publiques de la ville, mais un compte-rendu des sujets de plainte ou de satisfaction dont on parlait de bouche à oreille parmi la population. Son informateur lui apprit, un jour, que le blé, denrée de base au Rajputana, atteignait un prix record. Sans demander aucune précision, le maharajah quitta la table au milieu du petit déjeuner et se rendit tel quel, en vêtements d'intérieur et suivi seulement d'une ou deux personnes, au marché aux grains.

Les gens murmuraient sur son passage : « Mais que fait donc ici notre maharajah habillé de la sorte ? » On avait l'habitude de le voir dans son carrosse, ses pieds ne touchant

jamais le sol. Il ne prêta aucune attention au murmure de la foule, mais il se dirigea tout droit vers le principal marchand de grains et lui demanda :
« Combien vends-tu ton blé ? »
« Dix-huit roupies le sac. », répondit-il timidement.
« Et combien l'as-tu acheté ? »
« Dix roupies. »

Le maharajah leva alors la main afin de donner plus de poids à ses paroles. Le marchand prit cela pour une menace de coups ; il fit le geste d'esquiver, ce qui lui fit perdre sa coiffure, tandis que le maharajah tonnait : « Alors c'est dix roupies que tu vas le vendre ! Je ne veux pas que les gens paient un prix exorbitant pour leur pain quotidien. »

S'adressant au Premier ministre qu'il avait arraché de la table, il continua plus calmement : « Envoyez dire aux marchands dans tous les quartiers de la ville que le prix du blé doit être de dix roupies par sac, et pas un *ana** de plus. Le gouvernement les subventionnera, et ils ne seront pas privés de leur profit juste et légitime. »

L'action que je menée était de même nature, quoique bien moins spectaculaire. J'ouvrais mon propre magasin de grains à prix contrôlé, dont l'accès était réservé aux porteurs de cartes officielles de rationnement. Les besoins élémentaires étaient ainsi satisfaits, et le reste de la population pouvait, si elle le voulait et en avait les moyens, s'approvisionner au prix fort. Sans l'avoir prévu, je m'attaquais aux problèmes des pauvres, qui faisaient la grande majorité de mes électeurs.

Toutes ces activités, auxquelles s'ajoutaient les contacts plus personnels que j'avais avec les gens à propos des questions dont l'importance était capitale pour eux, faisaient rapidement fuir le temps. Ce fut à peine si je m'aperçus qu'avril était arrivé, et que la température commençait à monter vers la terrible fournaise printanière où le thermomètre marque

---
* Centime.

autour de cent degrés Fahrenheit*, jusqu'à l'arrivée du Loo si redouté, ce vent sec venant du désert qui fait monter le mercure de quinze ou vingt degrés supplémentaires et transforme la mince couche de terre en tourbillons de poussière. Les rivières sont alors à sec, ou réduites à un mince filet opaque, tout travail aux champs s'arrête et l'on attend l'arrivée de la mousson.

Jai avait décidé de partir pour l'Angleterre, comme nous le faisions habituellement, afin de profiter de son merveilleux été tempéré. Mais pour la première fois je fus d'avis qu'il me fallait attendre encore un peu, et je le priai de partir sans m'attendre. J'avais en effet promis de participer à la campagne de deux candidats à des élections partielles importantes. L'un d'eux était un ancien secrétaire du parti du Congrès, dont il s'était séparé pour des motifs idéologiques, pour se rallier aux Indépendants.

L'autre était le secrétaire général du parti swatantra. Le premier se présentait dans l'Uttar Pradesh, un très vaste État dans le centre-nord de l'Inde, dont la famille de Nehru est originaire, où la température en mai atteint 116 ou 118 degrés Fahrenheit*. L'autre se présentait au Gujarat, où les températures peuvent être plus élevées encore. Lorsque j'y pense, je m'étonne rétrospectivement, avec la chaleur débilitante à l'extrême, d'avoir pris plaisir à ces deux campagnes ; elles rallumèrent en moi l'intérêt et la satisfaction que j'avais éprouvés lors de ma propre campagne en ayant un contact direct avec la population.

Je m'envolai pour Bombay immédiatement après, pour continuer vers l'Angleterre. Au moment où je partais pour l'aéroport, on m'annonça la première victoire. J'étais folle de joie – le triomphe semblait plus grand encore que pour ma propre élection, car je n'avais pu tabler cette fois sur aucun loyalisme préexistant – et je n'eus de cesse que nous ne célé-

---

* Environ 40° C.
* Environ 50° C.

brions l'événement par une sortie avec Bhaiya et Joey qui se trouvaient à Bombay à ce moment-là.

Une semaine plus tard nous dînions à Londres chez l'ambassadeur des Pays-Bas. En m'excusant beaucoup, je m'éclipsais sans cesse pour aller dans la bibliothèque téléphoner aux journaux et à India House, siège du haut commissariat de l'Inde, essayant de savoir s'ils avaient des informations au sujet des élections partielles. Finalement, il y eut des nouvelles ; et si j'avais gravement importuné mes hôtes, ça n'avait pas été en vain : car le candidat du parti swatantra l'avait emporté. Après cette nouvelle réjouissante qui me mit le cœur en fête, je m'abandonnai à toutes les joies de la saison à Londres.

Peu après, je rencontrai notre leader Rajaji, qui rentrait de Washington, où il avait assisté à la conférence sur le désarmement nucléaire à laquelle le pandit Nehru l'avait prié d'assister en tant que principal apôtre en Inde de ce désarmement. Les observateurs étrangers ont dû s'étonner de ces relations sans problèmes entre membres de partis opposés. Elles relevaient du génie particulier de Nehru. Lorsque Rajaji lui demanda pourquoi il déléguait à cette conférence un de ses critiques les plus sévères, le Premier ministre, avec cette largeur d'esprit qui faisait de lui un personnage politique à part, répondit simplement que Rajaji était la personne la plus appropriée pour représenter l'Inde. Lié par l'honneur, Rajaji n'avait pu dire tout ce qu'il aurait voulut de lui-même exposer, et il me demanda, à moi, d'exprimer en public son point de vue pacifiste. Je n'acceptai pas toutefois, car ma stature politique n'était pas suffisante ; et plus encore, parce que je ne souhaitais pas embarrasser Jai en exerçant à l'étranger mon activité politique.

Nous partîmes en octobre pour l'Amérique, et passâmes les premiers jours à New York et en Virginie. Pendant notre premier séjour à New York, la crise cubaine éclata, et les médias diffusèrent des instructions sur ce qu'il convenait de faire en cas d'attaque nucléaire. Non sans éprouver quelque inquiétude, nous nous en tînmes à notre programme et nous allâmes à Washington, où nous fûmes reçus à Blair House, la maison des hôtes de la Présidence. En raison des événements, les Kennedy remplacèrent le bal qu'ils avaient projeté en notre honneur par un simple dîner.

Le président Kennedy me salua avec un large sourire, en disant : « Eh bien, on me dit que vous êtes le Barry Goldwater de l'Inde. »

Je fus un peu prise de court, bien qu'ayant compris qu'il plaisantait ; aussi lui rappelai-je qu'il avait tout récemment rencontré le leader du parti que je représentais au Parlement.

Il me fit part alors de la profonde impression que lui avait faite Rajaji. Il s'était attendu à voir un vieillard tout de blanc vêtu énonçant de pompeuses inepties à propos de la mise hors la loi de l'arme nucléaire, et la seule pensée de l'entretien l'avait d'avance ennuyé à mourir. Mais au lieu de cela, il avait été captivé par la sagesse et la lucidité de Rajaji, tant et si bien que ses assistants durent lui rappeler son rendez-vous suivant.

John Kennedy était une personnalité extrêmement attirante. Jeune d'aspect et dans sa façon d'être, il avait un sourire si contagieux que par moments, j'avais de la peine à me souvenir qu'il était président des États-Unis. Nous ne le vîmes guère ; mais le lendemain du dîner, pendant que Jackie nous faisait visiter les jardins de la Maison Blanche, il nous héla de la fenêtre de son bureau et m'invita à l'y rejoindre.

Un groupe imposant de sénateurs était présent, et à ma confusion, il me présenta comme « la femme qui a obtenu la majorité la plus stupéfiante que personne ait jamais eue. »

Je les saluai en faisant de mon mieux et retournai vite vers Jackie et Jai. Elle était une hôtesse charmante et pleine de prévenances, la meilleure des guides que nous eussions pu avoir pour visiter la Maison Blanche, car elle connaissait et nous racontait l'histoire du moindre portrait ou objet d'ameublement que nous avions admirés. Grâce à elle notre séjour à Washington fut infiniment agréable.

Celui-ci ne prit fin que trop tôt, et à notre arrivée à New York nous fûmes accueillis par la terrible nouvelle que la guerre avait éclaté entre l'Inde et la Chine. C'était le 20 octobre 1962.

Selon la presse, l'armée indienne avait déjà subi de lourdes pertes, et les forces chinoises l'emportaient en nombre. Je voulais annuler le reste de notre voyage et rentrer immédiatement en Inde ; mais pour la première fois mon désir de me retrouver auprès de notre peuple était plus fort que celui de Jai, qui me fit remarquer avec bon sens, que modifier notre programme ne changerait absolument en rien la situation. Je comprenais la logique de son propos ; mais mon sentiment était pour une fois différent du sien. Je voulais me trouver là où n'importe quel habitant de Jaipur, pour quelque raison que ce fût, pouvait me joindre et m'exposer ses difficultés.

Je cédai malgré tout, et nous nous rendîmes en Angleterre où il était prévu que nous passerions quelques jours. Je ne cessai de me sentir affreusement malheureuse et inquiète, non seulement parce que l'existence de mes électeurs était peut-être affectée, mais aussi parce que le Cooch Behar est très proche de la frontière nord-est de l'Inde. Que s'y passait-il ? Bhaiya et la population étaient-ils sérieusement menacés ?

Lorsque nous parvînmes enfin à Delhi, les Chinois avaient déjà franchi la frontière du nord-est et pénétré en Assam. Ils avaient emporté les défenses indiennes, car nos troupes n'étaient ni préparées ni convenablement équipées pour des combats sur le terrain perfide et décourageant des hauteurs vertigineuses de l'Himalaya.

De notre côté de la frontière, les routes étaient inexistantes, ce qui handicapait nos troupes dans leurs efforts pour manœuvrer. Les Chinois, dont l'attaque avait été préparée de longue date, avaient construit des routes jusqu'à la frontière et avaient équipé leurs troupes d'armes semi-automatiques dont notre armée ne possédait aucun équivalent.

A la Chambre, lorsque s'ouvrit le débat sur cette invasion, on put voir, pour la première fois, le pandit Nehru, tête basse, ayant perdu son assurance et sa désinvolture habituelles, et incapable de justifier notre état d'impréparation. Un mois plus tard, les Chinois déclarèrent unilatéralement le cessez-le-feu, laissant clairement entendre qu'ils n'avaient nulle intention de se retirer sur leurs positions antérieures ou de restituer les territoires occupés.

Peu à peu la vérité se fit jour. Depuis 1954, le pandit Nehru et son gouvernement avaient gardé le secret sur des incursions chinoises en territoire indien et ne leur avaient opposé que de molles protestations. Il avait négligé en 1960 l'avis des chefs de l'armée, selon lesquels nos troupes étaient insuffisantes en nombre sur les frontières nord du pays, et mal équipées. Le résultat fut qu'on n'alloua aucun crédit à l'entraînement de nos troupes au combat en haute altitude, et cette imprévoyance avait débouché sur l'actuel désastre.

Les preuves apparaissaient maintenant des malheurs engendrés par la naïveté généreuse du pandit Nehru. Il avait fermement cru que les Chinois, malgré leurs incursions en territoire indien, ne lanceraient jamais une attaque sérieuse contre le pays. Il avait même fait croire à la population indienne que les Chinois entretenaient les sentiments les plus fraternels à son égard ; son slogan, constamment cité, était *Hindi-Chini bhai bhai* : « Les Indiens et les Chinois sont frères. » Le conflit fit éclater ce mythe, ainsi que quelques autres, comme celui qui voulait que le Pakistan fût notre seul ennemi, lui dont la séparation d'avec l'Inde en 1947 s'était faite dans une telle effusion de sang, que les deux pays étaient incapables de surmonter leur méfiance et leur hostilité réciproques.

Au Lok Sabla, la chambre basse, on s'agitait beaucoup. On vota la loi sur la défense de l'Inde dans l'intention de fournir des armes au gouvernement pour pouvoir arrêter les membres de la cinquième colonne et les autres éléments anti-nationaux ; mais il fut bientôt évident que cette loi servait également de paravent pour réduire au silence les membres de l'opposition qui critiquaient sa politique. Un fonds pour la défense fut créé, auquel les contributions affluèrent, dont beaucoup étaient bénévoles. Mais il y en eut qui furent honteusement extorquées par les pressions et les menaces de fonctionnaires. Lorsque ces pratiques me furent révélées, j'écrivis immédiatement au Premier ministre. Il répondit que les contributions forcées étaient absolument condamnables ; elles devaient toutes être volontairement consenties. Je sollicitai son autorisation pour faire paraître sa lettre dans la presse, une déclaration sans équivoque émanant de la plus haute autorité était indispensable pour que les gens qui n'auraient pas les moyens de verser une contribution et se trouvaient harcelés, puissent trouver le courage de résister. Nehru accorda sa permission, et l'on publia la lettre. Mais je ne crois pas que cela servit à grand-chose.

Dès que la crise fut passée, on dépêcha les activistes du Congrès – et même des ministres – dans tout le pays pour tenir des réunions et faire oublier par leurs discours les erreurs de leurs chefs, qui nous avaient laissés si désarmés face à l'attaque chinoise. Au Parlement, le Premier ministre s'efforçait d'imposer silence à ses adversaires par des sarcasmes. Au cours des débats sur la guerre avec la Chine, il prit un jour comme bouc-émissaire le chef du parti swatantra au Parlement, le professeur Ranga, et répondit à un discours critique de ce dernier en disant : « Le professeur prétend en savoir plus qu'il n'en sait en réalité. » Les rires qui ponctuèrent cette répartie la firent paraître plus spirituelle qu'elle n'était. Or le matin même, le professeur me disait que nous, les nouveaux parlementaires, nous ne comprenions pas l'importance qu'il y avait à soutenir nos leaders, contrairement aux députés de la majorité qui, au moins, encourageaient leurs chefs en riant à chaque fois qu'ils raillaient l'opposition. Aussi, lorsque le professeur se trouva en butte à cette phrase caustique, je me levai automatiquement, sans réfléchir, laissant échapper : « Et si vous, vous aviez su quoi que ce soit nous n'en serions pas là aujourd'hui. »

Le Premier ministre, dont les manières étaient toujours de la plus parfaite courtoisie, s'était assis dès que je m'étais levée. Lorsqu'il se remit debout pour reprendre son discours, il dit n'avoir point entendu ce qu'avait dit l'honorable dame député. Le Président déclara ma remarque hors propos, et invita le pandit Nehru à continuer. Mais les membres des partis de l'opposition qui m'entouraient, me pressaient de répéter ce que j'avais dit, faute de quoi cela ne figurerait pas dans le compte-rendu. Toute rouge d'embarras, je me levai donc de nouveau et renouvelai mon intervention, mais en des termes plus parlementaires cette fois.

Le pandit Nehru répliqua : « Je ne veux pas faire assaut de paroles avec une dame. » Ce sur quoi les membres de l'opposition s'écrièrent d'un ton moqueur : « Quelle courtoisie ! c'est chevaleresque ! »

Je me rassis, humiliée. Je m'étonnais de ma propre conduite et de mon éclat, comme beaucoup de mes collègues, je pense. Je ne sais pas si j'avais eu raison de m'exprimer aussi impoliment ; mais le professeur me téléphona le soir même, pour me dire à quel point mon « opportune intervention » lui avait plu. Le lendemain toutefois, à la Chambre, bien que les félicitations fussent nombreuses, il y eut tout de même des collègues pour me demander comment j'avais pu faire une observation aussi déplacée à l'un de nos anciens. Il ne servait à rien de leur expliquer que j'avais le plus grand respect pour Nehru ; mais que cette fois-là, j'avais été, tout simplement, incapable de me retenir. Mon seul regret était de ne pas avoir employé un langage plus choisi.

L'atmosphère du Parlement restait électrique, à mesure qu'on découvrait à quel point notre politique étrangère s'était montrée inefficace. Nous nous rendîmes compte, pour la première fois, qu'aucun des pays communistes dont Nehru avait recherché l'amitié, n'était venu à notre aide lorsqu'une agression non provoquée eut lieu à nos frontières. Au contraire, ce furent les nations occidentales, auxquelles il avait plutôt battu froid, qui s'empressèrent de nous offrir et de nous fournir de l'aide.

Tant au Parlement que dans tout le pays, la pression montait pour que le pandit Nehru exige la démission du ministre de la Défense, V.K. Krishna Menon. On considérait ce dernier comme le principal responsable du sous-équipement de l'armée indienne et de notre aveuglement à l'égard des intentions chinoises. Le Premier ministre s'efforça de le couvrir ; mais l'opinion publique était trop montée et il dut lui céder en fin de compte et inviter Krishna Menon à se retirer.

Comme la plupart des gens, Jai et moi pensions que le plus triste en l'occurrence était l'humiliation de l'armée indienne. Elle était parmi les meilleures forces armées du monde, et notre orgueil était blessé – nous étions même furieux – de penser que la cause de ce malheur, était l'erreur naïve d'appréciation du gouvernement touchant nos relations avec la Chine, et son imprévoyance, qui avait laissé nos troupes dépourvues des moyens de repousser l'agression. Nous étions également attristés que, malgré les espoirs soulevés par l'accession de Nehru au poste de premier ministre, l'Inde ne soit point devenue la puissance la plus influente de l'Asie. Notre échec dans cette guerre portait un coup fatal à notre prestige, et à l'estime dont nous jouissions auprès des nations plus faibles qui nous entourent, et qui avaient pensé trouver auprès de nous, aide, conseils et protection.

Même en l'absence de confrontations dramatiques comme l'invasion chinoise et les débats acrimonieux qui s'en suivirent au Parlement, je m'intéressai de plus en plus à mes devoirs de parlementaire et à mes relations avec la population de Jaipur, auxquels je consacrai une partie grandissante de mon temps. Avec mes collègues du swatantra, je combattis certains projets, tel celui de cet amendement de la Constitution visant à limiter le droit de propriété, tandis que je me désespérai de ne pouvoir dans ma circonscription faire autre chose que répéter le même refrain à mes électeurs : « Je ne peux pas changer les lois. Je ne peux pas obliger le gouvernement à prendre des mesures en votre faveur. Je ne puis que donner ma voix à vos doléances et espérer qu'elles seront entendues. »

Dans les petites choses, toutefois, je fus en mesure d'apporter quelques améliorations, et de résoudre certains problèmes locaux, et je fus étonnée de la satisfaction que j'en tirai ; deux tribus de Jaipur, les Meenas et les Gujars, faisaient partie de mon électorat. Elles étaient depuis un temps immémorial rivales et ennemies. Leurs membres venaient me trouver pour m'exposer toutes sortes de griefs : on avait volé une vache, une femme s'était enfuie, une maison avait brûlé – quel que soit le désastre, un membre de la tribu rivale en était toujours responsable. Je me trouvais dans une situation malaisée, car, en général, chacune des deux parties avait voté pour moi, et s'attendait à me voir prendre fait et cause pour elle. Ma nouvelle incarnation de politicienne me permit d'exhiber un talent insoupçonné et ultime pour l'arbitrage. D'autres problèmes étaient plus sérieux et moins émotionnels. Un village, par exemple, souhaitait être desservi par une ligne d'autobus, ou un bureau de poste, ou bien disposer d'une école ou encore d'une gare dans les environs immédiats. Et lorsque ces requêtes étaient raisonnables, je parvenais généralement à obtenir quelque chose en m'adressant aux fonctionnaires du gouvernement central, chargés des départements ministériels concernés.

En 1964, le pays subit une perte terrible qui affecta les Indiens, quelle que fût leur appartenance sociale ou politique, ou leur situation. La session parlementaire avait été prorogée, et devait reprendre après un intervalle de trois jours. Pendant cet intervalle, le pandit Nehru quitta La Nouvelle-Delhi pour prendre du repos, car sa santé laissait à désirer. Le jour où les travaux reprirent, il n'était pas là ; entre-temps, nous avions commencé à soupçonner qu'il était gravement malade. Avant même que nous ayons entamé l'ordre du jour, la nouvelle nous parvint qu'il était décédé.

Pat, le professeur Ranga et moi, allâmes immédiatement rendre un dernier hommage à ce fils émérite de l'Inde. Plus tard, je fus choisie pour faire, au nom du parti swatantra, l'éloge du pandit Nehru devant l'ensemble des parlementaires réunis dans le hall central. Comme toujours, je répugnais à parler en public, et plus encore dans une occasion aussi douloureuse ; le Secrétaire général du parti swatantra m'avait dit : « Dites tout simplement ce que vous ressentez. » Ce que je « ressentais », c'était que la caractéristique la plus remarquable de Nehru avait été sa faculté de se sentir parfaitement à l'aise dans n'importe quelles circonstances : dans un palais, à une réunion de jeunes tonitruante de musique rock, ou dans une cabane de village. Mais ce que je dis fut d'une veine plus classique : que, comme tout le monde, j'étais profondément affectée par sa disparition ; il avait renoncé à une vie facile pour se donner tout entier à la lutte pour l'indépendance de son pays ; on avait pu être en désaccord avec certains aspects de sa politique ; mais personne ne pouvait douter qu'il eût aimé l'Inde, et que l'Inde l'aimait.

L'AMBASSADE DE MADRID

Après la mort du pandit Nehru, se posa la question de sa succession. Le ministre de l'Intérieur assuma les fonctions de Premier ministre jusqu'à l'élection par le parti du Congrès de Lal Bahadur Shastri à la tête du gouvernement. Shastri était un Premier ministre à l'esprit calme, compétent et réfléchi, et s'il ne possédait pas le flair extraordinaire de Nehru, sa modération et la sûreté de son jugement étaient les bienvenus aux yeux de beaucoup. C'était un homme de petite taille, paisible, vivant simplement, et dont les manières affables dissimulaient la force de caractère. N'ayant ni le panache ni les idées grandioses de Nehru, il orienta discrètement et avec efficacité l'attention du gouvernement sur la nécessité d'améliorer la situation économique. Dans un pays agricole, insistait-il, il n'est que raisonnable de placer l'agriculture au premier rang dans le plan quinquennal. La « révolution verte », qui devait avoir un rôle si précieux pour corriger les disettes endémiques du pays, fut en grande partie le fruit de son intelligent esprit de prévoyance.

L'accession de Lal Bahadur Shastri apporta un changement important dans notre vie. Depuis quelque temps Jai caressait l'idée de servir le pays de façon plus directe. Lal Bahadur Shastri lui offrit un poste d'ambassadeur, lui donnant à choisir entre deux ou trois pays. Jai décida d'accepter, et après avoir longuement réfléchi, se détermina pour l'Espagne. Sa nomination donna lieu à beaucoup de ragots et de commentaires. Certains pensaient qu'on lui avait offert ce poste dans l'intention de l'éloigner. La famille de Jai avait par son influence, été si nuisible au parti du Congrès dans le Rajasthan, que seul son éloignement (et le mien) lui permettrait de rallier des partisans. Quelle qu'ait pu être la motivation réelle du gouvernement, il était indéniable que Jai possédait toutes les qualités requises pour un tel poste : le tact, l'expérience, la connaissance des pays étrangers, et une loyauté inébranlable envers l'Inde.

La famille pensait qu'il avait eu raison d'accepter. Tout en étant très contente pour Jai, je me trouvais personnellement dans l'embarras quant à ce qu'il me convenait de faire. Je désirais vivement l'accompagner en Espagne, où je savais qu'il aurait besoin de moi pour présider toutes les réceptions de l'ambassade. Mais j'étais si profondément engagée dans mes occupations parlementaires et dans le travail de ma circonscription, que je me sentais déchirée entre ces deux rôles. Rajaji me demanda d'écrire un article exposant mon dilemme et de le publier dans le journal du parti swatantra. Il était pour sa part très opposé à ce que Jai serve le gouvernement, mais comprenait fort bien nos points de vue et se montra compréhensif lorsque je lui dis qu'il me faudrait être aux côtés de mon époux le plus souvent possible.

Parvenir à fonctionner dans deux endroits à la fois n'était pas ma seule préoccupation. Je craignais que mon choix de l'opposition et mes activités au parti swatantra, n'incitent le gouvernement à créer des ennuis à Jai. Finalement je décidai de m'en ouvrir au Premier ministre en personne. Ce fut mon premier entretien en tête à tête avec Shastri qui me fit impression. Sous son apparence paisible et modeste, on devinait une forte personnalité douée d'un esprit éminemment pratique, soucieuse en premier chef du bien du pays.

A l'issue de cet entretien, j'étais rassurée sur l'avenir de Jai dans sa nouvelle fonction du moins autant au Premier ministre. Alors que je partais, Shastri me dit : « Faut-il vraiment que vous soyez dans l'opposition ? »

Je me retournai pour lui dire : « Mais dans une démocratie, ne faut-il pas qu'une opposition se manifeste sous une forme quelconque ? »

« Est-ce que vous ne pensez pas, me demanda-t-il, que j'en ai déjà suffisamment en face de moi ? »

Je supposai qu'il faisait allusion aux ambitieux dans son propre parti, qui trahissaient si souvent les courageux mots d'ordre du Congrès. Nous échangeâmes un sourire, et je regrettai que davantage de membres du gouvernement ne fussent à son image.

Jai s'envola pour Madrid en octobre afin d'y prendre son poste, et je devais le suivre en décembre, après la fin de la session. L'Inde n'ayant jamais eu d'ambassadeur à Madrid, il n'y avait pas de résidence pour l'ambassadeur, et il s'installa donc à l'hôtel pendant les premiers mois ; mais après que je l'eus rejoint avec Jagat, nous prîmes un appartement.

Nous ne tardâmes pas à nous installer dans notre existence madrilène et à nous faire de nouveaux amis. Jai rencontra beaucoup d'Espagnols, vouant une passion égale à la sienne aux chevaux, au polo et à la chasse, tandis que l'accueil chaleureux, l'hospitalité et l'humeur serviable des familles que nous rencontrions, faisaient mon enchantement. Nous attendions avec beaucoup de plaisir le prochain mariage de la fille de l'ambassadeur d'Espagne à Londres, le marquis de Santa Cruz, qu'on devait célébrer dans la demeure ancestrale.

Plusieurs réceptions étaient prévues, auxquelles Jai et moi étions conviés. A l'instant où nous nous mettions en route pour nous rendre à la cérémonie, un message arriva annonçant la mort de Lal Bahadur Shastri à Tashkent, pendant les entretiens qui devaient aboutir à une entente entre l'Inde et le Pakistan. Survenant si peu de temps après le décès de Nehru, ce coup était particulièrement cruel pour l'Inde.

Nous annulâmes toutes nos sorties et réceptions et prîmes le deuil, tandis que les gens venaient très nombreux signer le livre des condoléances. Peu après, Indira Gandhi devint Premier ministre ; je me souviens très bien de la fierté des femmes de l'ambassade, que l'une d'entre elles ait été choisie pour un tel poste.

Pour moi, la vie continua difficilement entre l'Inde et l'Espagne. Je me prenais souvent à souhaiter rester en

Espagne avec Jai, car la séparation m'était très pénible. Mais une fois en Inde, j'étais plongée dans les affaires de ma circonscription et de la Chambre et je ne les quittais qu'à regret. Il me reste tout de même d'agréables souvenirs du temps passé en Espagne. La vie à Madrid était agréable et facile, et nous primes nos quartiers dans une charmante maison à Amador de Los Rios. Le pays me rappelait l'Inde par de nombreux côtés, et souvent en traversant des villages j'avais du mal à me souvenir que je n'étais pas dans mon pays. L'aspect de la campagne, les collines dénudées et souvent couronnées par un fort, un château ou les ruines d'une muraille crénelée, la dure existence des habitants dans les districts où l'eau manque – tout, à l'exception de l'aspect et des vêtements des habitants, aurait pu se situer dans le Rajasthan. Et même pendant cet été de farniente que nous passâmes dans la station de Marbella, au sud de la péninsule, le parfum du jasmin qui saturait l'air de la nuit me rappelait le Rajmahal.

Nous fîmes de nombreux voyages en Espagne, nous arrêtant parfois chez des amis, et parfois dans des *paradores,* ces anciens palais et monastères transformés en hôtels. Le gouvernement espagnol faisait beaucoup pour développer le tourisme, et nous nous intéressions beaucoup à certaines réalisations qui pouvaient être adaptées à l'Inde. Une fois, lors du passage de Zubin Mehta, le fameux chef d'orchestre indien, venu pour le festival de Grenade, je me rendis seule pour l'entendre, Jai étant retenu à Madrid. Ce fut un très beau concert et Zubin, qui était d'excellente compagnie et très amusant, organisa une soirée. Nous nous rendîmes tous à ces cavernes où vivent les Gitans afin de les voir danser le flamenco. Le son des castagnettes et les rythmes compliqués qu'elles battaient me rappelaient l'Inde et certains aspects de sa musique.

Distractions et fonctions officielles nous conduisirent dans différentes régions du pays. Le général Franco recevait chaque année le corps diplomatique à la Granja, ce château de conte de fées, magnifiquement illuminé, situé près de l'ancien aqueduc de Ségovie. A Barcelone, avait lieu tous les ans la feria de Muestras, exposition des produits commerciaux de différents pays, où Jai présidait le dia del India. Nous nous rendîmes même aux îles Baléares, où se trouvait une communauté indienne nombreuse, formée de gens qui s'étaient établis commerçants depuis une centaine d'années.

A peine venais-je – semblait-il – de m'absorber dans tout ce que nous faisions ou voyions en Espagne, qu'il était temps pour moi de rentrer en Inde. Et même en mars 1965, l'année de nos noces d'argent, nous fûmes souvent séparés. Mais je réussis à passer avec Jai le jour anniversaire de notre mariage, le 9 mai dans un endroit fort inattendu, à Cannes. On avait demandé à Jai de venir y ranimer le polo, et des amis avaient très aimablement donné une réception pour nous au casino. De Cannes je pris l'avion pour l'Inde. Ce voyage est resté fixé dans ma mémoire car je le passai, comme l'aurait sans doute fait n'importe qui en cette circonstance, à revoir en pensée toutes les années de mon union avec Jai – années dont il plaisantait, me disant : « Quand je pense que j'ai réussi à te supporter pendant vingt-cinq ans ! » Je n'étais plus la timide petite épouse, éperdument amoureuse, et très impressionnée par son mari et par la vie qu'il menait, terrifiée à l'idée que sa belle-famille, ainsi que les gens de Jaipur, pourraient ne pas vouloir d'elle et qu'elle pourrait leur déplaire. Ce que j'étais devenue depuis – une femme assez indépendante, relativement active et politiquement motivée – était en grande partie son œuvre. Ma m'avait toujours dit quelle chance j'avais d'avoir un époux qui m'accordât tant de liberté, et qui m'encourageât dans toutes mes entreprises. Lorsque Jai m'empêchait de faire quelque chose (comme d'étudier le hindi), il avait toujours une bonne raison, bien que je ne l'aie pas toujours aperçue sur le moment. Lorsqu'une de mes tentatives échouait, il m'aidait toujours de ses conseils. Tous mes succès furent remportés grâce à son appui et à son aide. Au cours des années, nous avions peu à peu bâti une communauté d'intérêt et d'ambitions – orientés par-dessus tout vers le bien de l'État du Jaipur – et cela avait fait de nous des amis et des partenaires confiants et fidèles l'un envers l'autre. Je n'étais pas la seule à trouver en Jai un pilier. Toute la famille se reposait sur lui. Il me rapprocha de ses enfants et des autres membres de sa famille, créant un groupe étroitement uni, où chacun était profondément concerné par le sort des autres, et tels sommes-nous restés aujourd'hui encore. Mais parmi toutes les pensées qui passèrent au cours de ce voyage, il en est une qui m'a laissé un souvenir très fort : celle de ce sentiment précieux et rassurant de savoir qu'il y a quelqu'un qui prendra toujours votre parti, quoi qu'il arrive.

A l'heure actuelle, lorsque je repense aux événements de ma vie, cette année de nos noces d'argent m'apparaît comme la dernière de mes années de bonheur sans mélange et de succès. Jusque-là, mise à part la mort prématurée d'Ila et d'Indrajit, je n'avais subi aucun malheur et n'avait été privée en aucun domaine. Ces dernières années, en revanche, ont été les plus éprouvantes et les plus tristes que j'ai vécues. Il m'est arrivé de me demander si ma participation à la vie politique en avait valu la peine – et même si ce que j'avais pu faire avait la moindre valeur – mais sur le moment j'étais loin de me poser de telles questions. Le soutien de Jai me donnait la force de continuer, bien que persistât l'impression de faillir à la fois aux obligations de la vie publique et de ma vie privée, en essayant ainsi d'être dans deux endroits différents.

En 1966, Bubbles épousa la princesse Sirmur. J'étais rentrée à Jaipur avant Jai, afin de prendre les nombreuses dispositions nécessaires, car nous avions invité, outre la famille, de nombreux amis de l'étranger. Au milieu de ce qui aurait dû rester une fête joyeuse, mon frère bien-aimé Bhaiya eut un sérieux accident au cours d'une partie de polo. Son cheval tomba et roula sur lui. Il resta dans un état critique durant des semaines, et nous étions tous fous d'inquiétude. Jai dut retourner en Espagne ; mais je restai jusqu'à ce que Bhaiya fût hors de danger. Il était difficile, toutefois, de se féliciter de sa « guérison », car il ne recouvra jamais la santé et demeura ce qui lui faisait le plus horreur : un invalide partiel, ayant besoin de soins constants, désormais incapable de pratiquer les sports qu'il aimait tant.

Plus tard, lorsque j'eus rejoint Jai en Espagne, nous fûmes invités par la famille Domecq, producteurs du Xérès bien connu. C'était l'époque des vendanges et tout Jerez, était en fête. La *feria* captivante, les magnifiques chevaux, l'émotion des courses de taureaux, les soirées de musique et de flamenco, étaient de ces réjouissances que j'aimais par-dessus tout. Mais la pensée de Bhaiya et de son sort cruel ne me quittait pas l'esprit.

L'année suivante, je me retrouvai en Inde, et c'était à nouveau les élections. Cinq ans avaient passé depuis que j'avais conquis mon siège à la Chambre, et le moment était venu de me présenter de nouveau devant les électeurs. Bien des choses s'étaient passées au cours de ces cinq années, qui avaient modifié la vie politique indienne. Mme Gandhi, loin d'être une femme effacée prête à suivre les avis des anciens du parti du Congrès, avait, au contraire, montré une forte volonté personnelle. Avec le soutien croissant des plus jeunes membres de son parti elle était en train d'orienter la politique intérieure vers une ligne beaucoup plus progressiste. Pendant tout ce temps, au Rajasthan, le succès du swatantra aux précédentes élections avait été suivi de toutes sortes de compromis et de manœuvres secrètes pour l'obtention de postes dans le parti lui-même, et la même chose était vraie des autres partis aussi. Les leaders du swatantra étaient d'avis que, pour les élections à venir, on pourrait assurer davantage de sièges à l'opposition, tant à la Chambre qu'aux assemblées locales, en formant une coalition avec le parti orthodoxe de droite Hindu Jana Sangh.

L'idée était évidemment judicieuse de chercher à éviter le partage des voix de l'opposition ; mais à mon avis, une telle manœuvre revenait à rien moins qu'à un suicide politique. La laïcité des membres du swatantra était un des aspects importants de ce parti, et je craignais beaucoup qu'une alliance avec une organisation d'obédience hindoue avouée comme le Jana Sangh ne nous fasse perdre les voix cruciales de nos électeurs musulmans. J'avais eu beaucoup de voix musulmanes aux élections de 1962, en grande partie grâce à l'action décisive et rassurante de Jai à l'époque du partage. Si la tension et la crainte s'étaient un tant soit peu manifestées entre les Musulmans et les Hindous de l'ex-État du Jaipur, il n'y avait pas eu d'animosité. Cet équilibre risquait de se trouver gravement menacé.

J'écrivis à Rajaji, lui exprimant mes sentiments et mes craintes ; mais la discipline du parti l'emporta. De sorte que le jour même de mon retour d'Espagne, je dus me réunir avec les autres représentants du parti swatantra au Jaipur autour de la table de la salle à manger du palais, pour mettre sur pied une alliance électorale. Cette réunion ne diminua nullement mes craintes. Le Jana Sangh ne cessait d'exiger plusieurs de nos sièges les plus assurés, et finalement, vaincus par son insistance, il fallut lui en concéder quelques-uns. De plus, j'avais l'impression que le Jana Sangh du Rajasthan avait pris ombrage de la création du swatantra, et pensait – à juste titre probablement – que nous nous étions emparés d'un grand nombre de leurs voix, et dès ce moment-là, je craignais que le Jana Sangh ne se révèle un concurrent plutôt qu'un allié et qu'il ne nous fasse regretter cette alliance. Quoi qu'il en soit, le pacte fut conclu. Puis surgit une complication nouvelle qui était, me sembla-t-il, une cause supplémentaire d'affaiblissement. Le parti du Congrès du Rajasthan se scinda, non pas en raison de motifs idéologiques, mais à l'occasion de rivalités personnelles sur l'attribution des sièges. Les transfuges souhaitaient eux aussi s'entendre avec nous. Ils affirmaient que, faute d'une alliance électorale entre tous les partis de l'opposition, les voix seraient irrémédiablement divisées et le Congrès, même s'il était minoritaire en fait, resterait au pouvoir. De sorte que les dissidents du Congrès s'attribuèrent un certain nombre de sièges que le swatantra avait l'intention de conquérir.

Et ce n'est pas tout. Les limites de ma circonscription avaient été arbitrairement remaniées, de sorte qu'au lieu d'être entièrement contenue comme en 1962, dans le district du Jaipur, elle englobait maintenant une région de l'ex-État de Jodhpur. La ville de Jaipur elle-même se trouvait à une des limites de ma circonscription, de sorte que j'aurais bien plus de kilomètres à parcourir et de nuits à passer hors de chez moi qu'auparavant. Et si je faisais campagne comme précédemment pour d'autres candidats, je me trouverais parcourant, non seulement tout l'État du Jaipur, mais aussi une bonne partie de Jodhpur.

Une autre tâche qui me prit beaucoup de temps fut la recherche de candidats appropriés pour les circonscriptions de Pat et de Joey. Ils avaient tous deux perdu leurs illusions et refusaient de se représenter. Il ne fut pas trop difficile de trouver un remplaçant à Pat ; mais pour le siège de Joey à l'assemblée locale, ce fut une autre affaire. Personne ne se sentait de force à affronter l'autre candidat, l'imposant ministre de l'Intérieur du Rajasthan. Les membres de notre parti souhaitaient trouver un candidat qui bénéficiât d'une large audience, et qui retint ainsi le ministre dans sa propre circonscription, l'empêchant de circuler et de faire campagne ailleurs pour d'autres candidats du Congrès. Certains allèrent jusqu'à brandir la menace de démissionner si je ne relevais pas le gant moi-même. Le temps passait, chacun restant sur ses positions, et finalement, ne voyant aucune autre issue, je donnai mon consentement. Mais je savais en le faisant que c'était une erreur. Je n'allais avoir qu'un temps très limité à consacrer à la lutte pour ce siège. Il me fallait, en effet, faire campagne pour plusieurs autres candidats à travers le Rajasthan et, plus important que tout, il fallait que je m'occupe de ma propre circonscription.

Quoi qu'il en soit, je déposai ma candidature, me préparant moralement à subir une défaite, et laissai aux militants du Parti la plus grande part de responsabilité dans la campagne pour ce siège. Comme il était déjà fort tard – les discussions préalables, les décisions, la formation des coalitions et la désignation des candidats avaient pris beaucoup de temps – je m'attaquai avec autant d'acharnement que d'imprudence à trois semaines trépidantes de propagande électorale. Épuisée par tous mes déplacements, par les discours et toutes mes autres responsabilités, je succombai à un herpès et me trouvai clouée au lit pendant les deux semaines les plus cruciales de la campagne.

Tout cela était bien éloigné de l'atmosphère joyeuse de ma première campagne. Je téléphonai à Jai à Madrid rien que pour entendre sa voix, sans lui dire combien j'étais malheureuse. Mais il me connaissait assez pour le deviner, et me proposa de tout laisser et de venir me rejoindre. Ragaillardie par cette seule idée, je le dissuadai cependant puisque, de toute façon, il allait venir en congé trois semaines plus tard. Mais comprenant que je broyais du noir et me sentais abandonnée, et sachant comme il est déprimant de rentrer dans une maison vide, il télégraphia à Pat d'envoyer à Jaipur sa femme (la fille d'Ila) et leur jeune fils pour me tenir compagnie. La fièvre m'ayant quittée, je me remis à mener campagne avec un peu moins d'énergie cette fois.

Au Rajasthan, les voix se répartirent à peu près également. Sur les cent quatre-vingt-quatre sièges de l'Assemblée locale, quatre-vingt-neuf allèrent au Congrès, tandis que l'opposition en obtint quatre-vingt-quinze, dont quarante-neuf pour le swatantra, vingt-deux pour le Jana Sangh, quinze pour les indépendants, huit pour les socialistes et pour les communistes. Le ministre de l'Intérieur l'emporta sur moi pour le siège à l'assemblée locale, mais je conservai mon siège au Parlement de Delhi par une large majorité, bien qu'elle ne battit cette fois aucun record. Contrairement à ce qu'on avait fait en 1962, il n'y eut pas de manifestations pour fêter la victoire ; car un travail ardu et urgent nous attendait. Il fallait trouver un accord entre les membres des différents partis de l'opposition et mettre tant bien que mal sur pied une coalition afin de pouvoir faire valoir auprès du gouverneur du

Rajasthan que nous défendions la majorité dans l'assemblée locale. C'était le parti majoritaire en effet qui serait invité à former le gouvernement.

Lorsque nous fîmes état de nos revendications au gouverneur, il se montra très réservé, et nous comprimes qu'il cherchait à gagner du temps. Selon le règlement, l'Assemblée devait se réunir dans les dix jours suivant la publication de résultats électoraux. Le retard qu'il mettait à inviter un des leaders du Congrès à former le gouvernement éveilla nos soupçons. S'il tergiversait ainsi, ce ne pouvait être que de sa seule initiative. Nous avions des raisons de penser qu'il recevait constamment des instructions de Delhi afin de conserver le Rajasthan aux mains du parti régnant, et cela d'autant plus que ce dernier avait déjà perdu la majorité dans six États.

Au Jaipur, la tension montait. Nous savions que tout délai profiterait au Congrès, qui aurait ainsi le temps d'entamer la faible marge de notre majorité en faisant jouer la corruption. Un de nos membres ne s'était-il pas déjà laissé convaincre de rallier le Congrès, aussitôt après avoir été élu sur le programme de l'opposition. Nous n'avions plus que trois sièges à perdre, pour voir s'évanouir toute chance de former le gouvernement. Nous savions qu'il fallait agir rapidement et de manière décisive. Décidés à ne pas céder, nous fûmes d'accord que le plus sûr serait que tous nos élus se rassemblent dans le fort appartenant à la famille du colonel Kesri Singh, à dix-huit kilomètres de Jaipur, loin des manœuvres séductrices des partisans du Congrès, pour s'y tenir jusqu'au moment où le gouverneur annoncerait sa décision.

Nous apprîmes bientôt avec indignation qu'un règlement de sécurité venait d'interdire les réunions de plus de cinq personnes dans le secteur de Jaipur où se trouvaient les résidences du gouverneur et des ministres. Son motif ne tarda pas à nous apparaître : le lendemain même, le gouverneur invita le parti du Congrès à former le gouvernement du Rajasthan.

Nous organisâmes immédiatement un meeting de protestation dans la ville, au cours duquel nous présentâmes à la population tous les élus de la nouvelle coalition, afin que celle-ci pût vérifier par elle-même que nous étions bien majoritaires. Et le lendemain, les chefs de l'opposition décidèrent d'enfreindre le règlement et de se rendre tous ensemble à la résidence du gouverneur pour lui demander de revenir sur sa décision.

Tôt le matin, nous nous réunîmes dans le centre de la ville. La foule nous y avait précédés, criant des slogans contre le Congrès, et hurlant à l'unisson qu'on assassinait la démocratie. Elle suivit les leaders lorsqu'ils se mirent en route vers la résidence du gouverneur. En arrivant à la limite de la zone où l'interdiction était applicable, ils s'efforcèrent d'obtenir de la foule qu'elle se dispersât, mais ce fut en vain. On me pria alors de m'adresser à elle personnellement. Une ovation irrésistible m'accueillit ; mais les gens n'étaient nullement disposés à écouter mes injonctions et à s'en retourner. Au contraire, ils criaient sans désemparer qu'ils voulaient se battre à mes côtés, et qu'ensemble nous maintiendrions la démocratie en Inde. Je circulai parmi eux, et partout ils m'ouvrirent courtoisement le passage ; mais sans prêter la moindre attention à mon conseil, ils exigèrent d'accompagner les leaders.

A l'instant où ils franchirent la limite interdite, la police, qui s'était préparée à leur venue, fit usage de gaz lacrymogène et repoussa la foule à coups de bâton. Personne ne put arriver jusqu'à la résidence du gouverneur, et un couvre-feu de vingt-quatre heures fut imposé à toute la ville. Toute activité cessa, les affaires furent au point mort, et chacun attendait de voir ce qui allait se passer. On arrêta tous les leaders ayant participé à la procession, sauf moi.

Dans un effort désespéré pour prévenir d'autres mouvement, où la foule ne se bornerait pas à crier des slogans, Jai et moi prîmes l'avion pour Delhi, afin d'y voir le Président, le docteur Radhakrishnan et Mr Chavan, ministre de l'Intérieur du gouvernement central. Ce dernier promit de lever le couvre-feu et me dit que nous aurions l'occasion de prouver que nous étions majoritaires lorsque l'assemblée locale se réunirait pour élire le Président. Présentées ainsi, les choses paraissaient plus simples. Je le priai néanmoins de convaincre le gouvernement de hâter la réunion de l'Assemblée, lui faisant observer que les assemblées locales avaient déjà été convoquées dans les autres États, tandis que chez nous l'ouverture était retardée, vraisemblablement, pour donner le temps au Congrès de manœuvrer pour obtenir le défection des trois sièges cruciaux de notre parti.

Cette visite à Delhi nous procura un apaisement. L'après-midi même, la radio annonça la levée du couvre-feu. Mais tandis que les gens sortaient de chez eux et se groupaient comme d'habitude dans les rues, la police ouvrit le feu. La première victime fut un jeune garçon âgé de moins de quatorze ans. Il y eut neuf morts, quarante-neuf blessés, et aucun chiffre ne fut donné quant au nombre de disparus. Cette horrible nouvelle nous accueillit à notre arrivée à l'aéroport. Muette d'horreur, je n'avais qu'une idée : me rendre dans la ville – ce dont Jai me dissuada, car la foule aurait pu se rallier autour de moi et la police faire de nouveau usage de ses armes. Nous apprîmes alors que des unités de police avaient été appelées des États voisins, sans doute parce que celle du Rajasthan se serait montrée réticente à tirer d'une façon aussi brutale et lâche sur ses concitoyens. L'état de tension dura pendant des jours, et mon temps se passait dans les hôpitaux à assister les mourants et à réconforter les blessés – hôpitaux où je ne croisai jamais aucun membre du Congrès ou fonctionnaire gouvernemental.

L'Assemblée devait se réunir six jours plus tard. Notre nouvelle coalition était toujours intacte et, avec tous nos élus bien en main, nous nous réunîmes à Rajmahal pour choisir notre candidat à la présidence. Nous étions décidés à démasquer la minorité dès le premier débat. Nous venions d'arrêter notre choix lorsque nous apprîmes une nouvelle ahurissante : on venait d'imposer au Rajasthan le gouvernement du Président. Il s'agit d'un mode provisoire de gouvernement, auquel on fait appel, lorsque dans un État aucun parti ne parvient à former un gouvernement, ou lorsque les conditions sont si instables que le gouvernement central prend en main la direction des affaires en attendant qu'un des partis obtienne une indiscutable majorité.

L'excuse invoquée était que devant l'indignation populaire soulevée par ces effusions de sang, le leader du parti du Congrès se sentait hors d'état de former le gouvernement. S'il s'en était tenu aux termes de la Constitution, le gouverneur aurait dû alors confier la formation du gouvernement au leader de l'opposition ; au lieu de cela, il fit appel à la procédure du gouvernement du Président, évitant ainsi d'encourir la défaveur des puissants maîtres du Congrès à Delhi. Pour le contrecarrer, nous nous rendîmes avec tous les élus de notre parti à Delhi, pour que le Président et le ministre de l'Intérieur pussent tout simplement nous dénombrer. Mais ils se montrèrent cette fois très réservés. Leur attitude était, en quelque sorte, un aveu de la défaite du parti du Congrès, mais il était évident qu'ils poursuivraient leur tactique dilatoire jusqu'à ce que nous eussions perdu notre fragile majorité. Ce n'était qu'une question de temps. Le Congrès qui disposait de postes ministériels et d'emplois importants à attribuer, parviendrait inévitablement à circonvenir les moins résolus de nos membres. Ma présence en Inde ne trouvant plus aucune justification, je rejoignis Jai en Espagne.

Et là me parvint la nouvelle à laquelle je m'étais attendue avec découragement : plusieurs de nos membres avaient fait défection. Le parti du Congrès jouissait désormais de la majorité absolue ; on mit fin au gouvernement du Président, et le leader du Congrès fut chargé de former le gouvernement. Toute cette affaire fut pour moi une épreuve amère, et contribua grandement à me désenchanter de la politique. L'opportunisme et l'absence de principes de nos législateurs me stupéfia. Je m'aperçus plus tard que c'était le privilège douteux du Rajasthan d'avoir fait preuve d'un cynisme politique qui ne tarda pas à gagner d'autres États. Dans les moments comme celui-là, où je me sentais déprimée et accablée par la futilité des choses, le soutien de Jai et l'impression de sécurité que dégageait sa présence étaient un réconfort.

Mais, même en Espagne, où nous étions coupés des événements quotidiens de l'Inde, nous savions qu'un changement de plus allait s'ajouter à la longue liste de ceux qui avaient bouleversé nos vies. Au début de 1966, lors de la convention du parti du Congrès, une résolution avait été proposée tendant à supprimer les listes civiles des princes. Bien que celle-ci n'ait pas obtenu de quorum, le ministre de l'Intérieur du gouvernement central, Mr Chavan, l'avait retenue pour en faire un élément du programme du Congrès. Les élections étant maintenant derrière nous, nous étions à peu près certains que le gouvernement ne tarderait guère à revenir sur les accords passés avec les princes lorsqu'ils avaient cédé leurs États à la nouvelle union indienne.

Jai pensait que dans un avenir assez proche, les garanties contenues dans ces accords se révéleraient illusoires. Les membres les plus radicaux du Congrès, qui s'étaient eux-mêmes baptisés les « jeunes Turcs », menaient une campagne d'agitation croissante pour l'abolition totale des listes civiles. Leur influence grandissait dans le parti, et Jai était d'avis que le plus sage pour les princes, serait d'arriver à un quelconque compromis avec le gouvernement. Nombreux étaient ceux parmi les princes, toutefois, qui pensaient que le gouvernement n'avait aucune justification pour revenir sur ces accords, et qui repoussaient le point de vue plus réaliste de Jai. Pour lui, il importait davantage de négocier avec le gouvernement afin de protéger les familles des princes et tous ceux qui dépendaient d'eux et ne disposaient d'aucune source de revenus. Jai avait mis sur pied un projet d'arrangement de ce genre, et lorsqu'on en vint à envisager des mesures réellement constructives, le gouvernement parut bien disposé et désireux de parvenir à un compromis.

En septembre 1968, Jai devait se rendre en Inde pour débattre de la question avec les autres princes, et je souhaitais vivement, de mon côté, passer quelque temps auprès de Ma, dont la santé était compromise par différentes maladies, dont l'asthme cardiaque était la plus préoccupante. Je quittai l'Espagne quelques jours avant Jai, et arrivai le 6 septembre à Delhi. Je téléphonai aussitôt à Ma à Bombay. Elle fut enchantée de me savoir arrivée et me demanda de venir à Bombay le 11, me disant qu'elle avait demandé à Menaka aussi de venir. En dépit de la série de troubles qui l'avaient affectée, Ma paraissait en bonne forme, et je fus rassurée. Je pris donc mes dispositions pour arriver le 11 à Bombay ; mais au dernier moment, une tâche politique importante se présenta et je remis mon départ d'un jour.

Tôt le lendemain, Menaka téléphona que l'état de Ma s'était subitement aggravé. Mon avion ne décollait que quelques heures plus tard ; l'œil rivé sur la pendule et paralysée par l'inquiétude, j'essayais comme une enfant d'obliger, par ma volonté, les aiguilles à tourner plus vite. Juste avant de partir pour l'aéroport, je reçus la nouvelle que Ma était décédée. Menaka avait été avec elle jusqu'à la fin.

Jai prit l'avion avec moi pour Bombay comme nous l'avions prévu. Nous trouvâmes Menaka pâle et défaite. Nous allâmes ensemble à l'appartement de Ma, incapables de croire qu'elle nous avait quittés, et qu'elle ne serait plus jamais là. Jai fut obligé peu après de repartir pour l'Espagne. Sa présence me manquait terriblement – elle seule pouvait m'apporter un réconfort.

Nous nous attaquâmes, Menaka et moi, à la tâche longue et accablante de régler les affaires de Ma et de disposer de ses biens de la manière qu'elle aurait souhaité. Sa présence se faisait encore sentir dans chacune des pièces. La petite boîte en or contenant la noix d'arec parfumée qu'elle aimait prendre après les repas était toujours sur la petite table française auprès de son fauteuil favori. Les fleurs dont elle s'entourait toujours se fanaient dans les vases d'argent et de cristal, et nous n'avions le cœur ni de les jeter, ni d'en faire venir de fraîches – Ma n'aurait jamais toléré de fleurs fanées.

Menaka et moi fîmes le tri des affaires, en parlant absolument de tout sous le soleil, sauf de Ma. Nous passions plusieurs heures par jour dans le salon à recevoir tous ceux qui venaient présenter leurs condoléances. C'était cela le pire. Nous pouvions chacune imaginer la pièce avec Ma au milieu d'un flot ininterrompu d'invités, répandant autour d'elle sa chaleur amicale et sa gaieté. Même malade, son intérêt pour la vie était demeuré si intense qu'il était impossible d'accepter le fait qu'elle était morte.

Et pendant tout le temps que nous échangions des platitudes avec nos visiteurs, le portrait en pied de Ma qu'avait peint Laszlo, nous observait rêveusement sur le mur du salon. La petite jeune femme fragile était là, son sari diaphane de soie bleu clair encadrant le ravissant visage aux yeux immenses et à la bouche singulière et nuancée de tristesse. C'était Ma au temps où le monde entier semblait être son domaine, où tous les hommes en étaient amoureux, et où elle souriait – n'allait-elle pas sourire d'un moment à l'autre ? – faisant une de ses remarques surprenantes, excessives ou pleines d'une infinie bonté. Il était impossible qu'elle eût cessé de vivre.

Mais de temps en temps, lorsque nos regards se croisaient, je comprenais que Bhaiya, Menaka et moi étions désormais les seuls à pouvoir encore partager le souvenir de ces années dorées et insouciantes de notre enfance à Cooch Behar.

LE DERNIER MATCH DE JAI

Lorsque je me trouvai à Madrid un mois après le décès de Ma, je me jetai dans les premières activités venues, comme chaque fois qu'un coup profond vient de m'atteindre. La vie mondaine, les sports, les réceptions – tout était bon, pourvu que je fusse totalement occupée. Pour une fois j'étais soulagée d'être loin de l'Inde, non seulement pour échapper à tout ce qui me rappelait Ma, mais également parce que de nouvelles défections dans nos rangs avaient accru ma déception de la vie politique, et qu'un changement d'atmosphère s'imposait. De surcroît, je constatais que mon engagement dans la vie publique m'avait conduite à négliger Jai et Jagat. Je résolus désormais de leur donner toute mon attention.

Peu après, Jai m'informa qu'il demandait à être relevé son poste d'ambassadeur. En Inde, les événements se succédaient à un rythme tel, et la position des princes devenait si précaire, qu'il était indispensable qu'il se trouvât sur place pour contribuer de son mieux à guider le cours des changements qui allaient inévitablement se produire.

Un temps suffisamment long s'était écoulé depuis mon bienheureux retour en Espagne pour que les sentiments que j'éprouvais pour l'Inde et plus encore pour Jaipur revinssent au premier plan. Je me réjouissais de rentrer et de penser que Jai et moi passerions ensemble le plus clair de notre temps. Jai avait à se rendre assez souvent à Delhi pour participer aux négociations en cours entre le gouvernement et le Concordat des princes, groupement qui s'était constitué dès la naissance du projet de la suppression des listes civiles et qui s'employait à représenter les intérêts des ex-souverains.

Quant à moi, il y avait suffisamment de travail au Rajasthan pour requérir toute mon attention. La région occidentale avait subi une grave sécheresse, et je m'y rendis pour voir par moi-même comment vivaient les gens et ce qu'on pouvait faire pour les secourir. Le gouvernement avait organisé des secours, mais c'était un effort en grande partie futile. Les vents forts et brûlants auraient tôt fait de recouvrir de sable les routes qu'on était en train de dégager. On attendrait en vain les pluies pour remplir les réservoirs qu'on creusait. Cela me fendait le cœur de voir ces fières et vigoureuses populations du désert accomplir dans la chaleur et la poussière ces travaux épuisants et sans objet. En dépit de la campagne active menée par mes collègues et moi-même, le gouvernement de l'État semblait s'intéresser davantage à la politique des partis et aux jeux du pouvoir dans l'Assemblée, qu'à la poursuite énergique d'un programme d'électrification des campagnes et d'irrigation, qui aurait contribué à résoudre, à long terme, les problèmes de la sécheresse.

Jai se heurtait, de son côté, à des difficultés dans ses rapports avec l'Assemblée. Le comble était l'obstruction extraordinaire qui se levait à propos d'une chose que la plupart des gens auraient considéré comme entièrement apolitique. Grâce en partie, à des dons publics et à ses fonds propres, Jai avait fait dresser une statue en marbre de son ancêtre, le maharajah Sawai Jai Singh, fondateur de la ville de Jaipur. Il souhaitait que le président de l'Inde vienne la dévoiler ; mais les détails et les complications les plus invraisemblables intervinrent lorsqu'il tenta de faire passer sa requête par les voies administratives normales. Pour en finir, il s'adressa directement au président Zakir Hussein, et celui-ci se montra enchanté de venir à Jaipur où il dévoila la statue au cours d'une cérémonie très simple et très digne.

Pour autant que cela ne fût pas déjà apparu jusque-là, il était évident, désormais, que l'attitude du gouvernement envers les princes était loin d'être amicale. Avec sa sérénité et son esprit pratique habituels, Jai ne perdit pas de temps en récriminations inutiles. Prévoyant des changements à venir dans nos conditions de vie, il prépara notre installation dans une résidence plus modeste à construire dans le parc de Rambagh. Il n'avait pas seulement à se soucier de sa proche famille, mais encore de l'avenir de ses autres parents et des nombreuses personnes dont les moyens d'existence relevaient de lui. Quelques années auparavant, lorsque Rambagh avait été transformé en hôtel et que le musée du palais de la Cité avait été créé et ouvert au public, son fort sentiment de justice lui avait dicté de distribuer ses terres à ceux qui l'avaient servi pendant plus de dix ans. Mais il restait encore un grand nombre de gens dont le bien-être dépendait de lui.

Toutes les dispositions concernant notre avenir étant encore au stade de projet, nous partîmes, comme d'habitude, pour l'Angleterre en mai, où Jai devait être juge dans un concours hippique à Windsor. Cet été-là, nous voyageâmes beaucoup, faisant un séjour à Marbella chez des amis espagnols, nous rendant à l'automne en Argentine, en passant par le Venezuela et le Brésil, assistant à des matchs de polo parmi les plus beaux du monde et voyant autant de choses qu'il était possible d'en inclure dans notre programme. Je ne crois pas vraiment aux prémonitions ; mais cet été-là, j'étais hantée par le sentiment obsédant que nous faisions un compte à rebours et qu'il fallait faire et voir autant de choses que nous le pouvions raisonnablement.

A notre retour à Delhi, il était clair que Jai ne se sentait pas bien. Il paraissait très fatigué, et sa vitalité habituelle l'avait abandonné ; mais nous pensions qu'il s'agissait de la fatigue du long trajet en avion. Je restai à Delhi pour assister à la session parlementaire, tandis qu'il continuait sans inquiétude apparente vers Jaipur. Il eut un évanouissement inexplicable, dont je ne fus informée qu'après mon arrivée. J'exigeai de faire venir un spécialiste éminent des affections cardiaques qui se trouvait résider à Jaipur. Il prescrivit à Jai beaucoup de repos et lui recommanda d'éviter tout effort. Jai ne prêta, bien entendu, aucune attention à ce qu'il appelait « toutes ces histoires idiotes à propos de rien », bien qu'il reconnût parfois se sentir très las, et s'en alla d'un cœur léger participer à un tournoi de polo à Calcutta avec l'équipe du 61e régiment de cavalerie. A notre joie, ils remportèrent la coupe de l'Association de polo de l'Inde, récompense suprême dans cette catégorie. Chaque fois que Jai était sur le terrain, je me tenais sur la ligne de touche, plus anxieuse que jamais. Mais il m'assurait gaiement que sa forme s'améliorait à chaque partie.

Nous restâmes à Calcutta pour passer le nouvel an avec Bhaiya, qui vint en février séjourner quelque temps avec nous à Delhi. Plus précisément, il était venu avec cette intention, mais le soir de son arrivée, il eut une légère crise cardiaque qui le cloua à l'hôpital pendant presque quatre semaines et revint passer sa convalescence chez nous. J'étais assez souffrante moi-même à l'époque, mais nous arrivions quand même à nous traîner tous deux jusqu'au terrain de polo pour voir jouer Jai.

Le polo n'était pas l'unique occupation de Jai à Delhi. C'était plutôt son délassement après les dures séances de travail où l'on s'efforçait de négocier une solution au conflit entre les princes, décidés à rester sur leurs positions concernant leurs listes civiles, et le gouvernement, tout aussi décidé à les abroger.

Une autre réunion des princes devait suivre à la fin du mois à Bombay, et nous nous y rendîmes ensemble. Pendant mon séjour, je consultai des médecins dont le verdict fut qu'il me faudrait subir, aussitôt que possible, une grave intervention chirurgicale. J'entrai immédiatement à l'hôpital, et je me remettais à peine de l'opération que j'apprenais que Bhaiya était tombé gravement malade après son retour à Calcutta. J'étais affligée d'être encore insuffisamment remise pour me rendre auprès de lui ; mais Jai et Menaka y allèrent, et revirent en disant qu'il semblait aller beaucoup mieux. En avril, peu après mon retour à Jaipur, la femme de Pat me téléphona pour me dire que Bhaiya voulait me parler. Je l'appelai aussitôt et lui dis que je souhaitais vivement aller le voir, mais qu'on m'interdisait de voyager tant que je n'aurais pas repris mes forces. Nous convînmes de nous retrouver au mois de mai en Angleterre.

Le 11 avril, la sonnerie du téléphone retentit. C'était la fille d'Indrajit, ma nièce, qui m'annonçait la mort de Bhaiya. Je courus en larmes retrouver Jai, qui avait déjà reçu la nouvelle, mais n'avait pas voulu me la communiquer avant qu'elle ne soit confirmée. J'avais perdu la personne qui, après lui, m'était la plus chère au monde. Tristement nous prîmes l'avion pour Calcutta et, de là, pour Cooch Behar.

Bhaiya avait épousé une jeune fille anglaise dans les années 1950. Ils n'avaient pas eu d'enfant. Même s'ils avaient eu un fils, celui-ci n'aurait pas été reconnu par la population du Cooch Behar comme étant son maharajah. Les vieilles coutumes ont la vie dure en Inde, et particulièrement dans les États princiers. De sorte que le fils d'Indrajit devint le nouveau maharajah du Cooch Behar. Après cette cérémonie, le corps de Bhaiya fut enlevé de la salle du durbar pour être incinéré. Suivant la coutume, je demeurai au palais avec les femmes, et regardai les hommes qui faisaient escorte à la dépouille, tandis que le cortège s'éloignait, en passant par tous les lieux que le défunt avaient tant aimés.

Nous retournâmes ensuite à Delhi, où Jai dut passer d'interminables heures à convaincre le ministre de l'Intérieur de reconnaître le fils d'Indrajit comme maharajah de Cooch Behar. La tâche était d'autant plus ardue que le parti au pouvoir était sur le point de soumettre au Parlement une loi abolissant entièrement l'ordre des princes. Mais Jai arriva finalement à ses fins.

En mai, les jacarandas fleurirent, laissant filtrer à travers leurs rameaux des rayons du soleil teintés de lavande. C'était toujours pour Jai le signal du départ pour l'Angleterre. A cette annonce, je tentai d'obtenir que nous attendions que l'anniversaire de notre mariage fût passé. Nous discutâmes quelque temps, et pour finir, il consentit à retarder notre départ jusqu'après le 7 mai qui était, selon le calendrier lunaire, notre jour anniversaire. Jagat, qui nous écoutait, s'amusait beaucoup. « La même discussion a lieu tous les ans, observa-t-il et, chaque fois c'est papa qui gagne. »

Jai l'emporta donc et partit. J'aurais vivement désiré l'accompagner, mais je me sentais obligée de rester jusqu'à la fin de la session parlementaire, à laquelle, cette année-là, la mort de Bhaiya et ma propre maladie m'avaient empêchée d'assister. Après le départ de Jai, je me sentis si malheureuse que je décidai de le rejoindre à temps pour l'anniversaire de mes cinquante et un ans, le 23 mai, en dépit de l'opinion de certains princes qui trouvaient fâcheux ce départ, au moment où le projet de loi portant sur l'abolition des listes civiles allait être soumis au Parlement.

J'arrivai en Angleterre la veille de mon anniversaire ; mais en dépit du grand bonheur d'être de nouveau avec Jai, la mort de Bhaiya me laissait encore au cœur un poids de tristesse. Jai me connaissant si bien, m'entraîna dans d'innombrables réceptions et autres activités mondaines, et bien entendu, parties de polo. Un soir, pendant un bal à Aspley House, il s'avoua fatigué. Deux jours plus tard, il fit une mauvaise chute alors qu'il arbitrait un match. Je me demandai avec inquiétude s'il ne serait pas sage d'annuler le cocktail que nous donnions chaque année à l'issue des finales de la Coupe de la reine. La reine et le prince Philip y assistaient généralement, avec tous les joueurs de polo et d'autres amis. Il devait avoir lieu trois jours après que Jai eut fait cette chute ; mais il m'assura qu'il se sentait très bien et qu'aucun changement ne devait être apporté à notre programme.

Pendant la réception, Jai semblait en vérité aussi bien qu'il le prétendait, et nous assistâmes ensuite à un dîner donné par des amis où la reine, le prince Philip et lord Mountbatten étaient tous présents. Je me souviens que Jai et Dicky Mountbatten s'entretinrent longtemps de la situation en Inde. Jai lui confia combien il était bouleversé que le gouvernement eût apparemment décidé d'abolir l'ordre des princes et qu'il se comportât comme s'il tentait d'humilier les ex-souverains. Dicky déclara que Jai n'était pas de ceux qu'on humilie, et il fut entendu qu'ils se reverraient plus tard afin de poursuivre cette discussion. Les difficultés rencontrées par les princes lui tenaient à cœur, et il lui tardait d'en parler avec quelqu'un comme Dicky, qui connaissait l'Inde et en avait l'expérience, qui en suivait les événements de très près, mais conservait suffisamment de distance pour garder le sens des mesures et pouvoir, par conséquent, émettre des jugements sages. Ce n'était pas à moi qu'il pouvait parler. J'étais encore trop profondément affectée par le décès de Bhaiya et sachant cela, il s'efforçait de m'éviter tout désagrément.

Peu après la semaine d'Ascot, débutèrent les élections anglaises, ajoutant leur propre note à l'animation engendrée par les courses et le polo. Depuis sa chute, Jai ne jouait plus, et il se contenta d'arbitrer les matchs de la semaine d'Ascot. Je fus surprise, sans toutefois m'en alarmer, lorsqu'il m'annonça son intention de jouer de nouveau à Cirencester. La première partie était prévue le 24 juin.

C'était un jour de pluie et de vent, et la partie se déroulait lentement avec un certain ennui. A la mi-temps, il bruinait, et je restai dans la voiture avec Bubbles qui était venu voir jouer son père, au lieu d'aller bavarder avec Jai comme je le faisais habituellement. Je jetai un regard distrait à l'endroit du terrain où il devait se trouver, et le vis tout à coup étendu à terre, entouré d'un groupe de gens parmi lesquels une infirmière de la Croix Rouge. Tremblante, je me ruai hors de la voiture et courus vers lui. Je me souviens avoir enregistré, dans quelque coin de mon esprit, qu'on avait repoussé son casque du pied, et ce geste souleva en moi une colère irrationnelle.

L'ambulance arriva, Bubbles y monta avec moi. Jai était toujours inconscient, et nous l'accompagnâmes à l'hôpital le plus proche. Là le médecin m'apprit qu'il avait cessé de vivre. Incapable de le croire, je le suppliai de faire quelque chose ; mais il se borna à secouer la tête.

Me sentant la proie d'un horrible cauchemar, je n'avais qu'une idée : emmener Jai, le ramener dans la réalité de notre foyer. Mais il y avait auparavant des formalités à accomplir, des imprimés à remplir, des signatures à donner. Comme tout me paraissait complètement irréel, je fus capable d'accomplir toutes ces choses avec un calme et une patience qui durent paraître surprenants. Quand nous arrivâmes enfin à la maison, Jagat était là, qui nous attendait.

Le lendemain, les amis arrivèrent en foule pour dire adieu à Jai. Parmi eux, il y avait le colonel de la brigade des Life Guards. Il me demanda si nous souhaitions qu'une cérémonie ait lieu dans leur chapelle. Je répondis que oui, avec le vague sentiment que c'était ce que Jai aurait souhaité. Les fleurs, les visages affligés, l'atmosphère étouffée – tout paraissait être un rêve. Et même lorsque Bubbles, Jagat et moi accompagnâmes la dépouille de Jai en Inde, j'étais encore hors d'état de comprendre que ma perte était irrévocable.

Je compris vraiment que Jai nous avait quittés pour toujours en arrivant à Jaipur, où nous avions passé une si grande partie de notre vie ensemble. L'aéroport était rempli de monde, et toute la ville était en deuil. On conduisit son corps au palais de la Cité, et là, ses quatre fils le veillèrent toute la nuit, tandis que la population de Jaipur défilait devant celui qui avait été son maharajah. Je fus incapable de me contraindre à décrire cette nuit, ni d'essayer de retracer les sentiments que j'éprouvai ; mais on trouvera ci-dessous le témoignage d'un des assistants :

Le soir du 26 juin 1970, son corps reposait sur un lit de parade, dans le célèbre Chandra Mahal, en face du temple de Govind Devji, sous le regard de la divinité qu'il avait tant aimée, et la ville entière vint lui rendre hommage, toute la nuit, en un flot ininterrompu d'hommes, de femmes et d'enfants affligés.

La procession funèbre se mit en marche le lendemain matin à 9 heures. Tandis que le corps était placé sur un affût de canon, véhicule approprié pour ce maharajah qui avait été un soldat, un salut de dix-neuf coups de canon était tiré du haut du fort de Mahargarh, au-dessus de la ville. La procession, d'un kilomètre et demi de long, était accompagnée de porteurs de torches et d'une escorte militaire de six cents officiers et hommes de troupe. Elle était précédée d'éléphants richement caparaçonnés, le chef des mahouts portant le sceptre d'or donné par les empereurs moghols aux souverains d'Amber. Puis, venaient les chameaux tout décorés, les chevaux, les membres de la Cour et l'harmonie de la police.

Le cortège était suivi par une douzaine d'ex-souverains et de princes, par le Premier ministre du Rajasthan, ses deux prédécesseurs et les membres importants de son cabinet. Tandis que la procession défilait lentement à travers les rues de Jaipur, rythmée par le son assourdi des tambours, sur chaque terrasse, chaque balcon, à chaque fenêtre, les gens se pressaient, et d'autres encore, dangereusement accrochés aux arbres et aux poteaux télégraphiques, essayaient de jeter un dernier regard au souverain qui s'était tellement identifié à eux et à leur sort.

Plus de cinq cent mille personnes bordaient les six kilomètres de la route conduisant au site crématoire de Gaitor. Beaucoup avaient quitté la veille leurs villages éloignés, et avaient parcouru jusqu'à trente kilomètres à bicyclette, en charrette à bœufs ou à pied. Aussi loin que portait le regard, on apercevait le remous de la masse humaine venue rendre hommage à son maharajah bien-aimé, Sawai Man Singh.

A 11 heures, la procession atteignit le cénotaphe des rois d'Amber à Gaitor. Les cavaliers battirent le tambour, annonçant le dernier voyage que faisait l'auteur de la ville moderne de Jaipur le long de cette route qu'avait parcourue tous ses grands ancêtres. Une foule d'une centaine de milliers de personnes avait trouvé place sur les collines avoisinantes surplombant le crématoire. On plaça le corps sur le bûcher. Les derniers rites furent accomplis, puis le maharajah Kumar Bhawani Singh, héritier apparent, mit le feu au *bûcher pendant que les collines renvoyaient l'écho de dix-neuf coups de canons.*

De ma chambre du palais de la Cité, j'entendis les coups de canon tirés au moment où Bubbles allumait le bûcher funéraire. J'entendais également les lamentations, et la douleur s'empara de moi comme une véritable convulsion.

Je m'enfermai à Rajmahal pendant un mois. Les garçons étaient tous auprès de moi, ainsi que la plus jeune sœur de Jai, Chand, et ma propre sœur Menaka. Puis j'allai à Londres, accompagnée de Jagat afin d'assister au service à la mémoire de Jai dans la chapelle des gardes, prévu pour le 24 juillet. Les membres de mon petit groupe se réunirent dans notre appartement londonien. Jagat et le maharajah de Jodhpur portaient des achkans noirs et des turbans de cérémonie, et avaient ceint leur épée. Tout notre personnel d'Ascot était là, sombrement vêtu. Dicky Mountbatten arriva en dernier pour nous accompagner. Il avait été souffrant et les médecins lui avaient prescrit un repos complet ; mais il était décidé à prononcer l'hommage à Jai lors de la cérémonie.

Beaucoup d'amis étaient dans la chapelle, et le service, dans sa simplicité martiale, fut profondément émouvant. Il était presque impossible dans une telle atmosphère de faire montre de courage. Dicky Mountbatten me raccompagna après la cérémonie. Ses paroles de réconfort parvinrent à me toucher et firent naître mon premier et fragile sentiment de confiance pour faire face à l'avenir et vivre sans Jai le reste de mes jours.

D'autres amis aussi me témoignèrent beaucoup de bonté et m'apportèrent ce soutien pour lequel aucun remerciement n'est adéquat. Mais une fois tous partis, je restai en face de cette réalité que Jai m'avait quitté à jamais. Depuis l'âge de douze ans, j'avais vécu presque exclusivement pour lui et je ne pouvais m'empêcher de sentir que ma vie n'avait désormais aucun but. Il y avait pourtant Jagat, qui n'avait connu son père que pendant un temps si pitoyablement court, et l'avait perdu au moment où il en avait le plus besoin. Je tâchai de m'accrocher à ce fait et à mes devoirs envers mon fils pour m'obliger à retrouver un intérêt à la vie.

A Jaipur, les gens étaient encore secoués par la mort de Jai. Mlle Lutter, la directrice de l'école Maharani Gayatri Devi, avait formé le projet de rassembler les hommages qui lui étaient rendus par les gens les plus divers qui l'avaient connu, et d'en faire publier un album commémoratif. La gamme de ces textes était immense. Voici une partie de ce qu'écrivit le prince Philip :

Palais de Buckingham

Je n'essaierai pas d'imaginer ce que Jai représentait pour d'autres que moi, ni de qualifier la contribution qu'il apporta à la vie. Je sais seulement que son amitié me fut infiniment précieuse dans des circonstances de toute espèce : dans les choses que nous avons faites ensemble, que ce fût jouer au polo, aller à la chasse, ou rester tout simplement à converser sous le clair de lune de Jaipur, ou dans une demeure de la campagne anglaise.

On reçoit, je pense, une impression différente de chaque personne : les unes vous contrarient et vous irritent, d'autres sont un aiguillon ; d'autres encore vous paraissent gaies et distrayantes. Pour ma part, je trouvais chez Jai une sérénité, une sorte de calme optimiste, qui pouvait peut-être exaspérer certains, mais qui faisait pour moi le charme de sa compagnie et me le rendait cher. Il possédait de plus cette qualité humaine très rare d'être civilisé au suprême degré. Il était bon et modeste, mais doué d'un sens infaillible des normes les plus élevées de l'ambition et de la conduite humaines.

Je suis peut-être de parti pris, mais l'amitié est toujours de parti pris.

(signé) *Philip*

Dans ce même volume, dont le titre : Anthologie des hommages à feue son Altesse Saramad-I-Raja-I-Hindustah Raj Rajendra Maharajah Dhiraj, lieutenant-général Sir Sawai Man Singhji Bahadur le second G.C.S.I., G.C.I.E., L.L.D., Maharajah de Jaipur, donne la liste complète de ses titres et décorations, on trouve aussi l'hommage de l'homme qui s'occupait de ses chiens. Il ne savait pas l'anglais, et son texte est publié en hindi.

J'ai servi pendant quarante ans feu le maharajah. Il était satisfait de moi. Même s'il y avait une faute, il ne disait jamais un mot. Le maharajah Sahib avait l'habitude de se promener dans le jardin. J'étais très heureux alors de le regarder. Quand il était à la piscine, j'apportais la nourriture des chiens. Il aimait la leur donner lui-même. J'étais très triste quand il partait pour l'Angleterre. Nous étions tous très heureux de la nouvelle de son retour. Je regardais sans cesse le ciel pour voir si l'avion arrivait. Tout le monde était très heureux à son arrivée à Rajmahal. Avant de partir pour l'Angleterre, il fit de moi un jugirdar (propriétaire) ; mais comment pouvais-je savoir qu'il ne reviendrait jamais ? Vraiment, ce fut un très grand malheur pour nous tous. J'aurais été l'homme le plus heureux si maharajah Sahib était revenu. Il m'aimait bien. Je ne l'oublierai jamais.

Mangal Singh
Chargé du chenil.

Un de ses jardiniers, un Musulman, écrivit également un hommage :

Feue son Altesse, le maharajah Sawai Man Singh était né à Isarda en 1911. Ce fut un grand souverain. Il aimait beaucoup le polo, et fut un des joueurs les plus célèbres du monde. Lorsqu'il y avait un match à Jaipur, les gens venaient innombrables pour y assister et l'acclamaient par des cris louangeurs. Il aimait aussi beaucoup son peuple. Il considérait de son devoir d'aider ceux qui avaient des difficultés. Il ne faisait jamais aucune différence entre Hindous et Musulmans. Quand certains Musulmans voulurent quitter Jaipur pendant les troubles, il les dissuada et leur dit : « Aucun Musulman ne doit quitter Jaipur et s'en aller. Ils sont tous comme les cheveux sur ma tête. » Les Musulmans de Jaipur n'oublieront jamais cela.

Je travaillais dans les jardins de ce grand maharajah. La maharani Sahiba me fit entrer à l'école, et c'est grâce à sa bonté que je suis en ce moment dans la 10e classe. Le maharajah Sahib passait chaque été en Angleterre. Qui pouvait savoir qu'il ne reviendrait pas ? Il mourut sur le terrain de polo. Le monde entier a été secoué par la nouvelle. Quand son corps fut ramené à Jaipur, les gens se pressaient sur la route qui va de l'aérodrome au palais de la Cité, comme si le maharajah Sahib, en les voyant, allait leur parler. Les gens pleuraient – si nous avions pensé que notre maharajah ne reviendrait pas, nous ne l'aurions jamais laissé partir.

Mohamed Shamin

Cette même année – avant même, d'avoir quitté l'Angleterre après le service de la mémoire de Jai dans la chapelle des gardes – j'appris que d'autres malheurs avaient frappé notre famille. Je me souviens si bien de la litanie des noms qui se déroulait dans ma tête comme quelque horrible liste de victimes dans une guerre inexplicable : Ila, Indrajit, Ma, Bhaiya, Jai. Et puis encore la fille de Jai, Mickey, qui n'avait que la quarantaine, et mon cousin Gautam, avec qui, enfant, je jouais à Cooch Behar, et finalement le frère aîné de Jai, qui avait « adopté » Jagat, faisant de lui, maintenant le raja d'Isarda. Tous morts. Jagat, à ce moment là, étudiait la muséographie, afin de pouvoir travailler à notre musée. Il resta donc en Angleterre, et je rentrai seule dans un Rajmahal désert.

MA VIE AUJOURD'HUI

Cinq ans se sont maintenant écoulés depuis la mort de Jai – les plus difficiles de ma vie et les plus solitaires. Je savais que Jai n'aurait pas voulu me voir confinée dans l'isolement, accablée et vaincue par la douleur. Or c'est précisément cela que je fis. Je ne sais pas vraiment combien de temps se serait passé avant que je ne quitte le havre de mes appartements de Rajmahal, si les événements politiques ne m'en avaient arrachée pour affronter de nouveau cet univers médiocre et vide de la vie publique.

Le projet d'amendement de la Constitution, destiné à abolir les listes civiles des princes, avait été déposé le 18 mai 1970. Ce texte laissait présager des changements ultérieurs plus radicaux encore dans la situation des princes. Il nous effraya, non pas tant en raison du préjudice matériel dont nous aurions à souffrir, mais parce qu'il révélait des vues du gouvernement de Mme Gandhi, touchant l'héritage de l'histoire ainsi que ses propres engagements constitutionnels.

Je peux sembler de parti pris – et je le suis probablement, en effet – aussi citerai-je le plus éminent des juristes de l'Inde, N.A. Palkhivala, pour rappeler l'arrière-plan historique qu'il faut garder en mémoire. Dans un pamphlet éloquent intitulé : « Aspects juridiques et moraux de la liste civile », il écrit :

Lorsque en 1947 se leva l'aube de l'indépendance, le problème politique capital était de savoir si les souverains des États indiens se résoudraient au sacrifice suprême d'immoler leurs États sur l'autel de l'unité nationale. Privée des États princiers, l'Inde nouvelle serait démantelée, puisque ceux-ci formaient une barrière cruciforme divisant en quatre le sous-continent. L'intégration des États dans la domination de l'Inde était d'une si vitale nécessité qu'elle inspira à Coupland l'interrogation suivante : « L'Inde pourrait vivre si ses membres musulmans au Nord-Ouest et au Nord-Est étaient amputés, mais pourrait-elle vivre sans son cœur ? »

M. Palkhivala cite ensuite le Livre Blanc sur les États de l'Inde, publié par le gouvernement de l'Inde en mars 1950 :

Se mettant volontairement au diapason de l'époque, les princes, grands et petits, collaborèrent pour faire sombrer le mythe selon lequel l'indépendance de l'Inde était vouée à se briser sur le roc de leur intransigeance. L'édifice de l'Inde démocratique s'élève sur les fondations solides de l'effort commun des princes et du peuple... Si tous les princes n'avaient pas coopéré dans un esprit patriotique, les changements immenses qui sont intervenus tant au bénéfice de la population qu'à celui des princes, n'auraient pas été possibles. Accoutumés, comme ils l'étaient par la tradition, au pouvoir personnel, l'ordre nouveau fut pour eux un changement radical. Ils ont fait preuve d'imagination, d'esprit de prévoyance et de patriotisme en acceptant l'évolution avec bonne grâce. Ayant compris les aspirations de la population, ils permirent à l'intégration des États et au transfert du pouvoir au peuple de se faire dans l'ordre et la paix. C'est à juste titre qu'ils peuvent se dire les co-fondateurs d'une Inde libre et démocratique, au sein de laquelle les peuples des États et ceux des provinces jouiront d'une entière liberté et avanceront ensemble en citoyens de l'Inde indépendante.

Il peut alors sembler absurde que le gouvernement rechignât par la suite à verser les cinquante millions de roupies – moins de sept millions de dollars – que représentait le total de toutes les listes civiles des princes. Parmi deux cent soixante-dix-neuf princes, c'était le maharajah de Mysore qui recevait la plus élevée, 2 600 000 roupies, tandis que le souverain de Katodia, un État minuscule du Saurashtra, percevait la plus faible, 192 roupies par an. Il peut paraître absurde également que les princes en eussent de leur côté fait une affaire. Mais c'était pour les uns et pour les autres une question de principe : pour le gouvernement, il s'agissait d'affirmer la voie socialiste qu'il avait choisie ; et pour nous, d'un droit fondé sur la Constitution.

En tout état de cause, si le débat fut passionné, la loi fut votée. Elle fut ensuite soumise au Rajya Sabla, la Chambre Haute, dont la sanction seule donne à un texte force de loi, et, trois jours plus tard, cette assemblée la repoussa.

Un grand désarroi s'empara des membres du parti au pouvoir, et le conseil des ministres se réunit incontinent. Il décida que la suppression des listes civiles ne suffisait pas, qu'elle ne devait constituer qu'une partie d'un plan plus vaste visant à retirer aux princes tout statut particulier. Les ministres informèrent le Président de cette décision. Ce dernier se trouvait à ce moment-là à Hyderabad, dans la partie sud de l'Inde centrale ; mais dans les vingt minutes qui suivirent la réception du message, il signa l'ordre abolissant le statut des princes.

Il y eut naturellement des protestations et des réactions du côté de ces derniers. Il jugeaient que l'action du Président était inconstitutionnelle puisqu'elle visait à les priver de droits et de privilèges qui leur avaient été garantis. On leur répondit que le Président avait exercé un pouvoir politique discrétionnaire. Sa décision entrait dans la catégorie des « décisions d'État », elle était justifiée par le fait, qu'avec le départ des Anglais, leur « suzeraineté » était dévolue à l'Inde en tant qu' « État successeur ».

Les princes en appelèrent aux tribunaux, et la Cour suprême de l'Inde rendit à la majorité le jugement suivant :

Il est difficile de concevoir que le gouvernement d'une république démocratique puisse se prévaloir à l'encontre des citoyens d'une « suzeraineté » qu'il prétend hériter d'une puissance impériale. Le pouvoir et l'autorité que l'Union peut exercer contre les citoyens, et même les étrangers, dérivent de la seule Constitution et sont strictement limités par elle... Il ne peut exister de décision d'État dirigée contre les propres citoyens de cet État... Le problème de savoir si le Président peut abolir le statut des princes est d'importance secondaire. Ce qui importe pour l'avenir de notre démocratie est de savoir si le pouvoir exécutif peut bafouer la Constitution et réduire arbitrairement à néant les textes législatifs. Si l'on soutient qu'il le peut, en effet, alors il nous faut considérer comme erroné le postulat que nous sommes dans ce pays régis par la loi, et non par la volonté des hommes et des femmes.

A la suite de cet arrêt, les listes civiles, les titres et les privilèges des anciens maharajahs furent rétablis pour un temps très bref.

Puis le Premier ministre prit une décision inattendue. Il prononça la dissolution du Parlement et fixa des élections anticipées un an avant la date prévue. Nous étions nombreux à penser que le mois de février 1971 n'était guère propice pour plonger le pays dans cet immense gaspillage de temps qu'est une élection. Nous étions au bord d'un conflit avec le Pakistan au sujet du Bangladesh et des réfugiés qui entraient par milliers en Inde pour échapper à d'éventuelles atrocités perpétrées par le Pakistan occidental contre ses concitoyens de l'Est.

Quoi qu'il en soit, une fois les élections annoncées, les leaders politiques commencèrent à battre le rappel de leurs troupes, et, de nouveau, je fus sollicitée pour me présenter à Jaipur au nom de l'opposition et pour m'associer à la campagne de divers autres candidats. J'étais encore en deuil et n'avait le cœur de m'intéresser à aucune affaire publique quelle qu'elle fût. J'étais bien près de renoncer définitivement à la vie politique, mais deux lettres me détournèrent de cette intention. L'une émanait de la grand-mère de l'actuel maharajah de Jodhpur, et l'autre de la maharani douairière de

Bikaner. Chacune m'écrivait qu'elle comprenait fort bien le sentiment qui me portait à refuser de paraître en public ; mais que je devais faire abstraction de mon déchirement et continuer de faire mon devoir. Il était impératif, pensaient-elles, que tous, nous nous opposions au parti du Congrès. J'éprouvais pour elles deux de l'affection et du respect, et me rendant à leurs instances, je déposai ma candidature.

Cette élection me parut une terrible épreuve. Privée de Jai, je n'avais plus aucun sentiment de sécurité. Le parti du Congrès, avec son nouveau slogan, *Garibi hatao*, qui signifie « abolir la pauvreté », l'emporta à une majorité écrasante. Les sièges du swatantra tombèrent de trente-quatre à sept. En ne faisant qu'un effort minime, je conservai mon siège avec une majorité de plus de 50 000 voix sur mon adversaire du Congrès, et je sortis finalement à contre-cœur de ma retraite pour retourner à la Chambre.

Les élections passées, le gouvernement dut donner la plus grande partie de son attention au problème des réfugiés du Bangladesh. Lors d'une visite à Cooch Behar, qui était devenu un État frontière, j'avais pu voir la misère de millions d'êtres qui avaient fui leurs foyers pour se réfugier en Inde. La tension entre celle-ci et le Pakistan montait, et c'est sur ce fond de guerre menaçant que se joua le dernier acte du drame des princes.

En août 1971, le vingt-sixième amendement à la Constitution fut déposé devant la chambre. Il avait pour objet d'abroger les articles de la Constitution ayant trait à la reconnaissance des princes et à l'attribution des listes civiles. En un mot, l'abrogation du statut des princes, qui n'avait pas pu jusque-là aboutir, devait être obtenu par le biais d'un amendement à la Constitution. La loi fut votée par les deux Chambres pendant la première semaine de décembre, et le 28, promulguée par le Président. Les princes perdaient ainsi tout ce que les engagements solennels leur avaient garanti au moment où leurs territoires furent rattachés au reste de l'Inde. Leurs privilèges, leurs titres, et leurs listes civiles, tout leur fut supprimé.

Au cours du débat, le Premier ministre, Mme Gandhi, déclara qu'un vaste processus d'égalisation était en cours, qui abolissait les divisions et les distinctions de classes. Une large communauté de gens tous égaux était en train de se constituer, et elle invitait les princes à se joindre à elle. « Nous privons peut-être les princes de leur luxe, dit-elle, mais nous leur donnons l'occasion d'être des hommes. »

Mon neveu, le maharajah de Baroda, répliqua : « Il y a vingt-deux ans, à cette même tribune, on nous disait les co-fondateurs de l'indépendance indienne. Aujourd'hui on nous considère comme un anachronisme, et bientôt nous serons tenus pour réactionnaires faisant obstruction à l'établissement d'une société égalitaire. »

Dans leur effort aveugle pour créer une société utopique où tous les hommes seraient égaux, la futilité de légiférer au sujet des accidents de la naissance semble avoir totalement échappé à ces grands niveleurs de l'humanité. Je ne pouvais m'empêcher de penser combien plus convaincante aurait été cette « égalisation » si Mme Gandhi avait déposé un projet de loi ayant pour objet d'abolir le système des castes. Celui-ci, en dépit des efforts déployés par des réformateurs comme le révéré Mahatma Gandhi exerce toujours son emprise mortelle sur la plus grande partie de l'Inde. Depuis des siècles, il impose des divisions rigides dans toute la société.

Les changements, cela va de soi, sont inévitables. Les princes eux-mêmes ne croyaient pas vraiment que les accords passés avec le gouvernement de l'Inde pourraient durer indéfiniment, sans être soumis, tôt ou tard, à une révision. Mais nous avions espéré que le processus se déroulerait en faisant appel au consentement mutuel, plutôt que par une initiative unilatérale du gouvernement.

Une circonstance banale et sans importance me rendit le changement palpable. Peu après le vote de la loi abolissant le statut des princes, mon passeport arriva à expiration, et je dus le faire renouveler. Lorsque le nouveau document me parvint, je vis que mon identité y figurait comme suit : « Gayatri Devi de Jaipur (députée), profession : mère de famille/députée au Parlement », et qu'en face d' « épouse de : » on avait inscrit : « Feu Sawai Man Singhi, de Jaipur. »

J'écrivis au service des passeports en soulignant qu'à la date de sa mort, Jai était toujours maharajah. Quels que soient les amendements constitutionnels votés, par lesquels, ceux d'entre nous qui vivions encore étions privés de nos titres et de notre rang, ils ne pouvaient avoir un effet rétroactif sur les morts. Jai était mort prince, comme il avait vécu.

Le service des passeports modifia l'intitulé de mon passeport, et le nom de mon époux figure maintenant ainsi : « Feue son Altesse Swai Man Singh Bahadur, maharajah de Jaipur. »

Ma vie est bien différente aujourd'hui de ce qu'elle était il y a cinq ans, essentiellement parce que Jai n'est pas là ; mais aussi parce que le climat social et politique a profondément changé. Lorsque je me trouve à Jaipur, différentes occupations occupent mon temps. Il y a, par exemple, un travail considérable à faire concernant le musée du palais de la Cité et les collections du Jaipur qu'il contient. Je compte parmi les curateurs, et nous réunissons souvent notre comité. Nous avons nommé un nouveau directeur, que je vois pour discuter de l'état d'avancement des travaux de la nouvelle salle en construction et de la présentation des collections qui y seront exposées. Des problèmes nouveaux se présentent constamment et nous faisons beaucoup de projets d'avenir.

Je continue à m'intéresser à mon école de filles. Miss Lutter en assure toujours, avec le même succès, la direction, et il en résulte que la liste des postulantes dépasse les possibilités d'accueil de l'établissement. Comme toutes les institutions, elle doit être constamment agrandie pour répondre aux besoins de notre époque, ce qui, bien entendu, suppose des capitaux. En Inde, comme dans le reste du monde, les prix suivent une courbe constamment ascendante, aussi sommes-nous perpétuellement à la recherche de moyens de financement. Je m'intéresse aussi à d'autres institutions, dont l'une est une école d'artisanat que j'ai créée il y a plusieurs années. Plus récemment, en association avec deux fils de l'ex-noblesse, j'ai créé une entreprise d'exportation de tapis en coton, ou « durries » comme on les appelle localement. C'est un sujet de grande satisfaction, car elle assure un emploi aux tisserands et maintient en vie cet artisanat traditionnel. Au départ, beaucoup de difficultés surgirent, aussi, lorsque nous exportâmes notre premier lot, la joie fut telle qu'une gigantesque réception célébra cet événement.

Toutes mes entreprises ne rencontrent pas, tant s'en faut, pareil succès. Avant de quitter Jaipur en mai 1970, Jai m'avait dit qu'il envisageait de transformer en parc public la zone entourant Moti Doongri, ce petit fort dont il m'avait fait cadeau il y a des années. Il avait fait les honneurs du site aux fonctionnaires de la Fondation pour l'amélioration urbaine, et leur avait expliqué ce qu'il projetait d'y faire, mais, à ce jour, je n'ai toujours pas reçu d'approbation officielle pour ce projet apparemment fort simple.

Il me faut aussi m'occuper de mes électeurs. Lorsque le drapeau est hissé sur ma maison, ils savent que je m'y trouve et viennent m'exposer leurs difficultés. Ceux qui vivent dans la zone urbaine souhaitent obtenir des lots de terrain pour y construire leur maison. Souvent, ce sont des paysans qui arrivent les bras chargés de fruits ou de légumes frais, et restent un moment à causer et à me faire part du sentiment des villageois à propos des derniers événements. L'année dernière, ils arrivèrent en masse de tous les villages alentour, me priant avec angoisse d'intervenir pour qu'on supprime un impôt récemment établi sur les céréales. Je les calmai de mon mieux et leur promis d'écrire aux ministres concernés, sans être en mesure de leur garantir que ma démarche aboutirait à un résultat favorable.

Mis à part les services que je m'efforce de rendre à mes électeurs, ma participation à la vie politique est quelque peu réduite. Je me rends à Delhi pendant la session parlementaire. Le parti swatantra, auquel je m'étais inscrite avec tant d'espoir et d'enthousiasme, s'est scindé. Rajaji, son chef est mort, et la plupart des membres sont entrés dans un parti nouvellement créé. Je siège à leurs côtés, mais reste indépendante.

Ce n'est pas que la politique ait perdu pour moi tout intérêt ; mais je constate que je n'ai pas réussi à venir en aide, comme je l'aurais souhaité, à la population du Jaipur. La politique, d'ailleurs, est une occupation à plein temps, et Jai n'étant plus là, il y a tant de choses dont il me faut m'occuper à propos de sa succession, que je n'ai tout simplement pas le temps de m'y donner davantage. Bubbles a quitté l'armée, et vit maintenant à Jaipur. Il a fort à faire et je l'aide comme je peux. Une de nos tâches principales est de faire en sorte que nos propriétés soient convenablement employées au bénéfice du public. Par exemple, nous transformons maintenant en motel l'immense garage de Rambagh, d'une contenance de soixante voitures, pour accueillir les visiteurs qui reculent devant le prix élevé des grands hôtels. La jungle qui entoure notre pavillon de chasse de Sawai Madhopur a été choisie pour fournir une des neuf réserves de l'Inde prévues pour la protection des tigres. Nous avons, en conséquence, ouvert le pavillon au public, et tous ceux qui souhaitent observer la vie sauvage peuvent y séjourner. Il y a encore bien d'autres choses à accomplir, mais les garçons ne partagent pas mon sentiment d'urgence. Ils sont jeunes et sentent probablement qu'ils ont le temps devant eux pour réaliser leurs projets. Joey et Pat ont également établi leur résidence à Jaipur. Joey dirige l'hôtel Palace de Rambagh et d'autres entreprises familiales, et Pat s'occupe de plusieurs affaires industrielles. Jagat passe la moitié de son temps à Jaipur et l'autre moitié à travailler en Angleterre. Il existe dans les montagnes autour d'Isarda une certaine espèce de quartz utilisée en optique pour faire des lentilles. Avec l'aide de Pat, Jagat se propose d'exploiter ce quartz et de créer une industrie à Isarda comme Jai l'avait toujours souhaité.

Lorsque j'avais quitté Rajmahal, un an et demi plus tôt, ma

nouvelle résidence n'était pas encore achevée, et je m'étais installée d'abord à Moti Doongri perché sur la colline. De là, je pouvais embrasser du regard toute l'étendue de la ville. Je m'asseyais sur la terrasse en me demandant ce que l'avenir réservait à cette cité dessinée avec un soin si méticuleux par le maharajah Swai Jai Singh, il y a deux siècles et demi, et que tous ses successeurs avaient embellie ensuite. D'où j'étais, je pouvais voir combien la ville s'agrandissait jour après jour, et je me demandais si elle finirait par devenir une de ces métropoles anonymes et sans caractère, qui pourrait être située n'importe où sur la terre. Mais non, c'était impossible : la ceinture des montagnes couronnées de forts serait toujours là, et le ciel bleu et transparent. L'air y serait toujours pur – mais le serait-il vraiment en effet ? Le vent souffle de l'ouest, et les services d'urbanisme, avec leur imprévoyance coutumière, ont créé une zone industrielle à l'ouest de la ville. Les usines y poussent comme des champignons et le vent d'ouest ne saurait tarder à polluer l'air de la cité avec la fumée de leurs cheminées. Les industriels et les hommes d'affaires font campagne pour qu'on prolonge la voie de chemin de fer à grand écartement. Ma voix semble être la seule à s'élever contre ce projet. Nous sommes très bien desservis par un chemin de fer à voie étroite, par d'excellentes routes et un aéroport. A soixante kilomètres à l'ouest, et à quarante-cinq à l'est, sont les deux gares de jonction avec le réseau à grand écartement. C'est en ces deux points qu'on pourrait acheminer les équipements lourds nécessaires au développement industriel, car les zones industrielles seraient indispensables pour procurer des emplois aux nombreux paysans sans terre. Le développement industriel pourrait ainsi se faire sans que l'environnement de la ville subisse la pollution dont souffrent la plupart des centres urbains. Je ne peux vraiment pas comprendre pourquoi nous sommes incapables de préserver les avantages naturels dont nous disposons. Heureusement, le gouvernement du Rajasthan a enfin reconnu que la ville fortifiée avec son architecture locale et ses constructions colorées de ce fameux me de Jaipur, fait l'attrait principal de Jaipur pour les touristes, tant nationaux qu'étrangers. Des efforts sont faits pour leur sauvegarde, et les dommages causés il y a presque vingt ans, lorsque j'appelai Nehru au secours, ont été en grande partie réparés.

Je suis maintenant installée à Lilypool, la maison construite dans les jardins de Rambagh que Jai avait prévue pour nous. La maison en elle-même n'est ni particulièrement imposante, ni spécialement belle ; mais elle est au milieu d'un très beau jardin et toutes les pièces sont claires et bien aérées. Je dispose d'un court de tennis et d'une piscine, mais ce qui m'enchante le plus est l'impression d'espace qu'on y éprouve. Elle est ouverte de tous côtés et l'on a le sentiment de vivre en plein air. Toute ma vie, j'ai préféré la campagne aux contraintes de la ville, de sorte que je suis heureuse à Lilypool. Les gens vont et viennent, et il y flotte un air de gaieté dépourvue de formalisme. Un groupe de jeunes garçons a pris l'habitude de venir, et ils font des parties de cricket sur le court de tennis, de sorte que j'entends constamment des voix enfantines et des rires.

La plus grande partie des ornements, les jades, les quartz roses, les cristaux que Jai avaient fait placer dans mes appartements lorsque j'arrivai, jeune épousée, à Rambagh, sont pour le moment au garde-meubles, mais je projette de les transférer dans ma nouvelle demeure en souvenir du bonheur de ces années-là. J'aimerais beaucoup y ajouter les nombreux trophées remportés par Jai – j'ai eu l'habitude de les voir presque tous les jours de ma vie – mais je pense que leur place, avec ses casques de polo, ses maillets, et le reste de son équipement, est plutôt dans la salle des souvenirs du palais de la Cité.

Mes besoins sont loin de justifier le personnel nombreux que j'emploie à Lilypool, mais il est difficile de donner congé à des gens qui ont passé leur vie au service de la famille régnante de Jaipur. Parfois je pense à toutes les maisons et les palais où j'ai vécu à travers les années. Rambagh est aujourd'hui un hôtel, et Rajmahal, qu'occupe en ce moment Bubbles, aura bientôt la même destination. Le palais de Cooch Behar se détériore rapidement, faute d'entretien ; mais il existe un projet pour en faire une faculté de médecine et un hôpital universitaire. « Woodlands » n'est plus qu'un nom à Calcutta, et je n'ai plus l'occasion de me rendre à « Colinton » notre résidence de Darjeeling.

Tout récemment, je suis retournée à Laxmi Vilas, le palais de mes grands-parents à Baroda. En pénétrant par le portail principal dans le jardin tout roussi et mort de l'avant-mousson, je m'attendais presque à entendre quelque trompette fantôme entonner l'hymne national. J'errai dans les broussailles jusqu'à l'emplacement où se trouvaient autrefois les courts de tennis, me remémorant ces matchs où nous portions toutes, nous les filles, des saris, et où j'étais pour mes cousins une partenaire d'une si scrupuleuse politesse que la balle passait souvent entre nous, chacun disant courtoisement à l'autre : « A toi ! »

Le train de vie de Laxmi hélas est maintenant bien plus modeste qu'autrefois. Seuls n'ont pas changé les perroquets savants de mon grand-père. On me les apporta un soir pour me divertir, et ils tirèrent une fois de plus le salut assourdissant de leur petit canon d'argent.

Souvent, le soir, je monte sur la terrasse de Moti Doongri pour guetter cet instant particulier du crépuscule où toute la ville s'embrase d'une chaude lumière rosée. J'entends les cloches des temples annoncer les *arti* du soir, ces prières et offrandes qui accompagnent la présentation du feu sacré à la divinité. Pendant ces quelques minutes incroyablement belles, j'oublie tous les changements survenus dans la ville et parmi ces gens que Jai avait aimés et si bien servis. Et il m'arrive de rêver qu'il va bientôt apparaître pour dîner avec moi en pique-nique, comme il le faisait si souvent, et que nous rentrerons ensuite chez nous, au palais de Rambagh.

POSTFACE

Dix-sept ans se sont écoulés depuis la parution de mon livre « Une princesse se souvient ». Depuis, de nombreux changements sont intervenus dans ma vie. Pour commencer, il y eut l'état d'urgence, durant lequel, avec plusieurs membres de l'opposition au Parlement, j'eus à subir la honte de l'incarcération. Mes lecteurs se sont demandés pourquoi je n'avais pas parlé de ces événements dans la première édition de mon livre ; la raison est que sa parution est intervenue au moment même de la proclamation de l'état d'urgence.

Voici ce qui déclencha sa mise en vigueur. La guerre au Bangladesh (1971-72) fut l'heure de gloire de Mme Indira Gandhi. Mais l'espoir qui jaillit en Inde fit bientôt place à une amère désillusion. Le prix de la guerre commençait à se faire sentir ; la mousson ne fut pas au rendez-vous ; les industries, l'assurance générale, les mines de charbon, le commerce des céréales furent nationalisés. Le coût de la vie augmenta rendant plus difficile la vie de la population indienne. En 1974, Jayaprakash Narayan déclencha un mouvement d'agitation populaire dans l'État de Bihar, et George Fernandez, membre du Parlement et ancien dirigeant du syndicat travailliste des chemins de fer indiens lança trois semaines de grève nationale. La Nation était mécontente de son Premier ministre, Mme Gandhi. Celle-ci, refusant de reconnaître l'ampleur de cette contestation, l'interpréta comme un argument électoral. Elle s'employa à détourner l'attention public en ordonnant des contrôles sur l'assiduité des horaires de travail des membres de l'opposition, ce qui fut un échec. Le ressentiment à son encontre fit boule de neige ayant pour résultat d'unir les forces de l'opposition à l'exception des communistes. Les anciennes familles royales de Gwalior et de Jaipur étaient particulièrement visées par les attaques du Premier ministre. La rajmata de Gwalior et moi-même étions en effet toutes deux membres de l'opposition au Parlement.

Le 11 février 1975 fut un jour que je n'oublierai jamais. Février est une période merveilleuse au Rajasthan ; le ciel est pur, parsemé de légers nuages, les fleurs commencent à éclore et l'on entend le chant des oiseaux dans le jour clair et frais. Ce jour-là, je me sentais heureuse et en forme, comme cela ne m'étais pas arrivé depuis la disparition de Jai et me trouvais prête à affronter les devoirs de la journée. Au petit déjeuner, la servante vint m'annoncer la visite de trois hommes et d'une femme qui m'attendaient sous la véranda.

« Nous sommes des contrôleurs fiscaux venus vérifier les lieux » m'annoncèrent-ils.

« Bien, faites je vous en prie » leur répondis-je, « mais je dois vous laisser car j'ai des rendez-vous ».

« Personne ne doit quitter les lieux » laissèrent-ils tomber. Durant la perquisition de Moti Doongri, je reçus un coup de téléphone de Pat. Il me dit que toutes les maisons de la famille avaient été contrôlées – le palais de la Cité, la résidence de notre famille, ainsi que les bâtiments du musée, le palais de Rambagh, hôtel et propriété de Bubbles, le Raj Mahal, les foyers de Pat et Joey ainsi que ma résidence de fonction à Delhi.

Malgré ces intrusions dans nos maisons, palais et Moti Doongri, nos vies continuèrent, en dépit de l'aspect déplaisant de voir le récit exagéré des attaques dont nous étions l'objet, exploité par la presse et la télévision. Un après-midi, alors que je faisais la sieste à Moti Doongri, un inspecteur des impôts ne cessa de frapper le sol de la pièce du dessous avec une pierre. Celui qui dirigeait la perquisition était particulièrement excité par la découverte d'un trésor de pièces d'or. Celles-ci avaient été amenées par Jai de Nahargarh à Moti Doongri. Nahargarh était le lieu où était entreposé le Trésor de l'État du Jaipur et lorsque l'État du Jaipur fut intégré à l'Union indienne, Jai le transporta à Moti Doongri. Par chance cet or était mentionné dans le dernier budget de l'État du Jaipur et chaque pièce comptée.

Le 12 juin 1975, la Cour Suprême d'Allahabad annula l'élection de Mme Gandhi au Lok sabah (parlement) par un jugement qui fit sensation en l'accusant d'élection frauduleuse. Selon le système parlementaire en Inde, elle avait le choix entre démissionner ou faire appel à la Cour.

Aveuglée par son sentiment de personnifier l'Inde et par l'idée que sans elle la Nation ne pouvait survivre, talonnée par sa réputation d'intransigeance dans ses propres choix, elle alla jusqu'au point de pratiquement détruire la démocratie dans le pays, cette démocratie si minutieusement acquise par son père, Nehru.

Le 24 juin, sans consulter le Président ni son cabinet, Mme Gandhi proclamait l'état d'urgence. Le motif invoqué était la désobéissance civile qui était en fait un mouvement de grève générale organisée par l'opposition pour le 29 juin. Elle instaura un pouvoir dictatorial dont elle se servit pour intimider puis finalement détruire ses opposants politiques. La presse fut bâillonnée par la censure, les dirigeants de l'opposition arrêtés en pleine nuit sous inculpation « M.I.S.A.», Maintenance of Internal Security Act, qui signifie : maintien de la sécurité nationale.

La plupart de mes amis de l'opposition ont été arrêtés cette nuit-là. Je fus laissée en liberté mais je me demandais quand viendrait mon tour ; je n'eus pas longtemps à attendre. Ayant été obligée de suivre un traitement médical à Bombay, je ne pus assister à l'ouverture de la session parlementaire de l'été, mais les recherches à mon propos avaient commencé. Je n'y pris pas garde mais plusieurs de mes proches me dirent avoir reçu des demandes de renseignements sur mes activités.

A la fin de juillet 1975, je me rendis de Bombay à Delhi afin de participer à une séance parlementaire. Les sièges des partisans du pouvoir étaient remplis alors que ceux de l'opposition étaient pratiquement déserts. Les membres du Congrès eurent l'air surpris par ma présence. Dans l'après-midi, alors que je me reposais chez moi, vers quatre heures, on vint me prévenir que des inspecteurs de police désiraient me voir. J'allai à leur rencontre et demandai de quoi il s'agissait. Ils parurent bien embarrassés puis m'annoncèrent détenir un mandat d'arrêt contre moi. Je m'enquis des charges retenues à mon encontre et ils me répondirent : C.O.F.E.P.O.S.A – "Conservation Of Foreign Exchange and Prevention Smuggling Activities", détention illégales de devises étrangères et activités de marché noir.

Interloquée, je demandai la permission de contacter mes avocats. Ils refusèrent et m'interdirent l'usage du téléphone. Puis je demandais à pouvoir rassembler quelques affaires et ils m'y autorisèrent. Comme je ne possédais pas de valise j'en demandais une à Bubbles. Celui-ci étonné me dit : « Vous venez d'arriver, où allez-vous donc ? » Ce à quoi je répondis : « en prison ». Bubbles dit alors : « Cela n'a pas de sens ! » et il se rendit au salon pour parler aux policiers. En le voyant, ceux-ci lui demandèrent s'il était bien le colonel Bhawani Singh et comme Bubbles répondait par l'affirmative, les inspecteurs lui dire posséder également un mandat contre lui et pour les mêmes motifs. Il eut la même réaction que moi et demanda à contacter ses avocats, ce qui lui fut également refusé.

Il pleuvait à verse et dès que nous fûmes prêts, ils nous emmenèrent au poste de police voisin. Bubbles avait été adjudant dans la garde personnelle du Président et l'inspecteur de service le reconnut. Il se montra extrêmement ennuyé par les événements et téléphona sur le champ pour vérifier s'il n'y avait pas eu erreur. Puis il appela le directeur de la prison de Tihar qui, lui aussi fut au désespoir et répondit qu'il n'y avait pas de place pour nous. Finalement deux ou trois heures plus tard nous fûmes transférés à la prison. Le directeur, fort embarrassé, téléphona chez moi pour nous faire porter des draps et des couvertures car il avait honte de nous imposer les rigueurs de la prison. Tihar n'est pas une prison pour femmes mais une prison pour détenus de droit commun en attente de jugement. Ainsi la section des hommes possède des cellules avec salle de bains alors que la partie réservée aux femmes n'en a pas. Le directeur finit par trouver une petite pièce avec une véranda qui n'était pas une cellule mais qui était utilisée par les médecins. J'eus ainsi, au moins, mon intimité et je n'étais pas sous les verrous. Moi, la princesse de Cooch Behar et la maharani de Jaipur, qui fit mon possible pour aider les populations des royaumes de mon mari et de mon frère, étais soudainement mise en prison comme un vulgaire malfaiteur par un premier ministre vindicatif, Indira Gandhi. Je savais bien que, Jai vivant, jamais elle n'aurait osé faire une chose pareille.

La première nuit fut très pénible et je me demandais, dans mon insomnie, combien de temps il me faudrait rester à Tihar et quand nous serions autorisés à prendre contact avec nos avocats. Au bout d'une semaine, Joey et nos conseillers obtinrent la permission de nous rendre visite. Nous ne pouvions recevoir des visiteurs que deux fois par semaine ; ces entrevues se déroulaient dans le bureau du directeur où nous pouvions discuter de nos problèmes devant des tasses de thé vides. Chaque fois qu'il venait, Joey nous apportait de la nourriture et du linge propre. Il essayait désespérément de nous faire libérer en prenant contact avec des gens influents. Pendant ce temps, nous nous enfermions dans une espèce de routine ; Bubbles et moi faisions chaque après-midi, des promenades dans les jardins de la prison. Contrairement à ce que croyaient beaucoup, nous étions bien traités et avec considération. On me laissait fréquenter la bibliothèque qui était très bien équipée. Deux jeunes garçons, Islam et Ismail ainsi que leur mère, la bégum Laila s'occupaient de nettoyer ma chambre et chaque fois ils m'apportaient des fleurs. Ils étaient en prison sans raison ainsi que de nombreux autres prisonniers d'ailleurs. Leur condition était pathétique. J'ai essayé de leur venir en aide de mon mieux, en leur donnant de la nourriture et des vêtements et en demandant à mes avocats de faire leur possible pour les faire libérer. Parmi les prisonniers, on voyait des bébés avec leur mère. Je commençai à leur faire l'école et leur apprenais des jeux ; les journées s'écoulaient lentement. Au bout d'un mois, le directeur me convoqua. Son état d'agitation extrême était provoqué par l'incarcération de la rajmata de Gwalior car il ne trouvait pas de place pour elle. Nous discutâmes de plusieurs possibilités et nous mîmes d'accord pour nettoyer, peindre, ouvrir une fenêtre et poser un ventilateur dans une petite cellule destinée aux condamnés. C'était l'époque de la mousson et une pluie torrentielle s'abattait sans interruption. Les moustiques étaient nombreux en raison de l'absence de moustiquaires. Le caniveau servant à évacuer les eaux des toilettes publiques circulait juste derrière nos cellules et l'odeur était épouvantable. Malgré tout cela, il était agréable d'avoir la rajmata à mes côtés. Elle aussi aidait les pauvres de son mieux en donnant des vêtements pour la fête de Dassera à tous les enfants. Dassera était célébrée par les détenus ainsi que la fête de Diwali. La rajmata dirigeait le parti Jan Sangh et c'est à ce titre qu'elle fut incarcérée ; par elle, nous apprîmes ce qui se passait dans le pays. Les journaux, pas plus que la BBC que j'essayais d'écouter le soir, ne nous renseignaient. Les nouvelles ne nous parvenaient qu'à l'arrivée de nouveaux détenus et c'est par ce biais que nous sûmes l'agitation qui soulevait l'Inde contre Mme Gandhi, son fils Sanjay et leur état d'urgence. Dans le même temps, nos avocats travaillaient sans relâche et au bout de deux mois et demi, finirent par obtenir la libération de Bubbles sur parole. Mon cas était plus compliqué ; ils pouvaient me faire libérer des accusation du C.O.F.E.P.O.S.A., mais ils craignaient qu'on ne me ramenât à Tihar sous prétexte de la charge de M.I.S.A. Juste quand le moment de mon jugement arriva, le gouvernement décida de l'abandonner par le biais de l'*Habeas corpus* – loi qui protège la liberté individuelle de condamnation arbitraire. Ainsi les portes de la justice se refermaient et le pauvre Joey ne savait plus que faire pour me sortir de là. Il comparait cela à un jeu de l'oie : lorsqu'on arrive à la fin du parcours, un coup de dé vous rejette à la case départ. Des proches me conseillèrent d'écrire une lettre au Premier ministre, m'excusant de m'être opposée à elle et lui promettant de marcher désormais à ses côtés ou autre chose de ce genre. Mais le fait de flatter son ego me rendait malade, je refusai préférant mourir que de me parjurer. Le même conseil fut donné à la rajmata et après en voir discuté ensemble, nous refusâmes d'écrire une lettre dans ce sens. Joey essaya de me convaincre mais je persistai dans ma décision. Ma sœur Menaka vint me rendre visite et fut horrifiée par mon apparence – j'étais devenue très maigre – son mari, le maharajah de Dewas ne se portait pas bien non plus et elle se faisait beaucoup de tracas pour nous deux. J'y réfléchissais et réalisais que je ne pouvais m'obstiner égoïstement à rester sur mes positions car mon emprisonnement faisait du mal à mes proches que j'aimais. Au grand soulagement de Joey, je finis par signer cette lettre. Mais avant d'avoir reçu une réponse, à la fin du mois de décembre, on me sortit de prison et l'on me transféra à l'hôpital Govind Bhallabhi de Delhi. J'avais terriblement maigri et ressentais perpétuellement des douleurs dans le côté droit. Le médecin de Tihar insista pour que je fusse transférée à l'hôpital et examinée. Cette première nuit à l'hôpital fut un véritable cauchemar. Aussitôt après l'extinction des feux, une armée de rats gros comme des chats commencèrent une course effrénée autour de ma chambre. A l'extérieur, des gardiens armés veillaient à ce que je ne m'échappe pas. Je les appelais afin de m'aider à sortir la coiffeuse, où les rats avaient élu domicile, dans le couloir. Le bruit de leurs bottes éveilla les autres malades. Le docteur Padmavati, charmante et prévenante me trouva une petite chambre propre, avec une salle de bain attenante. Les médecins diagnostiquèrent des colites néphrétiques et suggérèrent une intervention immédiate que je refusai. Il n'était pas question pour moi de me faire opérer en prison allait de mon honneur. Le 9 janvier,

Joey vint me voir et m'annonça l'espoir d'une libération sur parole prochaine. Finalement l'ordre arriva le 11 janvier et c'est un Joey exultant qui vint me chercher en compagnie de ma sœur. Je voulus retourner chercher mes affaires à Tihar et aussi souhaiter bonne chance à ceux qui avaient été les compagnons des jours les plus tristes de ma vie. Cela peut paraître étrange mais j'étais émue à l'idée de quitter ma petite cellule de Tihar, peut-être était-ce normal. Je réalisais que j'avais dormi dans ce petit lit pendant cent cinquante six nuits et qu'il ne m'était jamais arrivé de rester si longtemps au même endroit. Je fis mes adieux à la bégum Laïla, Islam et Ismail et leur donnai la plupart de mes affaires. J'étais triste à l'idée de laisser la rajmata mais elle me dit qu'elle allait, elle aussi, écrire une demande qui la ferait libérer. Après avoir remercié le directeur pour sa gentillesse, je rentrai chez moi, 33, rue Aurangzeb. A mon arrivée, à mon grand étonnement, lorsque je commençai à parler, Joey me poussa vers le jardin. Il me dit que la maison était surveillée par des micros et qu'il ne fallait surtout rien dire qui put être interprété comme hostile à Mme Gandhi, son fils Sanjay ou l'état d'urgence. En prison, les principaux sujets de conversation étaient précisément ceux-là, et, chaque soir avant de regagner leur cellule, les prisonniers criaient des slogans contre le Premier ministre et l'état d'urgence. L'un d'eux était : « Desh kie billi chor do dilli, jao Italy, hotel chalo ». Je réalisais qu'à Delhi les gens avaient peur et que, pour moi, il était bien difficile de ne rien dire. Heureusement nous quittâmes Delhi pour Jaipur deux jours plus tard. Je conduisis la voiture la moitié du chemin et Joey l'autre ; en effet, l'une des conditions de ma remise en liberté sur parole était que je ne pouvais prendre les transports en commun. Il y eut tout de même plus de six cents personnes pour m'accueillir à Lilypool, en plus de mes fidèles serviteurs, de la famille et des amis.

C'était si merveilleux de revenir à Jaipur que j'aimais tant, de retrouver la chaleur de mon foyer, la famille et les amis. J'eus néanmoins à me rendre à Bombay pour consulter des médecins. Ceux-ci décidèrent de m'opérer immédiatement et me signifièrent qu'il me faudrait rester sur place au moins un mois après l'intervention. Je me demandais où je pourrais m'installer. Raj Kumar Pitemberg, qui me considérait comme sa fille, insista pour que je reste chez lui. « Pit » lui dis-je, « êtes-vous sûr ? »

« Évidemment » répondit-il, « cela ne fait pas de question, vous allez vous installer chez moi. »

A cette époque, les gens étaient terrorisés à l'idée d'avoir des relations avec des opposants au régime de Mme Gandhi. Mais « Pit », était différent, un homme bon, avec un esprit sportif ; jamais je n'oublierai l'amitié et la spontanéité qu'il me témoigna au moment où j'en avais le plus besoin. Après l'opération, Bubbles m'emmena à Bangalore puis nous rentrâmes à Jaipur où nous reprîmes une vie normale bien qu'étant tous deux libérés sur parole.

Partout en Inde, un sentiment de suffocation étouffait la liberté et l'on se sentait plus dans un état policier que dans un pays libre. Les gens avaient peur d'exprimer leurs opinions. Personne ne faisait plus confiance à personne. L'Inde vivait une expérience traumatisante. Enfin, la presse étrangère commença d'en parler, la répression des peuples de l'Inde et du Pakistan fit la une des journaux. Toujours sensible à son image de marque, Indira Gandhi, aveuglée par son aura, décida des élections anticipées. Personne ne put le croire – c'était un signe d'espoir – les dirigeants de l'opposition formèrent une alliance et tinrent en échec le parti du Congrès qui gouvernait le pays depuis l'indépendance ; ce ne fut pas seulement la défaite d'un Premier ministre autoritaire et de son fils. L'allégresse gagna tout le pays, cela ressemblait à un gros nuage qui éclate, libérant un peuple qui se remettait à respirer, parler librement, à, vivre sans crainte. Jamais il n'y eut de bonheur si spontané et si intense. De nombreuses fêtes furent organisées pour célébrer la défaite du dictateur et de son parti.

Nombreux sont ceux qui me demandèrent pourquoi je

n'avais pas contesté les élections parlementaires après l'état d'urgence, il faut se rappeler que je venais de perdre mon mari et que je n'étais pas en état d'entreprendre des démarches à ce moment-là malgré les incessantes demandes que l'opposition me fit alors. Après l'état d'urgence, celle-ci choisit un candidat au sein du parti Jan Sangh et je n'eus alors plus aucune raison de me maintenir en tant qu'indépendante, le parti swatantra, auquel je devais allégeance, ayant disparu et Chakravarty Rajgopalachandra, dirigeant celui-ci n'étant plus de ce monde. J'avais un grand respect pour ce dernier ; s'il avait été encore en vie et si le parti swatantra toujours actif, j'aurais certainement revendiqué le siège de Jaipur. Mais à cette époque j'étais très occupée à la maison et ne me sentais pas de revenir à la vie politique. Je n'avais pas revu mon fils Jagat depuis huit mois ; il était impatient de se marier et je lui donnai toute priorité. Je fis néanmoins campagne pour les candidats de l'opposition au Parlement et à l'Assemblée, pour les élections qui suivirent l'état d'urgence.

Après la défaite du parti du Congrès au Rajasthan en 1977, je fus nommée présidente de l'Office du Tourisme de cet état, ce qui fut une nouvelle expérience. Le Rajasthan est parsemé de forteresses, de palais, de temples et de villes magnifiques, représentant des trésors touristiques. Aux côtés de Jaipur, Jaisalmer, Bikaner, Jodhpur et autres, il y a des lieux de pèlerinages comme Pushkar, le Dargah à Ajmer et les temples Dilwara à Mont Abu. Le Rajasthan est un kaléidoscope de couleurs où resplendissent les costumes traditionnels, les arts, l'artisanat, les danses et les chansons folkloriques. En y ajoutant les réserves d'animaux sauvages et les festivals du désert, être la présidente du Tourisme du Rajasthan était une occasion merveilleuse de développer toutes ces ressources exceptionnelles. Malheureusement la lourdeur bureaucratique entravait mes actions, les fonctionnaires enfermés dans leurs idées, avaient bien du mal à en changer. Juste quand je commençais à faire une légère brèche dans cet état de choses, le gouvernement de Delhi tomba et, après les élections, le parti du Congrès revint au pouvoir au Rajasthan et dans sa convention demanda ma démission.

Je ne regrette rien de la vie publique, je préfère le confort et l'intimité de ma vie à Lilypool. Ma famille, mes amis et les habitants de Jaipur sont là et mes journées bien remplies : en tant que présidente de l'école gouvernementale publique *maharani Gayatri Devi* que j'ai créée, je préside les réunions et suis souvent chargée de régler les problèmes. Dans deux ans, cette école célébrera son jubilé d'or et ceux d'entre nous qui sont en relation avec l'établissement seront bien occupés pour organiser un programme qui devra se dérouler sur l'année entière.

En 1984 j'ai fondé une autre école qui porte le nom de *Sawai Man Singh Vidyalya* qui est un établissement d'enseignement mixte. J'ai eu la grande chance de trouver un excellent principal et dans un laps de temps record, l'école a gagné une très bonne réputation. Toutes ces institutions demandent beaucoup de vigilance et d'argent. Il m'a semblé de mon devoir d'assister au conseil d'administration même si cela demande beaucoup de travail. L'école portant le nom de *Sahil Shala,* que j'avais créée au temps de la partition, est devenue l'école polytechnique féminine et fait beaucoup pour l'émancipation des femmes. Il y a dix-huit mois, j'ai fondé une école primaire dans un village de Jaipur. Et puis il y a la fondation *Sawai Man Singh,* organisme créé par mon mari afin de venir en aide aux défavorisés de Jaipur. Les droits d'auteur pour le livre « Une princesse se souvient » allaient à ce comité de soutien et il suffisait du produit de la vente de deux livres pour scolariser un enfant. Mais malheureusement les éditeurs Weidenfield et Nicholson ont vendu les droits indiens à l'éditeur Vikas et ils ont supprimés de la première page « Tous les droits d'auteur de ce livre sont destinés à la fondation Sawai Man Singh Benevolent Trust », ce livre est vendu comme des petits pains en Inde et pas un sou ne va à cette fondation. Mes avocats poursuivent un procès qui paraît bien vain.

Je me rends tous les ans en Angleterre et aux États-Unis, car mon mari qui fut un grand joueur de polo a conservé beaucoup d'amis dans ce milieu. Il a offert un trophée au club de polo de Windsor et au club d'Oak Brook, afin de remettre une coupe aux vainqueurs. A Chicago et dans l'Illinois, il existe une importante communauté indienne qui subventionne les écoles et les institutions que j'ai fondées.

A part cela, comme tout le monde je suis très occupée par ma maison, particulièrement lorsque je reçois. Il est bien naturel de se souvenir du temps passé et de ce que l'on a fait. Tout a changé, également à Jaipur. Lorsqu'elle devint mon foyer en 1940, c'était une ville magnifique qui est aujourd'hui sale et bruyante. Sous le gouvernement des maharajahs, la paix et l'harmonie y étaient maintenues. Cela n'est plus la réalité. Tout ceci me rend triste et il est frustrant pour moi de plus pouvoir rien y changer. Les grands plans de reconstruction de la ville risquent d'abîmer les témoignages de l'histoire de cette cité, mais je n'ai pas réussi à convaincre l'actuel gouvernement de les modifier.

Au soir de ma vie, tout ce que je peux dire est que, pour rien au monde, je n'aurais voulu vivre ailleurs. J'espère continuer mes actions pour le développement de l'éducation et participer ainsi au progrès en Inde, et, par ces établissements, accroître les valeurs et le sens des responsabilités des jeunes qui les fréquentent.

Pendant ce temps ma famille s'est agrandie, Joey a épousé une jeune femme charmante et ils ont un fils de quatre ans. Le fils de Pat vient de se marier à une fille adorable. Et la vie continue.

Avril 1991

Gayatri Devi de Jaipur

Achevé d'Imprimer
1999
All India Press
Kennedy Nagar
Pondichéry - INDE